黄河文化的历史内涵
与传承创新

于成宝 著

中国海洋大学出版社

·青岛·

图书在版编目(CIP)数据

黄河文化的历史内涵与传承创新 / 于成宝著 . -- 青岛:中国海洋大学出版社,2023.9

ISBN 978-7-5670-3606-2

Ⅰ.①黄… Ⅱ.①于… Ⅲ.①黄河－文化史－研究 Ⅳ.①K928.42

中国国家版本馆 CIP 数据核字(2023)第 172254 号

黄河文化的历史内涵与传承创新

HUANGHE WENHUA DE LISHI NEIHAN YU CHUANCHENG CHUANGXIN

出版发行	中国海洋大学出版社
社　　址	青岛市香港东路 23 号　　邮政编码　266071
出 版 人	刘文菁
网　　址	http://pub.ouc.edu.cn
订购电话	0532-82032573(传真)
责任编辑	张跃飞　　电　　话　0532-85901984
印　　制	日照日报印务中心
版　　次	2023 年 9 月第 1 版
印　　次	2023 年 9 月第 1 次印刷
成品尺寸	170 mm ×240 mm
印　　张	11.75
字　　数	195 千
印　　数	1～1 000
定　　价	49.00 元

发现印装质量问题,请致电 0633-2298958,由印刷厂负责调换。

目 录

绪　论

一、黄河形成与文明孕育

黄河是中华民族的母亲河,是华夏文明的摇篮,是中华民族的象征。对于这条中华民族赖以生存和繁衍的大河,它的浩浩荡荡、滚滚滔滔、万里奔涌的气势,它的九曲连环、百折不挠、一往无前的雄姿,它的吐纳日月、涵容百川、凝聚千流的胸襟……几千年来无时无刻不激荡着中国人的精神与气志。对于这样一条长河,我们不禁要问,它是什么时候形成的?是什么样的地壳运动造就了黄河?根据学术界最新的研究成果,我们大致可把黄河的形成分为四个阶段。

第一阶段:约 370 万年～180 万年前,伴随青藏高原东北缘平坦地形抬升和解体,此地的地势出现强烈反差,水系的改造、重组、合并等较多地出现,使得今甘肃兰州至河套段黄河最先出现。

第二阶段:180 万年～120 万年前,在黄河中游一带,黄土高原南部和崤山东麓的局地河流也开始分别向北和向西溯源,袭夺吕梁山西麓系列山前河湖系统和占据汾渭盆地的三门古湖,这些河湖水系最终形成串联,连接河套盆地、汾渭盆地和华北平原的现代黄河东流水系格局形成。

第三阶段:120 万年～1 万多年前,黄河上游水系进一步向青藏高原内部延伸,串联了高原东北部系列河湖系统,使得黄河上游水系格局逐渐形成。

第四阶段:1 万多年前,若尔盖以上河段也被纳入黄河水系,基本形成了我们现今看到的黄河的全貌。

再看中华文明的起源,我国东面临海,西北横亘漫漫沙漠,东北有大、小兴安岭和黑龙江,西南有世界上最大的高原青藏高原,在史前和上古时期,这些天然屏障是难以逾越的。由之也决定了中华文明只能本土起源,属于原生性文明类型。有学者指出,河北阳原泥河湾地区的马圈沟等地发现人类使用的石器,绝对年代在 200 万年以前;发现于陕西蓝田公王岭的晚期直立人化石,距今已有 115 万~110 万年之久;发掘于北京周口店的直立人化石,其绝对年代为距今 46 万~23 万年。①

进入新石器时代,距今 1 万~8 000 年的河北邯郸磁山文化遗址和河南新郑裴李岗文化遗址,发现有石磨盘、石磨棒等磨谷器和数百座储藏粮食的窖穴;距今 8 000~7 000 年的渭河流域白家文化(老官台文化)遗址中发现石铲、石刀、石磨盘等农具和粟、黍、大麻、菜籽等农作物,说明早在仰韶文化发生之前,中华先民已经有了比较发达的旱地农业。

距今 7 000~5 000 年,黄土高原迸发了璀璨夺目的仰韶文化,作为中国分布地域最大的史前文化,遍及今河南、陕西、山西、河北、甘肃、青海、湖北、宁夏等地,农业、采集、渔猎、石器制造、手工业特别是彩陶业都达到了史前文明的高峰。

仰韶文化之后,中国进入铜石并用时代文化——龙山文化时代,首次发现于山东历城龙山镇,分布于黄河中下游的今河南、山东、山西、陕西等省,年代为距今 4 500~4 000 年。这一时期,约当夏王朝之前的三皇五帝时期。

我们将黄河的形成阶段与中华文明的演进过程进行比较,就会发现二者存在着大致的对应关系:中华人类的出现,约在黄河第一阶段的形成之后;中华晚期直立人出现,约在黄河第二阶段的形成之后;黄河形成的第三个阶段,堪称中华直立人由旧石器向新石器的漫长演进期;黄河形成的最后一个阶段,则与黄河流域的新石器时代高度一致。从这个角度看,黄河的形成与中华文明的孕育有着密切的关系——黄河一步步地上溯下延,不断催生了黄河流域的文明之花,最终成为华夏文明的摇篮。

二、黄河探源与中华史诗

黄河作为一条横贯中国东西的长河,古人很早便渴望一窥它的全貌,以及

---

① 严文明.中华文明的始原[M].北京:文物出版社,2011:5.

探寻它神秘源头的所在。诗仙李白《将进酒》有句云"君不见黄河之水天上来，奔流到海不复回"，以瑰丽的想象、夸张的笔法书写黄河之源。黄河之源在天上，这或许是古人最朴素的一种认识。南朝梁代宗懔编撰的《荆楚岁时记》记载：

> 汉武帝令张骞穷河源。乘槎而去，至天河见织女。取支机石与骞而还。[①]

可见南朝齐梁时期，人们已经将黄河之源与天上银河联系起来，并附会了牛郎织女的传说，反映了古代大众对黄河的崇拜与向往以及对男耕女织生活的肯定与赞美。抛开神话传说不谈，从历史的现实的层面看，早在上古时期，人们已经把生产生活与黄河紧密结合在一起。就《尚书·禹贡》所记大禹"别九州、治水土"的事迹来看：

> 冀州既载，壶口治梁及岐……济、河惟兖州。九河既道，雷夏既泽，灉、沮会同，桑土既蚕，是降丘宅土……荆、河惟豫州。伊、洛、瀍、涧既入于河，荥波既猪，导菏泽，被孟猪……黑水、西河惟雍州。弱水既西，泾属渭汭。漆沮既从，沣水攸同……导河积石，至于龙门。[②]

我们大略可以推知，大禹治水从古冀州的壶口开始，首先治理了黄河中下游人们遭受水患的流域；然后向西北深入到古雍州，由积石山处疏导黄河，顺流而下以至于龙门，而龙门在壶口的下游不过百里之远，已经贯通了今天我们所见黄河的主要河段。这说明上古时期人们对黄河的主脉和支流已经探知得基本清楚。

虽然大禹治水的源头在积石山，但《禹贡》并不以其为黄河之源，说明其时人们还没有找到黄河的发源地。降至战国时期，随着人们活动范围的扩大，形成了"黄河出昆仑"的说法。《山海经·海内西经》记载：

> 海内昆仑之虚，在西北，帝之下都。昆仑之虚，方八百里，高万仞……河水出东北隅，以行其北，西南又入渤海，又出海外，即西而北，入禹所导积石山。[③]

《尔雅·释水》记载：

---

① 宗懔. 荆楚岁时记 [M]. 宋金龙，校注. 太原：山西人民出版社，1987：120.
② 孙星衍. 尚书今古文注疏 [M]. 陈抗，盛冬铃，点校. 北京：中华书局，1986：138-189.
③ 袁珂. 山海经校注 [M]. 北京：北京联合出版公司，2014：258，260.

河出崐崘虚,色白。①

《史记·大宛列传》记载张骞之言:

于寘之西,则水皆西流,注西海;其东水东流,注盐泽。盐泽潜行地下,其南则河源出焉。多玉石,河注中国……盐泽去长安可五千里。②

《史记·大宛列传》又记曰:

而汉使穷河源,河源出于寘,其山多玉石,采来,天子案古图书,名河所出山曰昆仑云。③

《汉书·西域传上》对河源描述更为详尽:

南北有大山,中央有河,东西六千余里,南北千余里。东则接汉,厄以玉门、阳关,西则限以葱岭。其南山,东出金城,与汉南山属焉。其河有两原:一出葱岭出,一出于阗。于阗在南山下,其河北流,与葱岭河合,东注蒲昌海。蒲昌海,一名盐泽者也,去玉门、阳关三百余里,广袤三百里。其水亭居,冬夏不增减,皆以为潜行地下,南出于积石,为中国河云。④

于阗位于今新疆南部,东水即今塔里木河,盐泽即今新疆罗布泊,葱岭即今帕米尔高原。可知,汉代人以为黄河源于新疆的塔里木河,潜流几千里而导入黄河。以今天的地理知识审视之,很明显两汉时期人们对黄河源头以及流经路线的探索都存在很大的偏差。但张骞认为黄河源头在西域的观点,无疑对两汉时期"经营西域"国策的形成起了推动作用。

隋炀帝大业五年(609 年),隋炀帝杨广为平定吐谷浑随军亲征至青海境内,并遣使在今青海果洛藏族自治州和海南藏族自治州部分地区设置河源郡,表明在隋朝人们已经知道黄河发源于青海果洛及海南地区。

唐太宗贞观九年(636 年),唐太宗李世民派遣大将李靖、侯君集、李道宗等人率领军队平定吐谷浑叛乱,到达今星宿海一带,《新唐书·西域传上》记载他们

---

① 《十三经注疏》整理委员会. 十三经注疏·尔雅注疏[M]. 北京:北京大学出版社,1999: 226.

② 司马迁. 史记[M]. 2 版. 北京:中华书局,1982:3160.

③ 司马迁. 史记[M]. 2 版. 北京:中华书局,1982:3173.

④ 班固. 汉书[M]. 北京:中华书局,1962:3871.

"次星宿川,达柏海上,望积石山,览观河源"①。"星宿川"即今星宿海,"柏海"即今青海鄂陵湖或札陵湖。由之唐宋时期人们便将星宿海作为黄河源头。

元世祖至元十七年(1280年),元世祖忽必烈派都实等人勘察黄河河源。元仁宗延祐二年(1315年),潘昂霄根据都实之弟、曾与一同出行的阔阔出的讲述,写成《河源志》一文,其对河源描述如下:

> 河源在吐蕃朵甘斯西鄙,有泉百余泓,或泉或潦,水沮洳散涣,方可七八十里,且泥淖弱,不胜人迹,逼观弗克,傍履高山,下视粲若列星,以故名鄂端诺尔。鄂端,译言星宿也。群流奔辏,近五七里,汇二巨泽,名鄂楞诺尔。自西徂东,连属吞噬,广轮马行一日程,迤逦东骛成川,号齐必勒河。二三日程,水西南来,名伊尔齐,合齐必勒。三四日程,南来,名呼兰;又水东南来,名伊拉齐,合流入齐必勒。其流浸大,始名黄河然。②

按该文所述,黄河发源于吐蕃"朵甘斯"西边,"高山"当指巴颜喀拉山,山旁方圆七八十里的地方即星宿海。该处有泉水100余处,泉水汇流,形成今扎陵湖和鄂陵湖。鄂陵湖水自西向东流形成齐必勒河,又汇入几条河流后方形成黄河。都实和阔阔出对黄河源头的考察活动,使人们对黄河上源的星宿海有了比较深入的认识,也明确了自积石山以上黄河干支流的情况,堪称是历史地理学史上一次极有价值的河源之旅。

明洪武十五年(1382年),宗泐和尚奉使西藏归来,经过河源地区时,曾对之进行考察,其《望河源并序》:

> 河源出自抹必力赤巴山,番人呼黄河为玛楚,牦牛河为必力处;赤巴者,分界也。其山西南所出之水,则流入牦牛河;东北之水,是为河源。予西还,宿山中,尝饮其水,番人戏相谓曰:"汉人今饮汉水矣。"其源东抵昆仑可七八百里,今所涉处尚三百余里,下与昆仑之水合流。中国相传以为流自昆仑,非也。昆仑名麻刺,其山最高,山四时常雪,有神居之。番书载其境内祭祀之山有九,此其一也。并记之。③

宗泐所言抹必力赤巴山,即巴颜喀拉山。牦牛河,即长江上源通天河。宗

---

① 欧阳修,宋祁. 新唐书[M]. 北京:中华书局,1975:6226.

② 陶宗仪. 说郛[M]. 文渊阁四库全书本. 台北:台湾商务印书馆,1986:514上.

③ 赖振寅. 读宗泐《望河源并序》[J]. 文史知识,2006(2):38.

渤明确指出河源出自巴颜喀拉山的“东北之水”，而巴颜喀拉山是黄河与长江在上源的分水岭，这在河源的认识上是一个大突破。

清康熙四十三年（1704年），康熙帝命拉锡、舒兰探黄河河源。他们到达星宿海，发现星宿海上源还有三条河流，但并未追至源头。清乾隆四十七年（1782年），乾隆帝命阿弥达祭祀河源，并对星宿海上源三条河流进行了实地勘查，认定星宿海西南的阿勒斯坦郭勒河（今卡日曲）为黄河上源。

1952年，黄河河源查勘队在河源查勘了四个多月，行程5 000千米，搜集了丰富的资料，结果认为约古宗列曲是黄河正源。然而此说法却引起颇多争议。1978年，青海省人民政府又组织有关单位在河源地区进行一个月的考察，重新认定卡日曲是黄河的正源，并根据卡日曲的长度重新测定了黄河长度，为5 464千米。黄河正源之争至此方告一段落。2008年，“三江源头科学考察队”根据国际上对河流正源判断的三条惯用标准：“河源唯长”“流量唯大”“与主流方向一致”，正式认定卡日曲就是黄河的源头。黄河，这条中华民族的母亲河，终于找准了自己的主根。

三、黄河文化与民族精神

2019年9月，习近平总书记在“黄河流域生态保护和高质量发展座谈会”上的讲话中指出：“黄河文化是中华文明的重要组成部分，是中华民族的根和魂。”黄河，与亘古以来的黄土地、黄皮肤以及人文初祖黄帝、帝王之色——黄色等概念密不可分，是中华民族最重要的精神纽带之一，是中华文明永续不绝的血脉。《汉书·沟洫志》：“中国川源以百数，莫著于四渎，而河为宗。”[①] 在中华5 000多年文明史中，黄河流域有3 000多年处于政治、经济和文化中心。作为世界上唯一延绵至今的古老文明，中华文明就像滚滚东流的黄河一样，奔腾不息。

从地图上看，流经现今中国青海、四川、甘肃、宁夏、内蒙古、陕西、山西、河南、山东等九省区的黄河干流呈一个巨大的“几”字形。《说文解字》：“几，踞几也。象形。”“几”本义是古人席地而坐时供倚靠的器具。从文王后天八卦上看，黄河的走势与之正相谐：黄河之源位于正西兑位，兑，泽也；流经西北乾位，乾，天也；又流经正北坎位，坎，水也；又流经东北艮位，艮，山也；最后流入东方

① 班固. 汉书［M］. 北京：中华书局，1962：1698.

震位,震,木也。黄河以其宽广无比的胸怀和大气磅礴的气象,深深嵌入中国数百万平方千米的黄土地之中,成为中华民族世世代代生存与发展的根本和依靠。

天下黄河九曲十八弯。婉若游龙的万里黄河,滋润了中国广袤的北方大地,不但促进了中华农业文明的形成,而且塑造了中华民族的性格特质和民族精神。得益于得天独厚的自然地理条件,黄河文化源远流长,绵延不绝,一代代中华先民上法天,下法地,乐山乐水,始终浸润着自强不息、厚德载物的博大精神和乐天情怀。

黄河文化是整个黄河流域人们在生产和生活中形成的文化总和,三秦文化、中州文化、齐鲁文化、三晋文化、河湟文化等作为黄河不同区域的文化,各自富有不同的文化因子,却又融会贯通,共同构成了黄河文化的灿烂画卷,说明中华先民与生俱来便有着兼容并包、求同存异的积极精神和善性特质。

古语曰:"黄河宁,天下平。"一部黄河文化史堪称一部黄河治理开发史。自鲧禹治水始,即以系统的眼光审视黄河、治理黄河,把九州大地凝结成一个有机的整体,催生了天下一家、家国一体的统一理念和血脉相连、生死相依的家园情怀,最终凝铸为"大道之行,天下为公"的民族精神和济世情怀。《吕氏春秋•孟春纪•贵公》:"昔先圣王之治天下也,必先公。公则天下平矣。平得于公……天下非一人之天下也,天下之天下也。"

党的十八大以来,习近平总书记在国际政治舞台上频频发出构建"人类命运共同体"的倡议,今天已经成为替全人类公平和正义、希望和未来呼喊的最强有力的音符,在指导世界新秩序建设上发挥着举足轻重的伟大作用。"人类命运共同体"的理念来自中华民族几千年来的智慧,其源头即在于大禹治水所开启的黄河流域人民命运共同体的朴素意识。

《周易•系辞上》曰:"河出图,洛出书,圣人则之。"中华文明源于黄河,往圣先哲论述备矣。今天的我们欣逢中华民族上下五千年未有之盛世,又将怎样保护好、建设好这一伟大的母亲河,并把黄河文化发扬光大呢?

第一章
先秦时期的黄河文化

　　美国学者塞缪尔·亨廷顿说:"人类的历史是文明的历史。"^① 在中华古代文明多元文化的发展历程中,黄河文化无疑是最为核心、最有代表性和最具影响力的文化类型。先秦时期的黄河文化自新石器时代始,迄秦统一六国之前,在这一漫长的历史时期,它以黄河中卜游流域为中心,对周边的文化产生辐射状的深刻影响,最终使其他文化向黄河文化同化,奠定了以黄河文化为主干的"多元一体"的中华文明基本格局。

第一节　从蒙昧到文明

一、中华文明的世界坐标

　　中华文明是世界文明进程中不可或缺的组成部分,无论是德国现代哲学家奥斯瓦尔德·斯宾格勒列举古代世界的 8 个主要文化,还是英国历史学家阿诺德·汤因比把人类历史分成 21 个成熟的文明,中华文明都在其中占据着重要位置。汤因比说:

---

① 亨廷顿. 文明的冲突与世界秩序的重建 [M]. 周琪,刘绯,张立平,等,译. 北京:新华出版社,1998:23.

中国社会的原始家园在黄河流域,从那里扩展到长江流域。这两个流域是远东社会的源头,该社会沿着中国海岸向西南扩展,也扩及东北方,进入朝鲜和日本。[1]

亨廷顿把中国古代文明称之为儒教文明,但他又说:

然而,使用中华文明一词更为精确。虽然儒教是中国文明的重要组成部分,但中国文明却不仅是儒教,而且它也超越了作为一个政治实体的中国。许多学者所使用的"中华"一词,恰当地描述了中国和中国以外的东南亚以及其他地方华人群体的共同文化,以及越南和朝鲜的相关文化。[2]

汤因比和亨廷顿都看到了中华文明在历史上的巨大影响力。从文明诞生的时间看,中华文明更是世界文明史的骄傲。1900年,梁启超在其七言长诗《二十世纪太平洋歌》中提出了"四大文明古国"的雏形,其自注曰:"地球上古文明祖国有四:中国及印度、埃及、小亚细亚是也。"[3]1923年,中国文化学奠基人柳诒徵在其《中国文化史》中说:"世界开化最早之国,曰巴比伦,曰埃及,曰印度,曰中国。"[4]尽管使用国别的概念指代文明存在着一些不太规范的地方,但当今学术界普遍认同:人类文明的五大文明发源地,分别是美索不达米亚(前4000—前2000年)、古埃及(前3200—前500年)、中国(前3000年开始)、古印度(前3000—前1700年)、古希腊(前2000年—146年)。在这五大文明之中,中华文明是唯一没有中断并发展至今的文明。

二、文字、青铜与城邑

(一)文字

文字是人类进入文明时代的主要标志。根据目前的考古发现,世界上最古

① 汤因比. 历史研究:上卷[M]. 郭小凌,王皖强,杜庭广,等,译. 上海:上海人民出版社,2010:24.

② 亨廷顿. 文明的冲突与世界秩序的重建[M]. 周琪,刘绯,张立平,等,译. 北京:新华出版社,1998:29.

③ 梁启超•二十世纪太平洋歌[M]// 童秉国. 梁启超作品精选. 武汉:长江文艺出版社,2005:363-364.

④ 柳诒徵. 中国文化史[M]. 北京:中国人民大学出版社,2012:5.

老的文字出现于底格里斯河和幼发拉底河流域。大约在公元前3400年,古苏美尔人已经创立了楔形文字的雏形。与之年代相近的是古埃及的象形文字,大约在公元前3100年,埃及法老那尔迈的铠甲关节板上已出现最早期象形刻记。大约在公元前2000年,印度古代文字开始出现,这些文字大多刻在石头或陶土制成的印章上,被后人称为印章文字,但这种文字迄今没有被释读出来。

中国最早的成熟文字是甲骨文,是商朝晚期王室用于占卜记事而在龟甲或兽骨上契刻的文字,其年代从商晚期(约前1300年)延续到春秋时期。但我们绝不能以考古发现的甲骨文的年代作为中国文字最早出现的时间。从造字的角度看,汉字的"六书"原则,在甲骨文中都有所体现;从语法的角度看,甲骨文作为文字记录古代汉语,已是一种高度发达的符号系统。探究我国文字的起源时间,一方面需结合古典文献中相关记载,一方面需结合史前考古发现的研究成果。由先秦文献的记载来看,文明的开启、文字的创制,离不开华夏民族文明先驱——伏羲。关于伏羲造字,主要的证据是《周易·系辞下》:

古者包牺氏之王天下也,仰则观象于天,俯则观法于地,观鸟兽之文与地之宜,近取诸身,远取诸物,于是始作八卦,以通神明之德,以类万物之情……上古结绳而治,后世圣人易之以书契,百官以治,万民以察,盖取诸《夬》。

八卦符号,无论就其象征物象的意义上讲,还是就其代表数字的意义上讲,都是一种对自然物的带有高度抽象和指认意义的摹写。汉代纬书《易纬·乾凿度》把乾、坤、巽、艮、坎、离、震、兑的八卦符号视为天、地、风、山、水、火、雷、泽八个古文字,是有道理的。若伏羲创制八卦的记载为真,那么我们可以把伏羲视为中国古文字的创始人。伏羲之后,大规模创制汉字的人物是仓颉和沮诵。《吕氏春秋·审分览·君守》载:

奚仲作车,苍颉作书,后稷作稼,皋陶作刑,昆吾作陶,夏鲧作城。此六人者,所作当矣。

《韩非子·五蠹》载:

古者仓颉之作书也,自环者谓之私,背私者谓之公,公私之相背也,乃仓颉固以知之矣。

《世本·作篇》载:

沮诵、苍颉作书。(宋衷注:苍颉、沮诵,黄帝史官。黄帝之世,始立史官,苍颉、沮诵,居其职矣。)①

仓颉、沮诵未必真是黄帝之时的史官,但都可称之为黄帝之后。就《吕氏春秋·审分览·君守》所列举的发明家的生活年代来看,奚仲据说是夏禹时的车正,后稷历尧、舜、禹三朝,夏鲧是禹的父亲,昆吾相传是颛顼曾孙陆终的长子,则其生活年代也当在夏初——如此看来,我们至少可以把仓颉视为夏初时人。而作为我国历史上第一个王朝,夏王朝在原始社会制度的废墟上建立起来,自然离不开文化、科技的支撑,其时文字开始大规模地创制也属合情合理。

再看史前考古发现中关于汉字的相关研究成果。河南偃师二里头文化遗址是著名的青铜时代都城遗址,时代约距今3 800～3 500年,相当于我国历史上的夏、商王朝时期。二里头文化遗址出现了不少陶器上的刻符。1999年出版的大型发掘报告《偃师二里头》对于陶器上的刻符描述道:"刻划符号发现46件。本期(指二里头文化三期,笔者注)发现的刻划符号,主要出自大口尊的口沿内侧和其他器类的口部。有粗细不同的竖线、十字形、交叉形、镞形、树枝形等,有的近似象形文字。"②曹定云先生经过考证认为,二里头文化陶文是夏代文字,属于早期中国的文字。③曹氏的研究结论与古文献中关于仓颉作书的记载是比较一致的。我们把汉字的诞生时间推至夏初,即公元前2000年左右,是没有问题的。

(二)青铜器

青铜器的使用是判定人类社会是否进入文明时代的又一标志。从我国早期铜器出土情况看,黄河流域中游一带,属于仰韶文化(距今7 000～5 000年)的西安半坡遗址和临潼姜寨遗址中都曾出土过黄铜片和黄铜管;黄河流域中下游一带,属于龙山文化(距今5 000～3 800年)中的山西陶寺遗址;河南临汝煤山遗址、登封王城岗遗址、淮阳平粮台遗址、山东胶州三里河遗址、日照尧王城遗址、临沂大范庄遗址,等,出土过红铜、铅锡青铜、砷铜等;黄河流域上游一带,属于齐家文化(距今约4 000年)的青海贵南尕马台遗址、互助总寨遗址、甘肃武

---

① 原昊,曹书杰.《世本·作篇》七种辑校[J].古籍整理研究学刊,2008(5):43.
② 中国社会科学院考古研究所.偃师二里头(1959年——1978年考古发掘报告)[M].北京:中国大百科全书出版社,1999:202.
③ 曹定云.夏代文字求证——二里头文化陶文考[J].考古,2004(12):76-83.

威皇娘娘台遗址,等,出土过铜镜、铜刀、铜斧等。

降至夏代二里头文化时期,黄河流域发现的青铜器种类和数量大大增加,标志着青铜文明在黄河流域正式形成。二里头文化遗址出土的青铜器在种类上不仅有刀、凿、锥、锛、钻、鱼钩等工具性器具,还有爵、斝、鼎、盉等礼器,以及戈、镞、戚、钺等兵器。这都对后世商代的青铜器文化产生了深刻影响。

商代是我国青铜文明的发展繁盛期,其时,人们已经基本掌握了青铜的性能和特点。殷墟出土的"后母戊"青铜方鼎,是我国迄今为止发现的最大的青铜器。该鼎重875千克,高133厘米、长110厘米、宽79厘米,是商代青铜器的典型代表。该鼎的合金比例为:铜占84.77%,锡占11.64%,铅占2.79%,基本符合《周礼·冬宫考工记》所说的"六分其金(铜)而锡居其一,谓之钟鼎之齐(剂)"[①]的记载。青铜器在商代社会生活中占有很大的比重,《左传·成公十三年》:"国之大事,在祀与戎。"[②]青铜器作为最重要的礼器,是商王朝王族权威、等级秩序的重要标志;同时,青铜兵器的大量使用提升了商王朝的军事力量,保证了国家的稳定和对周边地区的控制权。

西周时期的青铜艺术更臻灿烂辉煌,形成了独有的列鼎制度、编钟制度和赐命作器制度,青铜器具有数量人、种类多、造型复杂、铭文史料价值高等特点。西周青铜器按用途可分为八类:一是烹饪器,包括鼎、鬲等;二是饮食器,包括簋、豆,盂,盨、簠等;三是酒器,包括尊、卣、壶、盉、角、觥、瓿、斝、觯等;四是水器,包括盘、匜等;五是乐器,包括铙、钟、钲、铎、铃、錞于、鼓等;六是工具和农具,工具包括斧、凿、刻镂刀、削、锯、键、锥、钻、钓钩,农具包括犁铧、铲、镢、锄、镰、锛等;七是兵器,包括戈、矛、钺、戟、刀、剑、镞等;八是车马器,包括衔、轭、镳、毂、銮、当卢等。这说明青铜器文化已经覆盖社会生活的方方面面。

铭文是西周青铜器的重要特征,西周铸铭多具系年记事性质,成为编年分期研究西周铜器的重要依据。如周武王时期的利簋确切记载了武王伐纣的日期,成王时期的何尊留下了武、成两代周王营建东都洛阳的原始记录,令簋、过伯簋等记载了昭王南征伐荆楚的事迹,被郭沫若先生誉为"抵得上一篇《尚书》"——毛公鼎铭文,记载了周宣王即位之初请叔父毛公为其治理国家政务的事迹,是研究西周晚年政治史的重要史料。

---

① 《十三经注疏》整理委员会. 十三经注疏·周礼注疏[M]. 北京:北京大学出版社,1999:1097.

② 杨伯峻. 春秋左传注(修订本)[M]. 2版. 北京:中华书局,1990:861.

（三）城邑

城邑的出现是人类步入文明社会的又一重要标志。中华先民曾经历过穴居、巢居、半穴居、地面建筑等居住形式，随着生产力的发展和私有制的出现，原始聚落建筑逐渐向城邑发展，在部落联盟的中心区域往往率先形成城邑。关于城邑的起源有神农、黄帝、舜、鲧诸说。汉代晁错《论贵粟疏》载："神农之教曰：'有石城十仞，汤池百步……'"①宋代高承在《事物纪原》中引述《轩辕本纪》："黄帝筑邑，造五城。"②《史记·五帝本纪》载："（舜）一年而所居成聚，二年成邑，三年成都。"③《世本·作篇》载："鲧作城郭"④。《吕氏春秋·审分览·君守》载："奚仲作车，苍颉作书，后稷作稼，皋陶作刑，昆吾作陶，夏鲧作城。此六人者，所作当矣。"鲧即禹的父亲，其以修筑堤防、逐年加高的方式治水，最终以失败告终。但鲧在筑城方面则有极大的贡献，因此受到后人的敬仰和铭记。由之可见，至迟在五帝末期，黄河流域已经出现城邑。最初城邑的修筑，当是出于保护氏族部落成员的生命和财产安全以及加强对部落居民统治的需要，肩负着防御外敌入侵和内部反抗的双重使命。《淮南子·原道训》载："昔者夏鲧作三仞之城，诸侯备之，海外有狡心。"《初学记》引《吴越春秋》："鲧筑城以卫君，造郭以居人，此城郭之始也。"⑤《太平御览》载："处士东里槐责禹乱天下，禹退作三城，强者攻，弱者守，敌者占，城郭禹始也。"⑥有学者指出，中国早期古城基本上都是地方政权的都城，即围绕王权而建立的早期城市，这些早期城市都是以政治功能和军事功能为主。⑦

就考古发现来看，我国最早的城邑出现在黄河流域。属于仰韶文化晚期的郑州西山遗址（距今 5 300～4 800 年），是迄今中原地区最早的史前城址，面积约 3.45 万平方米。大量城邑出现在黄河流域的龙山时代，分别位于河南、山东和内蒙古三个省区。河南有王城岗、平粮台、孟庄、郝家台等遗址。其中，孟庄

① 班固. 汉书 [M]. 北京：中华书局，1962：1133.

② 高承. 事物纪原 [M]. 金圆，许沛藻，点校. 北京：中华书局，1989：447.

③ 司马迁. 史记 [M]. 2 版. 北京：中华书局，1982：34.

④ 原昊，曹书杰.《世本·作篇》七种辑校 [J]. 古籍整理研究学刊，2008（5）：47.

⑤ 徐坚. 初学记 [M]. 北京：中华书局，2004：565.

⑥ 李昉，李穆，徐铉. 太平御览 [M]. 北京：中华书局，1985：926.

⑦ 张喜庆，王立华. 中国早期城市起源理论初探 [J]. 兰州学刊，2017（3）：75.

城址最大,约有 20 万平方米。山东有城子崖、丁公、桐林和边线王等遗址。其中,城子崖遗址有 20 万平方米;丁公遗址有 10.5 万平方米,曾出土一块刻有 11 个符号的陶片。内蒙古的龙山城址主要有威俊、阿善、老虎山、板城和大庙坡等。其中,老虎山遗址有 13 万平方米,城内有上百座房屋,城边有烧制陶器的窑场,说明是当时的一个中心聚落的所在地。[①]

二里头文化继龙山文化之后,在城邑建设上有了质的飞跃。河南偃师二里头遗址是二里头文化的中心遗址,占地面积达 375 万平方米。城址有三道城墙,分别围成大城(面积 200 万平方米)、小城(面积 80 万平方米)和宫城(面积 4 万平方米),其中宫城居中。二里头遗址为夏朝都城遗存已成为学术界的共识,这一作为国家政治中心性质的都城遗址,开创了以后历代都城在设计上采用多重城墙和"宫城居中"模式的先河。

商代城址的代表是位于河南安阳的殷墟遗址,殷墟王陵遗址与殷墟宫殿宗庙遗址、洹北商城遗址等共 50 余座建筑遗址,组成了规模宏大、气势恢宏的殷墟遗址。宫殿区出土大量的甲骨文、青铜器、玉器、宝石器等珍贵文物。可以说,殷墟遗址集"都市""文字"和"青铜器"三个要素于一身,是灿烂的中国上古文明的写照。

西周时期的城邑数量有了一定增长,分布范围扩大,形成了周天子王都→诸侯国国都→卿大夫采邑——三级城邑体系;在城邑规模的建设上,亦谨循礼制。《周礼·冬宫考工记》载:

匠人营国,方九里,旁三门。国中九经九纬,经涂九轨。左祖右社,面朝后市,市朝一夫。夏后氏世室,堂修二七,广四修一,五室,三四步,四三尺,九阶,四旁两夹,窗,白盛,门堂,三之二,室,三之一。殷人重屋,堂修七寻,堂崇三尺,四阿,重屋。周人明堂,度九尺之筵,东西九筵,南北七筵,堂崇一筵,五室,凡室二筵。室中度以几,堂上度以筵,宫中度以寻,野度以步,涂度以轨。庙门容大扃七个,闱门容小扃参个,路门不容乘车之五个,应门二彻参个。内有九室,九嫔居之。外有九室,九卿朝焉。九分其国以为九分,九卿治之。王宫门阿之制五雉,宫隅之制七雉,城隅之制九雉。经涂九轨,环涂七轨,野涂五轨。门阿之制以为都城之制。宫隅之制以为诸侯之城制。环涂以为诸侯经涂,野涂以为都经涂。[②]

① 严文明. 黄河流域文明的发祥与发展 [J]. 华夏考古,1997(1):50-51.

② 《十三经注疏》. 十三经注疏·周礼注疏 [M]. 北京:北京大学出版社,1999:1149-1156.

可见周时天子都城与诸侯之城的形制有着严格的区分,而在王都的营建上,已形成"左祖右社,面朝后市"等基本制度。王都之内有九经九纬的道路,四面城墙每面都有三个城门,城邑规模可见一斑。

春秋战国时期,由于铁器的广泛使用带来的生产力大发展,商业的繁荣,以及礼坏乐崩带来的思想大解放等因素,促进了城市的蓬勃发展。城市数量激增,城市规模扩大,城市经济职能大大增强,在城市规划建设上也出现了一些新的理论。《管子·乘马》载:

> 凡立国都,非于大山之下,必于广川之上。高毋近旱而水用足,下毋近水而沟防省。因天材,就地利。故城郭不必中规矩,道路不必中准绳。

《管子·度地》载:

> 内为之城,城外为之郭,郭外为之土阆,地高则沟之,下则堤之,命之曰金城。树以荆棘,上相穑著者,所以为固也。岁修增而毋已,时修增而毋已,福及孙子。

《管子》提出,要在考察地理环境和山川林泽等自然资源的基础上,因地制宜,充分利用地理条件建城立邑,说明先秦时期城邑建设理论已经成熟。

三、王统、圣人观与文化原典的形成

五六千年前,中华文明的胚胎在华夏大地四处萌生,文明的起源恰如"满天星斗"。但由于条件的变迁和历史的机缘,良渚文化、红山文化、三星堆文化等都中途夭折,只有黄河文化以中原地区为中心,不断拓展壮大,在 5 000 多年的历史长河中绵延不绝,最终成为中华民族的根和魂,其拥有磅礴生命力的深层原因是什么呢?笔者认为其文化内核在于一个"统"字,即世代相继相承的系统。

(一)王统

所谓王统,就是帝王的统绪。中华民族自古崇尚英雄、学习英雄、不忘英雄。特别是在远古时期,化身为帝王的英雄们挑起了民族前行的重担。从发明钻木取火的燧人氏,到教民渔猎的伏羲氏,到遍尝百草的神农氏,再到振德修兵的轩辕氏,远古的部落英雄事迹很早就成为传说故事,保存在各种文献史料中,早在

先秦时期,就被学者梳理为"三皇五帝三王"的圣统。圣王不纯粹是权威、武力、统一的象征,还是为民、公正、富强的代名词。禹治水13年间,三过家门而不入,成为夏王朝的开国君王;契辅佐禹治水有功,又发明以火纪时的历法,成为商部落的始祖;稷教民耕种,放粮救饥,被尊为周部落的始祖。夏、商、周三代的建立与衰败,无不折射出圣王的事功与民心的背向。也正因为如此,上古圣王成为中华民族历史发展中光辉的标杆,成为几千年来全天下中华儿女共同的祖先崇拜对象,成为凝聚中华民族团结一心、众志成城的不竭动力。

(二)圣人观

圣人是中国文化追求的作为人的最高目标,是人们道德修养上的奋斗方向和要努力达到的人生境界。圣的繁体字写作"聖"。就字形意义上看,上左有"耳"以表闻道,通达天地之正理;上右有"口"表以宣扬道理,教化大众;下边的"王"代表统率万物为王之德,德行遍处施行。可见,圣人是"道"与"德"的统一。

春秋时期人们即开展关于"圣人"的讨论。道家认为,圣人是大道的体悟者。《道德经》第二十二章云:"是以圣人抱一为天下式。"其认为圣人就是能够通晓道德智慧的人,只要守住道的原则,就可以把它作为天下所有事理的通则。儒家认为,圣人是大德的施行者。《论语·雍也》云:"子贡曰:'如有博施于民而能济众,何如?可谓仁乎?'子曰:'何事于仁,必也圣乎!尧舜其犹病诸!夫仁者,己欲立而立人,己欲达而达人。能近取譬,可谓仁之方也已。'"孔子所谓的"博施于民"表达了圣人道德高尚和政治的目的性,"能济众"则表示圣人的社会责任和使命担当。

圣人之所以伟大,在于其是人类文明的引领者,是社会进步的推动者。《管子·任法》云:"所谓仁义礼乐者,皆出于法。此先圣之所以一民者也。"《商君书·君臣》云:"古者未有君臣上下之时,民乱而不治。是以圣人列贵贱,制爵秩,立名号,以别君臣上下之义。"《中庸》云:"百世以俟圣人而不惑"。先秦时期,不论是儒道,还是墨、法各家,都无一例外地推崇圣人。而诸子百家的"圣王观",都是对现实的人生或政治的一种表达,这就使中国文化呈现出与古埃及、古巴比伦、古黎凡特文明的截然不同的特点,就是不崇尚无益事功的玄想,不追求虚无缥缈的来世,而是专注于生命本真的努力和成就。《论语·子罕》载:"太宰问于子贡曰:'夫子圣者与?何其多能也?'子贡曰:'固天纵之将圣,又多能也。'

子闻之曰:'太宰知我乎? 吾少也贱,故多能鄙事。君子多乎哉? 不多也!'"
从孔子、子贡、太宰三人关于圣人的讨论中,问题的重点不在于孔子是否认为自己是圣人,而在于孔子否定子贡"圣"乃天所赋予的观点,认为自己通过后天所学而致的"多能",或是人们认为他是圣人的原因。孔子思想中隐含的"学而致圣"的倾向,经孟子、荀子的倡导而发扬光大。孟子认为,人皆可以为尧舜(《孟子·告子下》)。其意义不是要求人人都成为尧舜那样的帝王,而是认为每个人都具有"仁义礼智"的本性,只要人们努力向善,就可以成为像尧舜这样的圣人。孟子曰:"尧舜之道,孝弟而已矣。子服尧之服,诵尧之言,行尧之行,是尧而已矣。"(《孟子·告子下》)荀子更是认为人通过后天的学习可以达到"圣心备焉"(《荀子·劝学》)的崇高境界。《荀子·性恶》云:

"涂之人可以为禹。"曷谓也?

曰:凡禹之所以为禹者,以其为仁义法正也。然则仁义法正有可知可能之理。然而涂之人也,皆有可以知仁义法正之质,皆有可以能仁义法正之具,然则其可以为禹明矣……今使涂之人者,以其可以知之质,可以能之具,本夫仁义法正之可知可能之理,可能之具,然则其可以为禹明矣。今使涂之人伏术为学,专心一志,思索孰察,加日县久,积善而不息,则通于神明,参于天地矣。故圣人者,人之所积而致矣。

无论是孟子所倡言的人皆有恻隐、羞恶、辞让、是非"四心"、仁义礼智"四端",还是荀子所论说的人皆有"知仁义法正之质""能仁义法正之具",皆是强调人之为人,在于人的道德和认知的本性是自足的。所以凡人与圣人在本性上是无差别的,差别在于能否自觉本性与自践本性上,这就为天下人打通了由凡而圣的践行之道。

(三)文化原典

与中国古代王统、圣人观一脉相承的是古人对文化的崇拜。关于我国文明起源的神话传说中,文化的诞生是以天启的形式出现的。伏羲氏因受河图的启发而创作八卦,以此沟通神明之德性,以此比拟万物之情状。大禹在治水的过程中,由得到洛书的启发而晓悟"洪范九畴"之道。《淮南子·本经训》载:"昔者苍颉作书,而天雨粟,鬼夜哭。"认为仓颉创作文字,具有通天地、惊鬼神的伟大作用。两汉之际的纬书《春秋·元命苞》载:

仓帝史皇氏，名颉姓侯刚。龙颜侈哆，四目灵光。实有睿德，生而能书。及受河图绿字，于是穷天地之变化。仰观奎星圆曲之势，俯察龟文鸟语山川，指掌而创文字，天为雨粟，鬼为夜哭，龙乃潜藏。治百有一十载，都于阳武，终葬衙之利乡亭。①

把仓颉的形象进一步神异化，无非是强调文字的发明是一件了不起的大事。中华先民由对文字的崇拜，进而发展到对文化的崇拜，是很自然的事。《左传·昭公十二年》记载，楚灵王称赞左史倚相曰："是良史也，子善视之！是能读《三坟》《五典》《八索》《九丘》。"②关于《三坟》《五典》《八索》《九丘》之书，《尚书·序》称："伏牺、神农、黄帝之书，谓之'三坟'，言大道也。少昊、颛顼、高辛、唐、虞之书，谓之'五典'，言常道也。"③可见它们是五经出现之前的文献汇集。而对于有文化的史官，就连楚王都深为钦佩，说明中国人很早就形成了尊崇文化的思想观念。

春秋战国时期是礼坏乐崩的时代。周天子丧失权威，不能约束诸侯的行为；诸侯开始不朝贡天子，甚至僭越称王，使用天子礼制；诸侯的士卿弑君或篡权自立也屡见不鲜；平民百姓也开始不守信义，不知廉耻，伦理道德文化的日渐式微，致使人心不古，世风日下。但正是在春秋战国时期，作为礼乐文化的产物——《诗》《书》《礼》《易》《春秋》"五经"却得到了前所未有的重视和阐发，孔子以对"五经"的整理和讲授而为时人所推崇，使"五经"成为几千年的文化经典；自己也因之被尊奉为圣人，成为中国文化史上不可动摇的最伟大的标杆。所以有学者指出，春秋战国时期是礼坏乐崩的时代，也是礼乐文明的奥旨得以充分阐扬的时代。④这种相反相成的社会现象的背后，其实反映了中国古人在文化、政治、经济之间的纠缠博弈中，始终把文化置于最为崇高的地位。

① 佚名.春秋元命苞[G]//安居香山,中村璋八.纬书集成.石家庄:河北人民出版社,1994:590.
② 杨伯峻.春秋左传注(修订本)[M].2版.北京:中华书局,1990:1340.
③ 《十三经注疏》整理委员会.十三经注疏.尚书正义[M].北京:北京大学出版社,1999:4.
④ 梅珍生.晚周礼的文质论:中文摘要[M].武汉:湖北人民出版社,2004:1.

第二节　从神本到人本

黄河中下游一带的地理条件优越,奔涌的黄河水浇灌着千里沃野,最适宜农耕文明的滋长。中华先民头顶着千古不变的苍天,脚踏着悠久博厚的大地,年复一年靠自身的劳力生存。据传是帝尧时期的《击壤歌》:"日出而作,日入而息。凿井而饮,耕田而食。帝力于我何有哉!"①反映了原初居民自给自足的农耕生活状态。这种农耕文明最容易形成自我的崇拜和务实、奋斗的品格,从而很早使我国上古文化从神本主义走向人本主义。

一、人的自我认识

就甲骨卜辞所反映的殷商生活来看,殷商文化有着浓郁的神本主义的色彩。殷人宗天尚鬼、嗜酒重卜,认为神灵世界中的最高神"帝"主宰着社会的事务和人类的命运,人死后精魂不灭成为鬼,天神、地祇、人鬼都以这样或那样的方式影响着人类社会。笔者之前有过阐述:

> 殷人的思维意识,还是停留在了以帝神崇拜为标志的原始宗教信仰的阶段。上天的"帝"权威的强大,恰恰反映了世间的人的力量的渺小。殷人的精神,可谓完全服从于"帝"的宗教意识之下,在这种情况下,人很难发现自身的力量与智慧,更不能对人自身的行为作出一定的反思,当然也就不会产生人的道德品质的意识。②

但商周更替的社会剧变驱动了天命意识的转换与道德意识的产生,当时的政治家在"帝""天命"等至高的权威之外首次看到了人民的力量,认为决定国家政权是否稳固的根本是民心向背。周初的统治者提出"皇天无亲,惟德是辅"(《左传·僖公五年》引《周书》)的观念,认为周天子必须"修德""用德""敬德保民"才配享用天命。这是在统治者层面上的关于人的思想、行为、价值的自我

---

① 《十三经注疏》整理委员会.十三经注疏·尚书正义[M].北京:北京大学出版社,1999:4.
② 于成宝.先秦两汉易学研究[M].北京:中国社会科学出版社,2019:56.

发现与肯定,象征着人的主体性精神的觉醒。也正是在人的精神与价值自我发现的基础上,西周把"制礼作乐"作为塑造统治阶层文化性格的手段。在"以德配天"的新天命观之下,"德"是"礼"的核心内涵,"礼"是"德"的自然外延,二者相辅相成,从理念的层面和实践的层面推动着作为道德主体的人在立身行事上的自我完善,从而实现了人类文明质的飞跃,正如《周易·贲卦·象传》所述:"刚柔交错,天文也;文明以止,人文也。观乎天文以察时变,观乎人文以化成天下。"随着礼仪之道一同推广到普天之下的人文精神成为全天下人的主流思想观念。

有学者指出,中国文化中的道德理想主义,就是建立在周朝自觉的"以人为本"价值观的基础上。在社会人文教化中,"儒家文化将人生视为人在道德修养上'苟日新,日日新,又日新'的不断自我完善的实现过程,把'成圣贤'规定为人生理想和终极目标,从而给人生赋予一种永恒、崇高的价值和意义"①。

二、"三不朽"论

在先秦思想文化史上,"三不朽"论具有极其重要的地位,它昭示着中国古代的思想家开始探讨人生的终极意义问题,并由之形成了中国人特有的人生价值观念。《左传·襄公二十四年》载:

> 二十四年春,穆叔如晋,范宣子逆之,问焉,曰:"古人有言曰'死而不朽',何谓也?"穆叔未对。宣子曰:"昔匄之祖,自虞以上为陶唐氏,在夏为御龙氏,在商为豕韦氏,在周为唐杜氏,晋主夏盟为范氏,其是之谓乎!"穆叔曰:"以豹所闻,此之谓世禄,非不朽也。鲁有先大夫曰臧文仲,既没,其言立,其是之谓乎!豹闻之:'太上有立德,其次有立功,其次有立言。'虽久不废,此之谓不朽。若夫保姓受氏,以守宗祊,世不绝祀,无国无之。禄之大者,不可谓不朽。"②

鲁襄公二十四年(前545年),范宣子与穆叔关于"死而不朽"的对话揭示了当时人们对不朽的两种理解。范宣子认为,家族禄位世代相传、血脉绵延不绝是不朽。这自然是有一定道理的,但没有谈及人生意义是否能超越生命本身。穆叔则认为,不朽无关乎家族的传承、血脉的延续,而是个体生命的价值如何超

---

① 陈江风. 中国文化概论[M]. 2 版. 南京:南京大学出版社,2005:23.
② 杨伯峻. 春秋左传注(修订版)[M]. 2 版. 北京:中华书局,1990:1087-1088.

越生命本身。一个人在活着的时候若能为人类"立德"、为国家"立功"、为世间"立言",那么他的人生价值并不随着肉体生命死亡而消亡;相反,会成为历史的一部分,以这样或那样的方式指导或影响着后世人们的生活。

"三不朽"论的提出,标志着春秋时期人文精神的高涨。有学者指出,"三不朽"论脱胎于"天子令德,诸侯言时计功,大夫称伐"(《左传·襄公十九年》)的三等铭礼,反映了天子、诸侯、大夫三类人群不同的社会责任和价值追求。随着时代潮流的涌进,"立言"逐渐取代"立德""立功",获得与"圣贤"同等的文化地位,它体现了大夫和士的阶层对话语权力的追求和主体意识的觉醒。[①]

"三不朽"论的提出,为先秦时人完善自我、提升生命的价值指明了方向。孔子曰:"君子疾没世而名不称焉。"(《论语·卫灵公》)在儒家学者看来,人生最高的价值就是要"立身行道,扬名于后世"(《孝经·开宗明义》)。正是在人生以死后不朽为至高要义的文化语境下,孔子倡导杀身以成仁,孟子倡导舍生而取义,把对天下大道的追求置于自我生命之上,从而形成了中国传统文化中以"施仁行义"为导向、以"内圣外王"为最高理想的生命价值理念。

"三不朽"论的提出,是一次春秋战国转型时期关于人的思想解放运动,为社会各阶层在人生价值的超越上拓展出一片广阔的天空。它打破了世系等级制度下权力、地位、身份对个体生命形态的束缚,原先仅仅属于周天子、诸侯、大夫凭借自身权位所能获得的不朽,因"三不朽"论的提出而不再有存续的可能;相反,不管是什么阶层的人,都可通过对立德、立功、立言的追求而获得超越生命的永恒价值。孟子有"人皆可以为尧舜"(《孟子·告子下》)之语,启迪着人的自我觉醒,鼓励人人向善,以此赋予人生超越死亡的无限可能。《荀子·劝学》载:"学恶乎始?恶乎终?曰:其数则始乎诵经,终乎读礼;其义则始乎为士,终乎为圣人"。承继着孔子的教育旗帜,把学经、修身与道德、事功结合在一起,开启了封建社会 2 000 多年来读书人以科考功名追求不朽的文化范式。

三、士人多样化的生命形态

士的阶层很早就登上历史舞台,商周时期的文献已有"多士""庶士"之称。《说文解字》载:"士,事也。数始于一,终于十,从十一。孔子曰:'推十合一为士。'

---

① 过常宝,高建文."立言不朽"和春秋大夫阶层的文化自觉[J]. 北京师范大学学报(社会科学版),2014(4):65.

《白虎通》曰：'士者事也，任事之称也。'故《传》曰：'通古今，辨然否，谓之士。'"武王克商之后，源于宗法分封制度，士作为最低级的贵族管理国家政权各部门的基层事务。顾颉刚先生在《武士与文士之蜕化》一文中认为："吾国古代之士，皆武士也。士为低级之贵族，居于国中（即都城中），有统驭平民之权利，亦有执干戈以卫社稷之义务，故谓之'国士'以示其地位之高……谓之'君子'与'都君子'者，犹曰国士，所以表示其贵族之身份，为当时一般人所仰望者也。"① 可知西周时期的士皆为文武兼备之士，国无战事则辅佐高级贵族以治民，国有战事则作为战士出征打仗。

春秋时期，随着井田制的瓦解、宗法制的动摇以及世卿世禄制度的解体，士的阶层逐渐壮大，其构成也不再是最低级的贵族。余英时先生认为，由于士阶层处于贵族与庶人之间，春秋时期上层贵族的下降和下层庶民的上升，都汇合于士这一阶层。这导致了士从最底层的贵族转化为最高级的庶民，成为士农工商的四民之首——士民。这是中国知识阶层兴起的一个最清楚的标帜。②

士的阶层在战国时期有了进一步的发展和分化。从现实层面看，战国时期因群雄争霸引发的惨烈战争以及富国强兵的现实需要，亟须掌握各种知识和技能的士，这促进了士阶层的空前活跃；从历史的层面看，自春秋晚期由孔子首倡的私学兴起，在整个社会的层面上推动了教育的普及和文化的提升，为士阶层的勃兴提供了智力支撑，二者的自然契合导致战国时期成为士施展才干与抱负的舞台。"战国四公子"之一的齐国孟尝君有食客三千，其中既有善于谋划之士如冯谖之流，又不乏鸡鸣狗盗之辈，但都在职掌国政的孟尝君门下充当士，充分说明了士的阶层在当时深受统治者的青睐与尊崇。《战国策·齐策四》"赵威后问齐使"中记载了齐国有士钟离子、叶阳子等人帮助齐王养息其民，而齐王不加封；有士於陵子仲不臣于王、不交诸侯、不治其家而齐王不加罚。《荀子·非十二子》中重点批判了纵情任性、恣肆放荡、行为如同禽兽一样的它嚣、魏牟之流；批判了抑制性情、离世独行、不循礼法的陈仲、史鰌之流，批判了崇尚功利实用、重视节俭而轻慢等级差别的墨翟、宋钘之流，等等。从中可见在战国时期政治宽松、思想解放、百家争鸣的社会环境中士人不同的生活状态、精神风貌和价值追求。

---

① 顾颉刚. 武士与文化之蜕化 [M] // 顾颉刚. 浪口村随笔. 沈阳：辽宁教育出版社，1998：52.

② 余英时. 士与中国文化 [M]. 上海：上海人民出版社，1987：12-21.

第三节　中国文化体系的初步形成

先秦时期,是黄河文化体系的初步形成时期。这一时期的文化经历了原始文化、夏商文化、西周文化和春秋战国文化四个阶段。其中,西周时期是中国社会宗法制度的形成时期,深刻影响着中国文化的特征及性格;春秋战国时期是中国文化的"轴心时代",先秦诸子百家争鸣,以昂扬的精神风貌和深邃的哲学思考奠定了中国传统文化的基本精神和思想体系。可以说,整个先秦时期,以黄河文化为主体的中华文化由萌芽到发展、由发展到壮大,从而构建起了博大精深、精彩纷呈的文化体系。

一、宗法制度

梁启超《新大陆游记》:"吾中国社会之组织,以家族为单位,不以个人为单位,所谓家齐而后国治是也。周代宗法之制,在今日其形式虽废,其精神犹存也。"① 梁氏之言,道出了中国古代社会政治结构的本质。宗法制的构建经历了一个漫长的历史过程。我国传说中的五帝时期在帝位传承上实行过"举贤不举亲"的禅让制,尧传舜、舜传禹都是采取的这种方式。夏代的王位传承方式是父死子继和兄终弟及并行,但以父死子继为主。商朝中前期的王位继承制度也是父死子继与兄终弟及并行,但以兄终弟及为主。商代后期鉴于"自中丁以来,废适(嫡)而更立诸弟子,弟子或争相代立,比九世乱,于是诸侯莫朝"② 的局面,王位传承改以"父死子继"为主,出现嫡长子继承的倾向。如纣是帝乙嫡子,微子启是庶子,尽管启年长,帝乙还是立纣为法定继承人,说明宗法制度渐趋形成。

西周宗法制度的实际创建者是周公姬旦。按《史记·鲁周公世家》记载,周武王在克殷的第二年驾崩,因成王年幼,故由周公摄政。而按《逸周书·度邑》

---

① 梁启超. 新大陆游记 [M]. 李雪涛,校注. 北京:社会科学文献出版社,2007:154.
② 司马迁. 史记 [M]. 2 版. 北京:中华书局,1982:101.

记载,周武王病重托付之时,曾有"乃今我兄弟相后"①之语,意即兄终弟及,传王位于周公。但周公最终在摄政七年之后,归政于成王。周公以身作则,拒绝了兄终弟及的王位传承方式。这既彰显了周公不贪恋权位的高风亮节,又是出于确立以嫡长子继承制为核心的宗法制进而实现周初统治集团内部稳定的需要。西周宗法制度在设计上值得称道的地方是:嫡长子继承制与封邦建国制互为表里、相辅相成。在家族内为宗法制,上升到国家就是分封制,宗法制为分封制奠定政治基础,分封制是宗法制在政治上的体现。又通过宗庙祭祀来尊崇祖先,维系亲情,从而把周天子和姬姓诸侯、卿大夫紧密结合成一个具有共同血缘关系又等级分明、井然有序的政治实体,实现了从中央政权到地方政权基本上由姬姓贵族主导或掌控的局面,即所谓"溥天之下,莫非王土;率土之滨,莫非王臣"。

西周的宗法制度对中国传统社会产生了广泛而深刻的影响。首先,它体现在政治体制上的皇位世袭制及持续不断的封国制度,形成了古代中国 3 000 多年间家国一体的"家天下"局面。其次,它体现在家族制度的长盛不衰,以血缘纽带联系起来的家族成为构成中国传统社会的基石,族权成为中国古代社会政治及基层治理的重要一极。再次,它使家庭、家族和国家在组织机构方面具有高度的共通性,形成了"家国同构"的社会政治模式。梁漱溟先生说:"中国的家族制度在其全部文化中所处地位之重要,及其根深蒂固,亦是世界闻名的。中国老话有'国之本在家'及'积家而成国'之说;在法制上,明认家为组织单位。中国所以至今被人目之为宗法社会者,亦即在此。"②《大学》中倡导的"修身、齐家、治国、平天下"的个人奋斗路径,即是"家"与"国"之间高度同质性的反映,从而使中国古代社会呈现出伦理型、政治型的文化范式。

二、王官之学

王官之学发轫于五帝时期。《尚书·虞书·尧典》载:"(尧)乃命羲和,钦若昊天,历象日月星辰,敬授民时。"其意思是尧任命羲氏与和氏专职从事天文工作,推算日月星辰运行的规律,制定出历法,从而告诉人们依照时令节气从

---

① 黄怀信,张懋镕,田旭东.逸周书汇校集注(修订本)[M].上海:上海古籍出版社,2007:478.

② 梁漱溟.中国文化要义[M].上海:上海人民出版社,2011:17.

事生产活动。可见,尧帝时期已设置专门的国家机构和人员从事学术研究并以
之指导人们的实践活动。王官之学正式创建于西周时期,其标志是周公"制礼
作乐"。韦政通先生指出:

> 礼在古代文化中有着极为复杂的涵义与功能,它涉及政治、社会、宗教、教
> 育等各方面,它代表人与神、祖先、人与人之间以及个体本身的基本秩序或规
> 制……乐是在各种典礼仪式中辅助礼的,足以增强心理的效果,运用在教育上
> 其效果尤为明显。就文化的象征意义看,周代的封建、宗法都可以化入礼乐之
> 中,所以后来在孔子心目中,礼崩乐坏就无异是整个周制（周文）的崩溃。[①]

礼乐文化的意义在于,它构建了与西周宗法制的社会政治结构相适应的
一整套文化制度。王官之学,则是出于维护和加强西周宗法制度,以及在整个
社会的层面施行礼乐文化的需要而构建的面向贵族子弟的学术文化。就西周
文化教育的情况来看,鲜明地体现了"学在官府"或"学术官守"的特征,其
具体表现为"惟官有书,而民无书""惟官有器,而民无器""惟官有学,而民无
学"[②]。官方掌控着教育资源的使用及教育活动的开展,而且教师亦由职官担
任,即"官师合一"。《礼记•学记》载:"古之教者,家有塾,党有庠,术有序,国
有学。"[③]"家",即以一个曾祖或高祖为最高家长的不同家庭组合起来的家族。
"党",即由血缘相近的 500 户家庭所组成的一个行政单位;"术",即遂,是由相
邻的 12 500 户家庭组成的一个更大的行政单位;"国",即天子所居之首都,也包
括诸侯所居之国都。这句话的意思是:每 25 家的闾设有的学校叫"塾",每 500
家的党有自己的学校叫"庠",每 12 500 家的术有自己的学校叫"序",在天子的
王城或诸侯的国都设立有大学,可见西周从国都到地方基层都建立了与宗法制
相匹配的学校教育。《周礼•地官司徒•保氏》曰:"保氏掌谏王恶,而养国子以道。
乃教之六艺:一曰五礼,二曰六乐,三曰五射,四曰五驭,五曰六书,六曰九数。"[④]
《周礼•地官司徒•大司徒》亦曰:"以乡三物教万民而宾兴之。一曰六德:知、
仁、圣、义、忠、和。二曰六行:孝、友、睦、姻、任、恤。三曰六艺:礼、乐、射、御、书、

---

① 韦政通. 中国思想史[M]. 上海:上海书店出版社,2003:24.

② 孙培青. 中国教育史[M]. 3 版. 上海:华东师范大学出版社,2009:17-18.

③ 胡平生,张萌. 礼记[M]. 北京:中华书局,2017:698.

④ 《十三经注疏》整理委员会. 十三经注疏•周礼注疏[M]. 北京:北京大学出版社,1999:
352.

数。"①由之可见，西周时期的教育内容已经达到相当完备的程度，其以礼乐教育为中心，注重"德""行""艺"等方面的综合培养与考察，体现了文武兼备、诸育兼顾的特点，透射出王官之学的鲜明特色。

从现实政治上看，西周王官之学是统治集团治理天下的需要；从历史影响上看，王官之学又促进了五经的形成。就《诗经》的成书来看，历来有"采诗说""献诗说""删诗说"等不同的说法。关于"采诗说"，《汉书·食货志上》载："孟春之月，群居者将散，行人振木铎徇于路，以采诗，献之大师，比其音律，以闻于天子。故曰王者不窥牖户而知天下。此先王制土处民富而教之之大略也。"②《汉书·艺文志》亦曰："故古有采诗之官，王者所以观风俗，知得失，自考正也。"③关于"献诗说"，《国语·周语上》曰："故天子听政，使公卿至于列士献诗，瞽献曲，史献书……而后王斟酌焉，是以事行而不悖。"④关于"删诗说"，《史记·孔子世家》曰："古者《诗》三千余篇，及至孔子，去其重，取可施于礼义……三百五篇，孔子皆弦歌之"⑤。实际上，采诗、献诗、删诗三种说法并不矛盾，它们从不同角度反映了《诗经》是如何编订成书的。采诗之官巡行邦国而得到各地的民歌，另外，京畿或邦国的贵族也因自身较高的文学素养而创作诗歌；这些由民间采集而来的诗歌或贵族创作的诗歌，经过宫廷乐师润色修饰，并配上音乐，最终呈献给周天子；各地的诗歌经年累月积累得多了，就需要编订成书，自然会有一个增补、删减的过程。可以说，《诗经》的编订成书以及先秦时期诗教传统的形成，是王官之学自然演进的结果。

再看其他四经。《尚书》是我国第一部上古社会政治文献的汇编，其内容分为《虞书》《夏书》《商书》和《周书》。就《尚书》书名的意义来看，历来有三种解释：以"尚"为"上"，即是上古之书；以"尚"为"尊崇"，即是"人们所尊崇的书"；以"尚"为"君上"，即是圣王贤臣之书。《尚书》的主体部分是《周书》，多记载周天子与大臣相互训诫、劝勉之言，特别是其中的"诰""誓""命"等文书，是周王朝颁布实施政令的记载，在当时起到了律令与教化的作用，故《尚书》也

① 《十三经注疏》整理委员会. 十三经注疏. 周礼注疏[M]. 北京：北京大学出版社，1999：266.
② 班固. 汉书[M]. 北京：中华书局，1962：1123.
③ 班固. 汉书[M]. 北京：中华书局，1962：1708.
④ 徐元诰. 国语集解[M]. 王树民，沈长云，点校. 北京：中华书局，2002：11.
⑤ 司马迁. 史记[M]. 2版. 北京：中华书局，1982：1936.

可视为王官之学的产物。《仪礼》是关于周代的冠、婚、丧、祭、乡、射、朝、聘等各种礼仪的汇集,而尤以记载士大夫阶层的礼仪为主,所以又称《士礼》。西周时期,"礼不下庶人,刑不上大夫",故《仪礼》是王官之学的内容之一。《周礼》原名《周官》,从内容上看,是对周王朝整个职官体系的记载。按《史记·周本纪》的记载:"既绌殷命,袭淮夷,归在丰,作《周官》。兴正礼乐,度制于是改,而民和睦,颂声兴。"①《周礼》中关于礼的体系的记载最为全面,其中有的内容虽不排除战国时人追述补记的可能,但在总体上《周礼》的创制是与周初礼乐文化的构建相同步的,当是西周王官之学的重要组成部分。《周易》据传为文王、周公所作,其作为周初统治集团的预测天道之书,无疑具有极高的权威。我国自西周时起就有专门的史官记载国家大事,东周时期鲁国史官对历史的记载被称之为《春秋》,内容多是天下各诸侯、大夫、国人等失礼非礼之事,其用词遣句"字字针砭"的文风被后人称为"春秋笔法",为历代史家奉为经典。《左传·昭公二年》:"晋侯使韩宣子来聘,且告为政,而来见,礼也。观书于太史氏,见《易象》与《鲁春秋》,曰:'周礼尽在鲁矣,吾乃今知周公之德与周之所以王也。'"②《易象》当是解释《周易》卦象方面的著作,《鲁春秋》即鲁国的史书,可见春秋时期易学和史学仍在官学的体系下有着很好的保存和传承。

西周的王官之学在我国文化史上有着承前启后的价值和意义。在西周之前的夏商时期,虽然中国已经迈入了早期国家形态的阶段,但没有构建起比较完备的官学文化体制,导致了夏商文化始终在神本主义的笼罩之下,西周有鉴于殷商败亡的经验教训,在新的以德配天的天命观影响下,在之前早已出现的各种学术萌芽的基础上,建立起一整套旨在培养人的德性、技能和知识的官学体系。这样不但高扬了以人为本的文化理念,而且在现实政治上也促进了西周官僚体制的形成。而作为西周王官之学的结集"五经"——《诗》《书》《礼》《易》《春秋》,最终因春秋时期礼坏乐崩导致的文化下潜而在更广泛的社会层面普及,从而成为催生诸子百家之学的摇篮。

三、诸子之学

春秋时期礼坏乐崩,"天子失官,学在四夷",其结果是打破了"学在官府"

---

① 司马迁. 史记 [M]. 2 版. 北京:中华书局,1982:133.

② 杨伯峻. 春秋左传注(修订本)[M]. 2 版. 北京:中华书局,1990:1226-1227.

的局面，促进了私学的产生。私学的产生和发展推动了我国古代学术文化的广泛传播和学术下移运动，培养了一大批思想家、教育家、政论家以及各具专长的人才，他们活跃在春秋战国的舞台，在文化、思想、政治的层面开创了百家争鸣、百花齐放的局面，成为先秦时期黄河文化最为绚烂的风景。

关于先秦诸子的学派划分，班固在《汉书·艺文志》中归纳为十家，即儒家、道家、阴阳家、法家、名家、墨家、纵横家、杂家、农家、小说家。吕思勉《先秦学术概论》云："故论先秦学术，实可分为阴阳、儒、墨、名、法、道、纵横、杂、农、小说、兵、医十二家也。"① 又增列了兵、医两家。就诸子百家中代表人物的籍贯分布及活动范围来看，主要集中在黄河中下游一带，其学说思想随着诸侯各国的文化交流传播到中华各地。

（一）儒家学派

儒家学派的创始人孔子是春秋时期鲁国曲阜（今属山东）人。孔子作为西周春秋时期礼乐文化的集大成者，对西周王官之学所形成的古典文献进行了全面而系统的整理，是第一个将《诗》《书》《礼》《易》《春秋》编辑成教材进行教学的人，其以仁为道德准则、以礼为道德规范的思想，在当时即为全天下学者所尊崇和景仰，使其成为人们心目中的圣人。

孟子是战国中期儒家学派的代表人物，邹国（今山东邹城东南）人，他继承并发展了孔子的儒家学说。在战国战乱的时代，孟子反对一切非正义的战争，对"率土地而食人肉"的战争发动者，斥其为"不志于仁""罪不容于死"。主张应行王道、施仁政，提出了"民为贵，社稷次之，君为轻"等闪耀着民本精神的宝贵思想。希望统治者把主要精力投入保民生、促生产、重教化上来，不但要保住老百姓"养生丧死无憾"的底线，还能以孝悌之义相互砥砺。这样就能够吸引全天下的百姓归附，从而实现天下一统的"王道"。在人性的本质问题上，孟子提出人的仁义礼智之性源于人所具备的"恻隐""羞恶""辞让""是非"之心，是人之所以为人的根本。孟子曰："无恻隐之心，非人也；无羞恶之心，非人也；无辞让之心；非人也；无是非之心，非人也。恻隐之心，仁之端也；羞恶之心，义之端也；辞让之心，礼之端也；是非之心，智之端也。人之有是四端也，犹其有四体也。"（《孟子·公孙丑上》）那么，人为什么会有这"四心""四性"呢？孟子认为其来源于代表着最高的正义和权威的"天"。孟子曰："尽其心者，知其性也；知

---

① 吕思勉. 先秦学术概论 [M]. 长沙：岳麓书社，2010：14-15.

其性,则知天矣。存其心,养其性,所以事天也。夭寿不贰,修身以俟之,所以立命也"(《孟子·尽心上》),从而为"性善论"奠定了坚实的理论基础,使之成为千百年来深为中国人服膺的做人理念。

荀子是赵国猗氏(今山西安泽)人。作为战国末期的儒家代表人物,荀子在继承孔孟学说的基础上,又汲取诸子百家思想之精华,对哲学、政治、经济及教育等都有深入的研究,从而构建起与孔孟儒学既相联系又有区别的思想体系。在天道观方面,荀子不取孔子视"天"为主宰、"生死有命,富贵在天"的天命观,而是主张"明于天人之分",视"天"为指不带任何神秘色彩、客观存在的自然界;自然界的运行有其自身规律,这种规律不以人的意志为转移,人应当在认识自然规律的基础上"制天命而用之",即在把握自然规律的基础上,努力做到顺应自然,利用自然,以此实现人类更好的生活。在人性论方面,传统的观点认为荀子主张"性恶论"。实际上,荀子并不纯粹以善或恶作为人性的本质特征,而是认为人性中潜藏着弃善向恶的可能性,同时人心又具备明道德辨善恶的可能性,所以统治者必须施行礼仪教化,把全社会的人都培养成"仁义法正"的人。在社会政治方面,荀子提出"隆礼尊贤而王,重法爱民而霸"的观点,视"礼治"为"道德之威"、"法治"为"暴察之威",礼义道德教育与政法惩治手段二者交互为用的关系;礼法并举、王霸统一,把一切都纳入新兴地主阶级大一统的制度与范围上来。荀子的学说在一定程度上促进了战国末期天下一统的进程,也深刻影响了秦汉大一统帝国的政权治理模式的构建。有学者指出:"荀子的政治思想相对于孔孟,具有明显的现实主义特色,也正是经由这种荀子式的走向现实的艰苦努力,儒家的'内圣外王'之学才真正达到了体用兼备,儒家学说也才能够在汉代,以至于汉代以后两千多年的中国封建社会确立其独尊地位。"[①]

要而言之,孔子是儒家的传统派,孟子是儒家的理想派,荀子是儒家的现实派。

(二)道家学派

道家学派的创始人是春秋晚期的老子。《史记·老庄申韩列传》载:"老子者,楚苦县厉乡曲仁里(今属河南鹿邑)人也,姓李,名耳,字聃,周守藏室之史也。"[②]《汉书·艺文志》:"道家者流,盖出于史官,历记成败存亡祸福古今之道,然后

---

① 李艳娇. 荀子的政治思想:内容提要 [D]. 大连:辽宁师范大学,2003:1.
② 司马迁. 史记 [M]. 2 版. 北京:中华书局,1982:2139.

知秉要执本,清虚以自守,卑弱以自持,此君人南面之术也。"① 作为春秋时期周王室的史官,老子能够接触到周王室所保存的各种历史文化典籍,这为老子以"道"为最高范畴的哲学体系的构建打下了基础。与孔子扮演的西周礼乐文化的继承者与维护者的角色不同,老子是传统礼乐文化的批判者和否定者。《道德经》第十八章曰:"大道废,有仁义。智慧出,有大伪。六亲不和,有孝慈。国家昏乱,有忠臣。"老子认为统治阶层所倡导的仁义、忠信、孝慈等道德科目,并不是多么神圣的观念,而恰恰是原初的最高的"道"被社会废弃的产物。《道德经》第三十八章曰:"故失道而后德,失德而后仁,失仁而后义,失义而后礼。夫礼者,忠信之薄而乱之首。"对于春秋时期人们据以立身处世的"礼",老子将其视为社会发展到最末端的产物,认为礼是忠信的不足,是祸乱的开端,从而对西周以来的礼乐文化予以根本的否定。探究老子产生这一思想的本原,在于他从宇宙最高的自然之"道"的角度,认为人民其实不需要被统治,而统治者以礼乐文化来统治人民则更具有虚伪性和欺骗性。老子在中国文化上的最大贡献,在于从宇宙观的高度系统考察了自然、社会和人生诸多问题,实现了天、地、人三才之道的融通。具体而言,他以"道"为宇宙的本原并在此基础上提出了宇宙生成理论。《道德经》第四十二章曰:"道生一,一生二,二生三,三生万物。万物负阴而抱阳,冲气以为和。"《道德经》第四十章曰:"天下万物生于有,有生于无。"老子运用"道""无""有"等概念以及"一""二""三"等数词,提出了一个既高度抽象又易于理解的宇宙生成模式,从而第一次把中国哲学的所有问题置于对客观实在本体的思考之下。建立在这一理论基点的基础上,老子提出了"道法自然"的物性论、相反相成的辩证论、以柔克刚的处世论和无为而治的圣王论等。千百年来,老子的思想深刻地影响着中国的哲学、伦理、道德、政治、文化,乃至中国人的思维方式、审美倾向和生活意趣等各个方面。

庄子是战国中期道家学派的代表人物,宋国蒙(今河南商丘)人。庄子在思想上继承了老子的道论。在《道德经》中,"道"是宇宙本源,是根本规律,还是人类的行为准则;庄子则发展了老子"道"作为人类准则的意义,将其推阐到个体精神的层面,从人的生命、人的精神空间、人的情感体验上去感知"道"、把握"道",从而把"道"上升为可以被个体生命感知的宇宙最高精神。在庄子看来,道是个体精神与宇宙本体的统一。《庄子•天下》评价庄子的学说:"独与天地精神往来,而不敖倪于万物。不谴是非,以与世俗处。"庄子所谓的"独与天

---

① 班固. 汉书 [M]. 北京:中华书局,1962:1732.

地精神往来",其实是要求人们消除物我对立而达于自然。在庄子看来,道是未分的,是整体,是"一"。《庄子·知北游》云:"通天下一气耳。""一气",指的是宇宙万有所共有的、弥漫整个自然的生生之气。《庄子·齐物论》云:"天地与我并生,而万物与我为一。既已为一矣,且得有言乎?既已谓之一矣,且得无言乎?"其意思是天地与人都是"道"自然而然所生,万物与我们都是一个本体而没有物我之别。

由之扩展到对理想人格的塑造上,庄子认为具备理想人格的人就是得道者,是在认识上、行动上、精神上、境界上达到了与道合一的人。《庄子》中提出至人、真人、神人、圣人等一系列形象。关于"至人",庄子曰:"至人无己"(《庄子·逍遥游》),"得至美而游乎至乐,谓之至人"(《庄子·田子方》);又曰:"朴素而天下莫能与之争美"(《庄子·天道》)。可见,"至人"是保持了自然天性、没有物我之分、在精神境界上实现绝对自由的人。关于"真人",《庄子·大宗师》中认为,真人是不恃众凌寡,不自恃成功,不钻营弄巧的人;真人是睡觉不做梦,醒着不忧虑,饮食不求甘美,呼吸深沉顺畅的人;真人是既不对生感到欢欣,也不会对死充满抗拒的人;真人是混同万物,泯灭好恶之分,把相同与相异视作一致,把天和人看作是不相抵触的人。如此看来,"真人"即是与自然之道浑然一体、自然而然地生活的人。关于"神人",庄子曰:"神人无功"(《庄子·逍遥游》);又曰:"藐姑射之山,有神人居焉。肌肤若冰雪,绰约若处子,不食五谷,吸风饮露,乘云气,御飞龙,而游乎四海之外;其神凝,使物不疵疠而年谷熟"(《庄子·逍遥游》)。"神人"看似超凡脱俗,实际上仍是一种对得道者的形象表述。关于"圣人",庄子曰:"圣人无名"(《庄子·逍遥游》);"圣人者,原天地之美而达万物之理。是故至人无为,大圣不作,观于天地之谓也"(《庄子·知北游》)。可见,圣人也是对在思想上、行动上能够"道法自然"的人的一种表述,而非儒家思想的仁义道德上的圣人。唐代道家学者成玄英曾对庄子"至人""神人""真人"三种说法有过精辟的解释:"至言其体,神言其用,圣言其名。故就体语至,就用语神,就名语圣,其实一也。诣于灵极,故谓之至;阴阳不测,故谓之神;正名百物,故谓之圣也。一人之上,其有此三,欲显功用名殊,故有三人之别。"①除了上述的理想人格,《庄子》一书中还刻画了林林总总的人物形象,有正面的,有反面的;有历史的,有虚构的;有世俗的,有方外的;有圆满的,有残陋的;有自我的,有他人的……无论哪种人物,都寄寓了庄子对自由人格的追求,他引导人们

① 郭庆藩. 庄子集释[M]. 王孝鱼,整理. 北京:中华书局,1961:22.

找回失去的天性自然和生命本真，从而让个体的精神驰骋于绝对自由的境界。

（三）法家学派

法家思想的源头可以上溯于上古时期的司法鼻祖皋陶。皋陶是尧舜时人，帝舜即位后任命皋陶为管理刑法的士官，《尚书·虞书·舜典》记载帝舜之言："皋陶，蛮夷猾夏，寇贼奸宄。汝作士，五刑有服，五服三就。五流有宅，五宅三居。惟明克允！"《尚书·夏书·大禹谟》还记载帝舜赞美皋陶之言："汝作士，明于五刑，以弼五教。期于予治，刑期于无刑，民协于中，时乃功，懋哉！"所谓五刑，即"象以典刑，流宥五刑，鞭作官刑，扑作教刑，金作赎刑"（《尚书·虞书·舜典》）；所谓五教，即"父义、母慈、兄友、弟恭、子孝"。可见，皋陶在帝舜时期构架了以五刑辅助五教的司法制度。春秋时期齐国的管仲、晋国的郭偃、郑国的子产等人，通过颁布法令与刑书的形式进行社会制度的改革，成为春秋时期法家学派的思想先驱。战国时期法家思想非常活跃，先后涌现了李悝、吴起、商鞅、慎到、申不害、乐毅、剧辛、韩非、李斯等法家人物。先秦法家主要分为齐法家和秦晋法家两大阵营。秦晋法家主张不别亲疏，不殊贵贱，一断于法，国君在统治上要以法、术、势三者相辅相成；齐法家则主张以法治国，法教兼重，强调法令的普遍适应性，甚至出现了以法律限制君权的思想萌芽。先秦法家思想的集大成者是韩非子，他在一定程度上接受了荀子"人性恶"的观点，认为"好利恶害"是人的普遍本性，人的本性是不能以仁义道德之道改变的。只有利用人的这种好利恶害心理，通过厚赏诱导人民遵守法纪，通过重刑迫使人民不敢犯法。为此，就必须把法律上升为国家治理的最高准则，以吏为师，以法为教。韩非清醒地认识到了当时天下即将走向统一的趋势，认为在国家政治上应当加强中央集权，实行君主专制。出于强化君权的目的，韩非对商鞅的严刑峻法思想，申不害的"术"治观念，慎到的"势"治学说都有批判地继承。他肯定了商鞅的"刑重而必""法不阿贵""任法不任智""修耕战"及"告奸连坐之法"；却批评他"无术于上"，在"术治"方面存在不足。他认为申不害虽懂得使韩昭王用术，却"未尽于法也"，致使韩国有"法不勤饰于官之患也"。至于慎到则仅仅言及"势"而没有涉及"法"和"术"。韩非清醒地认识到了商、申、慎三人理论的长短利弊，故能取长补短，形成了法、术、势相结合的法家思想体系。

（四）墨家学派

墨家学派的创始人墨翟是战国初期宋国人。在先秦诸子百家中，墨子是一位极其特殊的人物。作为一名大思想家，他所创立的墨家学说，在战国时期有着莫大的影响，吸引了一大批弟子甘愿为了践行墨家道义而牺牲性命；作为一名大科学家，他不仅擅长理论科学而且精于应用技术，在消弭战争、维护和平方面做出了重要的贡献。关于墨子的姓氏及墨家学说的创立，与当时出现的新工具——"绳墨"有一定关系。绳墨是木匠以之校正木材之曲直的工具——墨斗的雏形。战国时期，学者往往以绳墨之"器"喻形而上之"道"。如《孟子·尽心上》载："大匠不为拙工改废绳墨，羿不为拙射变其彀率。"《管子·七法》载："尺寸也、绳墨也、规矩也、衡石也、斗斛也、角量也，谓之法。"《商君书·定分》载："夫不待法令绳墨而无不正者，千万之一也。"《庄子·逍遥游》载："其大本臃肿而不中绳墨，其小枝卷曲而不中规矩，立之途，匠者不顾。"《荀子·性恶》载："故檃栝之生，为枸木也；绳墨之起，为不直也；立君上，明礼义，为性恶也。"墨子出身于战国初期的百工阶层、木工之家，木工在建造房屋、木器制作的各个过程都需要凭借绳墨这一工具来完成，久而久之便形成了对绳墨工具的崇拜心理。墨子正是通过对绳墨的使用逐渐产生了"工具理性"的思想，以之构建起了一整套救世哲学。《墨子·法仪》透露了墨子思想衍生的原点：

> 子墨子曰：天下从事者，不可以无法仪。无法仪而其事能成者，无有。虽至士之为将相者，皆有法。虽至百工从事者，亦皆有法。百工为方以矩，为圆以规，直以绳，正以县。无巧工不巧工，皆以此五者为法。巧者能中之，不巧者虽不能中，放依以从事，犹逾己。故百工从事，皆有法所度。今大者治天下，其次治大国，而无法所度，此不若百工辩也。

既然百工离不开规矩绳悬等工具所象征的法度，那么治理天下亦当如百工一样，必须找到可以为天下人共同遵循的法仪才行。墨子同儒家、道家、法家一样，也是将其学说建立对"天"的认识基础上。墨子称天道为"天志"，认为天是最高价值的存在，具有无上的权威，人间与自然的一切法度和原则皆源于天，所以要以天为法，遵循天的意志而行。《墨子·天志上》载："子墨子言曰：我有天志，譬若轮人之有规，匠人之有矩，轮匠执其规、矩，以度天下之方圆，曰：'中者是也，不中者非也。'"《墨子·天志下》载："故子墨子置天之以为仪法"。天如同规矩绳墨同等对待天下人与万物，所以人应当效法天的精神，人人都应当树立兼爱的道德观，即人与人之间应该不分血缘亲疏和等级贵贱的互亲互爱，此为由天志引申出的人类社会之大义。由此"兼相爱"之大义，人与人之间在社会活动上应秉持"交相利"的原则，因为"利人者，人必从而利之""害人者，人必从而害之"（《墨子·兼爱中》）。在社会治理上，墨子提出"尚同"与"尚贤"相辅相成的政治观，以贤之大小，作为担任政府各级管理职位的依据，天子则由天下最贤明的人担任。《墨子·尚同中》载："选择天下贤良、圣知、辩慧之人，立以为天子，使从事乎一同天下之义"。天子为天志的代言人，若是天子不能遵循天的意志，那么也会收到上天的惩罚。墨子相信天是赏善罚恶的意志之天，由之推演下去，则天地间必有鬼神的存在。《墨子·明鬼下》载："古之今之为鬼，非他也，有天鬼，亦有山水鬼神者，亦有人死而为鬼者。"当然，墨子极力论证鬼神的存在，并不仅仅是出于迷信，其目的更在于教导人们生爱死祭，"节葬""节用"。《墨子·公孟》载："夫智者，必尊天事鬼，爱人节用，合焉为知矣。"墨子代表了战国时期手工业阶层朴素节俭的生活观念和社会主张，所以对于儒家倡导的统治阶层的礼乐文化，从根本上持否定的态度，故又著《非儒》《非乐》等篇加以批判；在人生观上，墨子反对儒家的命定论，认为真正能够决定国家命运或个人命运的，是个人的主观的努力。总之，墨子的思想是一个博大而统贯的体系，墨家学派也由之成为战国中期的一大学派、一个有着重要社会影响力的团体，与儒家并称显学，形成了"非儒即墨"的学术格局。

第二章
秦汉魏晋南北朝隋唐五代时期的黄河文化

从公元前 221 年秦始皇统一天下到 960 年后周政权的结束,历时 1 181 年,是我国历史上中央集权的封建社会由创建到鼎盛的时期。此一时期,黄河流域作为中国政治、经济和文化中心,在华夏文明的传承与发展中发挥着关键性作用。黄河文化以先进的农耕经济为基础,以正统的华夏文明继承者的姿态,北与游牧民族文化相碰撞与激荡,南与长江流域文化相交流与融合,用自身强大的文化感召力与同化力,对各地少数民族文化发挥着持续而深远的影响,从而把以黄河文化为主轴的华夏文明推进到更加广阔的疆域。无论是物质文化、制度文化,还是精神文化,黄河文化都谱写了新的辉煌篇章。

第一节　经学一统的时代

一、天下统一于道法

天下大势,合久必分,分久必合。从公元前 770 年周平王东迁洛邑至公元前 221 年秦始皇统一中国之前,正好经历了 550 年的时间。原先由周天子一统天下政治的局面已不复存在,代之而起的是以"春秋五霸""战国七雄"为标志的地方政权相互征伐与兼并的局面。这一漫长的时期,对于饱受战乱灾祸的人民来说是无比痛苦的。但从历史的层面看,分裂的政治局面无疑为社会发展增添了竞争的因子,这加剧了旧贵族的分化,促进了新士族的崛起。一些诸侯国君出于维护统治及争夺霸权的需要,通过招揽天下人才以变法图强,各阶层人员的自由流动使得社会形态出现由血缘到地缘的变动,从而促进了统一观念的形成;而战国时期以攻城略地为目的的大规模战争则使得七雄之国的疆域与人口规模空前扩大,中央集权制度以及与之适应的地方上的郡县制也逐渐建立起来,这又从制度的层面促进了文化、习俗的统一。从民族的层面看,春秋战国时期是华夏族与周边少数民族融合的关键期。所谓"南蛮、北狄、东夷、西戎",这些上古时期就存在的部落群体,很早就接受了周天子的宗主地位,并深受华夏文化的影响,春秋时期因战争、会盟、婚姻等因素逐渐与华夏族在文化和血缘上逐渐趋同,战国时期则因七雄大规模的民族兼并活动而最终纳入了华夏民族大家庭,从而为秦汉时期的大一统准备了民族的条件。从社会生产力的角度看,春秋战国时期铁器的应用,特别是铸铁农具的普遍推广,加快了农田开发,并形成了农业上精耕细作的传统,极大提升了农耕经济的发展水平。在农业发展的同时,手工业生产也有了很大的进步,形成了冶铁业、丝织业、车辆制造、琉璃漆器业等许多独立的生产部门。伴随着农业、手工业的巨大发展,商业都会开始出现,商人阶层开始登上历史舞台,促成了春秋战国时期商品经济繁荣的局面。这些都为天下统一准备好了物质条件。

对于一统帝国在政治上设计得最为详备的,当属成书于秦始皇统一中国前夕的《吕氏春秋》。该书是秦国相邦吕不韦集合门客们编撰而成,以道家思想为主体兼采阴阳、儒墨、名法、兵农诸家学说,过去在学派归属上将其划为杂家,现代学者倾向于将其划为新道家、黄老道家或道法家。所谓"道法家",实即道家思想指导下的法家政治。理论的层面上,认为天地客观规律的"道"为第一性,法是道派生出来的。《黄帝四经》曰:

> 道生法。法者,引得失以绳,而明曲直者殹(也)。故执道者,生法而弗敢犯殹(也)也,法立而弗敢废[也]。[故]能自引以绳,然后见知天下而不惑矣。[1]

以此既说明了法的来源的正当性,又为法在其适用性可能存在的问题方面做了限制。在实践的层面上,即是要求君主在认识并顺应天地自然之道的基

---

[1] 陈鼓应.黄帝四经今注今译[M].北京:商务印书馆,2016:2.

础上运用法律来治理国家。与《黄帝四经》的道法观念一致,《吕氏春秋》中的"道"是宇宙本体与终极规律的统一。《吕氏春秋·仲夏纪·大乐》载:

> 太一出两仪,两仪出阴阳。阴阳变化,一上一下,合而成章。浑浑沌沌,离则复合,合则复离,是谓天常。天地车轮,终则复始,极则复反,莫不咸当。日月星辰,或疾或徐,日月不同,以尽其行。四时代兴,或暑或寒,或短或长,或柔或刚。万物所出,造于太一,化于阴阳。

天地、万物及人类社会的秩序和法则也都是"道"的体现。《吕氏春秋·孟春纪》:"无变天之道,无绝地之理,无乱人之纪。""道"是一切事物的内在规定性,法是"道"的外在刻度或具体体现,正是在这个意义上,《吕氏春秋》极力强调法律的重要性,认为必须以法治国。《吕氏春秋·孟秋纪·荡兵》载:"国无刑罚,则百姓之悟相侵也立见"。《吕氏春秋·慎大览·察今》载:"治国无法则乱"。《吕氏春秋·审分览·不二》认为,只有法令才能真正统一民众的思想和行动:

> 有金鼓,所以一耳;必同法令,所以一心也;智者不得巧,愚者不得拙,所以一众也;勇者不得先,惧者不得后,所以一力也。故一则治,异则乱;一则安,异则危;夫能齐万不同,愚智工拙皆尽力竭能,如出乎一穴者,其唯圣人矣乎!

《吕氏春秋·似须论·处方》亦有类似的表述:"法也者,众之所同也,贤不肖之所以其力也。"其强调了法的普适性和公平性,法的这种普适性和公平性都是因为法是道的化身,正如《吕氏春秋·仲夏纪·大乐》所论证的:"平出于公,公出于道"。《吕氏春秋》中的道法思想与一般的法家思想有所不同:法家认为"法自君出",法是施行君主专制的工具,所以主张施行严刑峻法,追求法律的绝对性,以此禁绝百家思想,并利用人性的弱点控制民众;道法家则是以道为根本,以法为道的化身,主张因循天地人三才之道而治理天下,追求宽刑简政,兼容百家之长。可见,二者的治世理念存在着指向性的差异。

《吕氏春秋》一书的理念以道法思想为核心,与战国时期的国家政治形势以及知识阶层思想的觉醒有着直接关系。君主虽是一个国家的最高统治者,但在施政治国上却要依靠贤能的政治家,往往是贤士能人奔走在救亡图存的国际舞台,对天下政治有着莫大的影响。这也由之激发了人的价值的觉醒,乃至《吕氏春秋·孟春纪·贵公》发出了"天下非一人之天下,乃天下人之天下也"的呼声。同样的表述在战国时人托名为姜太公所撰的《六韬·文韬·文师》中出现过,其后面还有一句话:"同天下之利者,则得天下;擅天下之利者,则失天下。"① 可见当时知识阶层对即将到来的一统帝国在政治设计上的期盼,告诫君主不要把天下当成自家的私产而任意妄为,要以全天下人的民心为本,这是统御天下最根本的"道"。但是,这么一部高扬天地人三才之道、备述天地万物古今之事、融汇诸子百家学说于一炉的政治教科书,却并没有成为秦国统一天下后的意识形态,秦始皇嬴政施行的是集"法术势"于一体、能够直接为君主专制服务的法家思想,以吏为师,以法为教,禁绝诗书及百家言,甚至不惜焚书坑儒,妄图以此实现整个国家在文化思想上的绝对统一,这种极端的文化专制政策最终以失败告终,秦二世而亡,不正是背弃了《吕氏春秋》的"道法"精神、只求天下一人之利而践踏天下人心的后果吗?

二、仁义在国家政治中的重新发现

强大的秦帝国亡于人民大起义的浪潮,这就使得汉初的统治者在如何治理天下的问题上面临着诸多的考量。司马迁在《史记·太史公自序》中评述汉代前中期的政治时说:

于是汉兴,萧何次律令,韩信申军法,张苍为章程,叔孙通定礼仪,则文学彬彬稍进,诗书往往间出矣。自曹参荐盖公言黄老,而贾生、晁错明申、商,公孙弘以儒显,百年之间,天下遗文古事靡不毕集太史公。②

自汉高帝元年(前 206 年)至汉武帝建元六年(前 135 年)窦太后崩,汉朝的统治者基本遵循着黄老道家"清静无为""与民休息"的治国理念,但在具体的国家治理上则一仍秦制。《晋书·刑法志》载:"汉承秦制,萧何定律,除参夷连坐之罪,增部主见知之条,益事律《兴》《厩》《户》三篇,合为九篇。"③ 有学者指出:

在统治精神上,汉也继承了秦,标志性的人物就是萧何。我们说萧何身上有着鲜明的法治倾向,也就意味着,汉初的统治精神就是法治。残酷的刑法没有废除,刘邦晚年内部征战的需要也会强化政府对基层社会的控制。秦的一

---

① 曹胜高,安娜. 六韬 [M]. 北京:中华书局,2007:7.

② 司马迁. 史记 [M]. 2 版. 北京:中华书局,1982:3319.

③ 房玄龄,等. 晋书 [M]. 北京:中华书局,1974:922.

套不仅有效,而且也无可替代。①

由之我们不难看出,在大汉王朝兴起的最初七十余年的时间里,实际上施行的是《吕氏春秋》倡导的以"道法"治国的理念。

儒学在秦代几乎遭到毁灭性的打击,汉朝建立初期虽有喘息之机,但在道法合流的文化氛围下,仍处于失意乃至尴尬的境地。但儒家自创立之初起就有着拯济天下苍生的使命感和忧国忧民的情怀,孔子曰:"人能弘道,非道弘人。"(《论语·卫灵公》)这种忧患意识与入世精神激励着汉朝的儒者在逆境中反而愈发进取,而其突破口则在于儒学思想的根本——"仁"与"礼"两端。先看"礼"的一端,针对汉高祖刘邦因疏于朝堂之上君臣礼仪而导致的"君不君,臣不臣"的局面,儒生叔孙通召集鲁地儒生及弟子为汉王朝制定新朝仪,大大强化了君臣上朝的仪式感,营造出庄严肃穆的气氛,使汉高祖深有感触地说:"吾乃今日知为皇帝之贵也!"②叔孙通辅佐刘邦制定汉朝礼仪的贡献,改变了汉初君臣视儒生为"腐儒"的认识,一大批儒生因此在朝廷担任官职,进入了汉代的统治阶层之中,从而为儒家思想在朝廷的进一步传播开辟了道路。再看"仁"的一端。汉初首倡以仁义治国的当属儒家学者陆贾,《史记·郦生陆贾列传》载:

> 陆生时时前说称《诗》《书》。高帝骂之曰:"乃公居马上而得之,安事《诗》《书》!"陆生曰:"居马上得之,宁可以马上治之乎?且汤武逆取而以顺守之,文武并用,长久之术也……乡使秦已并天下,行仁义,法先圣,陛下安得而有之?"高帝不怿而有惭色,乃谓陆生曰:"试为我著秦所以失天下,吾所以得之者何,及古成败之国。"陆生乃粗述存亡之征,凡著十二篇。每奏一篇,高帝未尝不称善,左右呼万岁,号其书曰"新语"。③

陆贾《新语》论述的重点,在于儒家的伦理观。《新语·道基》云:

> 于是先圣乃仰观天文,俯察地理,图画乾坤以定人道,民始开悟,知有父子之亲,君臣之义,夫妇之道,长幼之序。于是百官立,王道乃生。

陆贾从人类社会发展史的角度,提出了圣人引领社会发展的文明史观,认

---

① 罗新. 从萧曹为相看所谓"汉承秦制"[J]. 北京大学学报(哲学社会科学版),1996(5):82.

② 司马迁. 史记[M]. 2版. 北京:中华书局,1982:2723.

③ 司马迁. 史记[M]. 2版. 北京:中华书局,1982:2699.

为儒家倡导的父子、君臣、夫妇、长幼等人伦关系源于先圣对天地之道的观察与认识,这既是最根本的人道,也是王道政治的开始。随着社会的发展,又创立刑狱以惩罚作奸犯科者,导致老百姓畏惧法令,但无礼仪。"于是中圣乃设辟雍庠序之教,以正上下之仪,明父子之礼,君臣之义"(《新语•道基》)。及至后世礼坏乐崩,纲纪不立,"于是后圣乃定五经,明六艺,承天统地,穷事察微,原情立本,以绪人伦,宗诸天地,纂修篇章,垂诸来世"(《新语•道基》)。由"先圣"而"中圣"而"后圣",社会一直处于变动与演进之中,但其中的伦理道德是亘古不变的,这就从理论价值和社会实践两个方面论证了以儒家思想治世的必要性问题。

儒家思想最核心的观念是仁义,陆贾认为以仁义思想源于天地自然之道,又是人类社会普遍的道德法则,先王之圣典的《诗》《春秋》《易》《书》《礼》《乐》等六经皆是仁义思想的阐发。《新语•道基》云:

阳气以仁生,阴节以义降。鹿鸣以仁求其群,关雎以义鸣其雄。《春秋》以仁义贬绝,《诗》以仁义存亡,乾坤以仁和合,八卦以义相承,《书》以仁叙九族,君臣以义制忠,礼以仁尽节,乐以礼升降。

由之可见,古代圣王治世的精髓在于仁义二字,所以统治者的当务之急在于在全社会层面上推行仁义,从而实现"百姓以德附,骨肉以仁亲,夫妇以义合,明友以义信;君臣以义序,百家以义承"(《新语•道基》)的社会。学者指出:"陆贾在《新语》中对儒家的'六经治国''行仁义,法先圣''文武并用'以及'逆取而顺守之'的社会政治学说发挥得淋漓尽致,再次凸现了儒家仁义观的价值和政治功用,这些理论阐述使汉初君臣对儒学的社会功能有了新的认识。"[①]

陆贾之后,汉初杰出的政治家贾谊对秦二世而亡的经验教训进行了深刻的总结。其《新书•过秦上》云:

然而秦以区区之地,致万乘之势,序八州而朝同列,百有余年矣。然后以六合为家,崤函为宫。一夫作难而七庙堕,身死人手,为天下笑者,何也? 仁义不施,而攻守之势异也。

《新书•过秦下》云:

① 洪煜. 汉初儒学的历史命运 [J]. 史学月刊,1998(6):41.

废王道而立私爱,焚文书而酷刑法,先诈力而后仁义,以暴虐为天下始。

认为秦代统治者不能以"仁义"思想治理天下,是秦王朝覆灭的根本原因。那么,为什么统治者应当施行仁义呢?《新书·大政上》载:"仁义者,明君之性也。"仁义是人性的体现,而人性则源于最高的"道",《新书·六术》载:

德有六理,何谓六理?道、德、性、神、明、命,此六者,德之理也。六理无不生也,已生而六理存乎所生之内,是以阴阳天地人,尽以六理为内度,内度成业,故谓之六法。六法藏内,变流而外遂,外遂六术,故谓之六行。是以阴阳各有六月之节,而天地有六合之事,人有仁义礼智信之行。行和则乐兴,乐兴则六,此之谓六行。

为了论证儒家六种德行——仁义礼智信乐的合理性,贾谊借鉴了道家的道德学说,以六理为道之理,六理为阴阳、天地和人普遍遵循的法则,称之为六法,六法在人的德行上则体现为六行。以此论证了仁义本于最高的"道"而为人性的本质属性。孔子曰:"仁者爱人。"贾谊也是以爱人为仁的基本内涵。《新书·修政语上》记帝喾语云:"德莫高于博爱人,而政莫高于博利人,故政莫大于信,治莫大于仁,吾慎此而已也。"又曰:"故黄帝职道义,经天地,纪人伦,序万物,以信与仁为天下先。"(《新书·修政语上》)以古代圣王治理天下为例,劝导国君应当以仁义治天下。贾谊还直接批判汉初统治者不倡导仁义的社会现实:"夫邪俗日长,民相然席于无廉丑,行义非循也,岂为人子背其父,为人臣因忠于君哉?岂为人弟欺其兄,为人下因信其上哉?陛下虽有权柄事业,将何寄之?"(《新书·俗激》)

尤其难能可贵的是,贾谊将其仁义思想与民本思想结合在一起,以此赋予了儒家仁政思想更深刻的思想内涵。《新书·大政上》载:

闻之于政也,民无不为本也。国以为本,君以为本,吏以为本。故国以民为安危,君以民为威侮,吏以民为贵贱,此之谓民无不为本也。闻之于政也,民无不为命也。国以为命,君以为命,吏以为命。故国以民为存亡,君以民为盲明,吏以民为贤不肖,此之谓民无不为命也。闻之于政也,民无不为功也。故国以为功,君以为功,吏以为功。国以民为兴坏,君以民为强弱,吏以民为能不能,此之谓民无不为功也。闻之于政也,民无不为力也,故国以为力,君以为力,吏以为力。故夫战之胜也,民欲胜也;攻之得也,民欲得也;守之存也,民欲存也。故率民而守,而民不欲存,则莫能以存矣。故率民而攻,民不欲得,则莫能以得矣。故率民而战,民不欲胜,则莫能以胜矣。

认为民是国政之本、运命之本、事功之本、力战之本,国家的存亡、君主的威望和官吏的贵贱贤劣以及战争的胜败都取决于民心的向背,如果得不到人民的拥护,将会一事无成。《新书·修政语上》载:

帝尧曰:“吾存心于先古,加志于穷民,痛万姓之罹罪,忧众生之不遂也。”故一民或饥,曰:“此我饥之也。”一民或寒,曰:“此我寒之也。”一民有罪,曰:“此我陷之也。”仁行而义立,德博而化富。故不赏而民劝,不罚而民治,先恕而后行,是以德音远也。

以古圣王治理天下之言,劝告统治者要有一颗博爱万民的仁义之心,要向人民施行仁政,才能实现理想的政治。

贾谊生于叔孙通、陆贾之后,针对汉文帝时期诸侯势大、僭越礼制,并日益危害中央政府统治的不利局面,所以他将叔孙通的重“礼”与陆贾的重“仁”思想合二为一,把礼与仁有机地统一起来。《新书·礼》载:

礼,天子爱天下,诸侯爱境内,大夫爱官属,士庶各爱其家。失爱不仁,过爱不义。故礼者,所以守尊卑之经、强弱之称者也。

贾谊以仁的精神为礼的实质,以礼的规范统仁的内容,冀望天子、诸侯、大夫、士及庶人等社会各个阶层都能在礼制之下以爱人为本,那么整个社会将是一个上下尊卑有序的和谐社会。

总之,通过汉初儒者的不懈努力,儒家行仁义、法圣人、制礼仪、别尊卑的政治主张逐渐为朝廷所接受,他们所勾画的“仁与礼”相结合的政治蓝图,对汉代政治的走向有着重要的影响。

三、儒学向经学的演进

西汉儒学的兴起,一方面与最高统治者的喜好有关。汉文帝好刑名,汉景帝不任儒,儒家人物的处境惨淡;降至汉武帝则喜好文学之士,《汉书·董仲舒传》载:“武帝即位,举贤良文学之士前后百数,而(董)仲舒以贤良对策焉。”[1] 另

---

[1] 班固. 汉书[M]. 北京:中华书局,1962:2495.

一方面与当时的社会政治形势有关。从西汉王朝内部来看,文景两朝奉行黄老道家无为而治的方略虽使天下百姓得以休养生息,取得了"海内殷富,国力充实"的巨大成就,但也埋下了刘氏诸侯王势力做大、危及中央统治的隐患。《史记·汉兴以来诸侯王年表》：

> 汉定百年之间,亲属益疏,诸侯或骄奢,忕邪臣计谋为淫乱,大者叛逆,小者不轨于法,以危其命,殒身亡国。①

这说明黄老道家无为、谦退的治国思想已经不能适应社会发展的需要。从西汉王朝外部来看,自汉高帝九年(前198年)白登之围后,汉朝和匈奴以和亲方式达成和平友好相处协议,但匈奴对汉朝发动大小规模不等的侵袭则是经常性的。汉文帝十四年(前166年),匈奴发动14万骑突袭汉地,掳掠了很多汉朝百姓和牲畜财产,匈奴的先头部队甚至逼近甘泉宫,一时京师震动。匈奴的侵略本性及侵掠汉地所造成的巨大破坏促使汉朝皇帝必须征讨匈奴,剪除其军事实力。汉武帝曾言：

> 汉家庶事草创,加四夷侵陵中国。朕不变更制度,后世无法;不出师征伐,天下不安;为此者不得不劳民。若后世又如朕所为,是袭亡秦之迹也。②

要解决西汉王朝内外矛盾尖锐的不利局面,必须强化中央集权,实现政治的"大一统",把全国上下拧成一股力量,而政治上的大一统则需要意识形态的大一统思想来维护,这为儒学与皇权的结合创造了条件。汉武帝元光元年(前134年),董仲舒在回答汉武帝的策问中指出：

> 《春秋》大一统者,天地之常经,古今之通谊也。今师异道,人异论,百家殊方,指意不同,是以上亡以持一统;法制数变,下不知所守。臣愚以为诸不在六艺之科孔子之术者,皆绝其道,勿使并进。邪辟之说灭息,然后统纪可一而法度可明,民知所从矣。③

董仲舒的天人三策为皇权政治的大一统问题提出了一个基本的解决方案,促使汉武帝最终施行"罢黜百家,表章《六经》"的国策,儒学取得了独尊的地

---

① 司马迁. 史记[M]. 2版. 北京:中华书局,1982:802.

② 司马光. 资治通鉴. 2版. [M]. 北京:中华书局,2011:726.

③ 班固. 汉书[M]. 北京:中华书局,1962:2523.

位,成为西汉王朝的统治思想,从而开启了儒学的经学化时代。元朔五年(前124年),汉武帝又根据董仲舒、公孙弘等人的建议设立太学,由五经博士任教授,为博士置弟子员,博士弟子通过考试后即可到政府担任官职,这为儒生开辟了一条学而优则仕的禄利通道,并极大促进了经学的发展与兴盛。学者总结汉代经学兴盛的七大表征:"君臣宫闱皆读儒经""诏书奏议皆引经为据""经师人数众多,且一师兼通数经""经师倍受尊宠""经学博士及博士弟子员不断增加""私学蓬勃兴起""讲论经义之风大盛"。[①]这些说明读经讲经在当时已经成为全社会的风气。

经学是皇权与儒学结合的产物,故其在当时的最高价值,在于构建一套维护大一统皇权专制的理论学说,即由董仲舒根据"贵阳而贱阴"的理论总结而成的"三纲五常"学说。三纲指的是君为臣纲、父为子纲、夫为妻纲,五常指的是仁、义、礼、智、信。三纲五常的政治意义在于奠定了封建社会君主专制统治的理论基石,同时,作为一种道德学说,它在当时又起到了维护社会伦理道德作用。

从学术思想史的角度看,儒学的经学化带来三个问题,一是自汉初以来诸子百家思想并行不悖的局面不复存在。司马谈在《论六家要旨》一文中对"阴阳、儒、墨、名、法、道德"六家思想进行了评判,认为道家"因阴阳之大顺,采儒墨之善,撮名法之要",对道家思想极为推崇,但并不否认其他各家在治世上的作用,正如他在篇首所引《周易·系辞》之言"天下一致而百虑,同归而殊涂",秉持的是兼容并包的学术态度。司马谈的观点,基本反映了西汉前期统治阶层对诸子各家思想的态度。儒学经学化后,原先作为儒学元典的五经被视为全部真理的载体,其他各家或被视为无用小道,或被视为异端邪说,凡是不合于五经经义的思想或学说都受到贬抑或打击,这在一定程度上阻碍了学术思想的繁荣。二是形成了学术壁垒森严的博士官学体系。其代表事件则是今文经学与古文经学的长期论争和十四家经学博士的最终确立。经今古文之争,从表面上看是与书写的文字字体有关。战国时期的经书是以籀书(大篆)书写,但各国文字也有差异;秦统一六国后,统一字体为小篆,秦始皇禁毁诗书的国策导致当时社会上流传的儒家典籍几乎全被烧掉。汉初儒学再兴,五经典籍由儒家学者口耳相传、最终以汉代通行字体隶书写定,这就是今文经,今文经在西汉朝廷的倡导之下成为官方经学。古文经方面,汉景帝时,鲁恭王刘余在拆除孔子故宅墙壁时

---

① 汤其领. 汉代经学论略 [J]. 华东师范大学学报(哲学社会科学版),1994(6):47.

发现一批古文经书,有《尚书》《礼记》《孝经》《论语》等,后为孔安国所得,献于朝廷。汉武帝时,河间献王刘德从民间征集到不少先秦古籍,其中有《周官》《礼》《毛诗》《左氏春秋》等。汉哀帝时刘歆在朝廷秘府校读古书,发现了这些秘藏的古文经,他提出立古文经《左氏春秋》《毛诗》《逸礼》和《古文尚书》于学官,遭到今文经学家们的猛烈攻击,由此引发了今古文经之争。今文经与古文经之争的本质,是汉代儒学内部的门户之争,论争经历了汉哀帝、王莽新朝和汉光武帝时期,最终结果是古文经不得立于学官,最终使五经之学定型于今文经十四家博士,《易》有施、孟、梁丘、京氏之学,《尚书》有欧阳、大、小夏侯之学,《诗》有齐、鲁、韩之学,《礼》有大戴、小戴之学,《春秋》有严、颜之学。但古文经学仍然在民间广为流传,展现出顽强的生命力,直至东汉末年,马融、郑玄等学者兼容今文经和古文经,破除各家传统,遍注群经,初步实现了今文经和古文经的融合。三是经学逐渐向谶纬神学转变。谶纬,是谶书和纬书的合称,谶是秦汉时人编造的预示吉凶的隐语,纬是汉代学者附会儒家经义衍生出来的一类书。谶纬之学在两汉之际勃然兴起,与我国渊源已久的神秘文化有关,更与董仲舒"天人感应"的神学目的论有关。一方面,董仲舒的君权神授论强化了皇帝的权威,将皇帝看作天的意志在人间中寻找的最高执行者;另一方面,董仲舒的受命改制思想又从根本上否定封建皇权永世的企图,阴阳灾异的谴告说则成为褒贬时政的最便捷工具。而今文经学在拘于门户、墨守师法的情况下,单凭烦琐碎散的经义阐发已经不能适应皇权政治及社会形势的需要,谶纬神学正是在这种情况下走到了国家政治的前台。汉代经学的谶纬化,使谶纬由最初对经义的附会、说明转而成了经学的核心与主导,最终导致了汉代经学的衰亡。

第二节　多元文化格局的形成

一、民族的冲突与融合

习近平总书记在 2022 年 5 月 27 日中央政治局集体学习的讲话中指出:"经过几代学者接续努力,中华文明探源工程等重大工程的研究成果,实证了我国百万年的人类史、一万年的文化史、五千多年的文明史。"就我国新石器时代的考古成果来看,黄河流域中部地带的河南、陕西、河北、山西等地区的新石器文化遗址属于华夏民族及其文化最初形成的阶段,其他各地的新石器文化则分别属于蛮、夷、戎、狄等民族的原始文化。传说中的三皇五帝时代有"黄帝擒蚩尤"的神话,反映了上古时期华夏部落集团与东夷、苗蛮部落的斗争与融合情况。[1]尧舜时期出现"蛮夷猾夏"的问题,舜帝"流共工于幽州,放驩兜于崇山,窜三苗于三危,殛鲧于羽山,四罪而天下咸服(《尚书·虞书·舜典》)",并把天下四方按照距离国都的远近,每五百里划为一服,即甸服、侯服、绥服、要服、荒服等五服。其中,"夷蛮要服,戎狄荒服(《国语·周语上》)",可见当时已有意识地与周边的少数民族进行区分。经夏、商、周三代传承,以礼乐文化为标志的华夏族最终形成,华夏族的周边则是尚未达到礼乐社会的各种少数民族。自西周后期出现了"戎狄交侵,暴虐中国"的局面,夷夏之间的矛盾与斗争成为当时必须关注的民族问题,春秋时期齐桓公提出"尊王攘夷"的口号,华夏族士人阶层也因之形成了"夷夏之辨"的理念。孔子强调"夷夏之别",但却时有"欲居九夷"的想法,孟子则提出"用夏变夷"的主张。这些都从侧面说明当时华夏族与周边的蛮夷戎狄等少数民族已经进入深度融合的阶段。秦汉时期一统的帝国、一统的文化、一统的制度,使华夏文明在更大的疆域范围内生根发芽,周边少数民族与华夏族群最终融为汉族族群。

魏晋南北朝是黄河文化发展的重要阶段,也是中华民族共同体形成的关键时期。有学者指出:"汉魏以后,随着我国北境和西境的少数民族不断内迁,掀起了我国民族大迁徙和大流动的高潮,尤其是以匈奴、羯、鲜卑、氐、羌为代表的'五胡'纷纷入主中原,在很大程度上改变了中原地区的民族构成,民族分布格局也相应地发生了很大的变化。"[2]从匈奴贵族刘渊于匈奴汉国元熙元年(304年)建立汉国(前赵前身)建立算起,一直到鲜卑族建立的北魏于北魏太武帝太延五年(439年)统一北方,中国历史进入南北朝对峙的局面。直至隋文帝开皇九年(589年)隋灭陈,方使中国结束了近300年的动乱和分治。其间前后出现了20多个少数民族政权,这些政权多立足于黄河以北"华族"所居住的中原地区。这一方面导致中原地区呈现出胡汉杂居的局面,促进了汉族与少数民族的深度融合;另一方面又促使中原地区汉族的大迁徙和大流动,特别是北方世家

---

① 于成宝,曹丙燕. 从"精卫填海"与"黄帝擒蚩尤"看上古部落的冲突与融合 [J]. 中国海洋大学学报(社会科学版),2015(1):68-69.

② 李克建. 中国民族分布格局的形成及历史演变 [J]. 西南民族大学学报(人文社科版),2007(9):27-28.

大族率其宗族、乡里、宾客、部曲等南渡江南,史称"衣冠南渡",又促进了中原汉族与南方民族的融合。晋元帝建武年间(317—318 年),晋元帝率中原汉人士族民众从洛阳南迁,渡江后,在建康(今江苏南京)定都,史称东晋。这是中原汉人、中原政权和中原文明首次大规模南迁,大量士族从华北南下至江南落地生根。此外还有"衣冠南渡,八姓入闽"的传说,都说明了此一时期不同民族、不同文化处于频繁的碰撞与交流、融会的状态。

　　总之,魏晋南北朝长达 370 年的民族冲突及政治上的分裂、对峙局面,使身处中原的汉族及其他被压迫的少数民族深受苦难,北方经济遭到严重破坏,以北方黄河流域为重心的经济格局开始改变。而长江以南地区因为大量北方汉人的涌入,不但为南方地区增加了劳动力,还带来的先进生产技术和管理方式,这促进了江南地区的大开发,使得南方经济得到迅速发展,南北方经济开始呈现出平衡的局面。

二、儒玄释道的文化格局

(一)儒学

　　清代经学家皮锡瑞在《经学历史》中将魏晋划为"经学中衰时代",认为汉亡而经学衰,魏晋时今文之师法遂绝;将南北朝划为"经学分立时代",认为此一阶段经学始有"南学"与"北学"之分。[①] 皮氏之言,大致厘清了魏晋南北朝经学的发展脉络。经学的衰微是现实政治的反映。东汉中晚期由于继位的皇帝大多年幼,不能主政,导致了外戚和宦官轮流专权的局面。他们培植党羽,禁锢言路,贬抑甚至迫害以经世致用为人生目标的儒生士人。此外,东汉末年战乱频繁、社会动荡,导致学者流离,经籍散落,使得今文经学的部分师承和家法断层,从而使经学发展的政治环境和学术环境遭到了严重的破坏。经学的衰微也与自身发展有关。东汉盛行的谶纬之学使今文经学走向荒诞和虚妄。《后汉书·张衡传》载:"初,光武善谶,及显宗、肃宗因祖述焉。自中兴之后,儒者争学图纬,兼复附以妖言。"[②] 从而使今文经学逐渐失去了学理的依据;古文经学虽在一定程度上恢复了古典儒学的理性主义精神,但其"故纸堆讨生活"的学术风

---

① 皮锡瑞. 经学历史 [M]. 周予同,注释. 北京:中华书局,2008:160,170.
② 范晔. 后汉书 [M]. 北京:中华书局,1965:1911.

气,对儒家思想发展、创新起了限制、束缚的作用。

魏晋南北朝政权的对峙、疆域的分裂、门阀士族把控选官等因素更使儒学失去征服人心的力量,导致了儒学地位的下降。《晋书·儒林传序》载:"有晋始自中朝,迄于江左,莫不崇饰华竞,祖述虚玄,摈阙里之典经,习正始之余论,指礼法为流俗,目纵诞以清高,遂使宪章弛废,名教颓毁,五胡乘间而竞逐,二京继踵以沦胥,运极道消,可为长叹息者矣。"① 从中可见当时社会儒风不振,儒家"三纲五常"的教化学说不再被士人奉为圭臬。

但是,儒学始终蕴藏着顽强的生命力。尽管受到多元的文化思想的冲击,儒家文化始终是作为一种根文化的延续而存在着。从魏晋南北朝的学术思想和官方意识形态看,儒家思想仍处于主导地位。晋武帝多次下诏倡导儒学,"敦喻五教,劝务农功,勉励学者,思勤正典,无为百家庸末,致远必泥"②。东晋设置史官,建立太学,后又"置《周易》《仪礼》《公羊》博士"③,在一定程度上使儒学得以复兴。南朝刘宋政权于宋文帝元嘉年间(424—453年)设有儒学、玄学、史学、文学四个学馆,其中儒学馆的规模最大,宋文帝还亲自到儒学馆视学,从中可见朝廷对儒学的重视。梁武帝在其诏书中一再强调"以礼乐为永准""乃忠孝而两全"。北方少数民族在中原建立政权后,出于改变旧有习俗、建立新的统治方式和生活方式以及笼络汉族人心的需要,反而以中国传统文化的正统继承人自居,依据儒经建立各种封建典章制度,大力发展儒学教育,如前赵刘曜、后赵石勒兴办太学、小学,后赵石虎还复置五经博士和国子博士助教;前燕慕容皝在龙城设立的学宫,学徒至千余人;前秦苻坚极其崇尚汉文化,他尊孔崇儒,大兴经学,还经常参与太学的考核,与经学博士一起探讨经学;后秦姚苌亦兴儒学,建学校,礼遇儒生。北魏自孝文帝以后推崇儒学,恢复汉族礼乐制度,乃至有北方衣冠文物风行金陵之事。北魏经学上承东汉郑玄、三国王肃、西晋杜预之学,以训诂经学为其特色。《魏书·儒林传》载:

汉世郑玄并为众经注释,服虔、付休各有所说。玄《易》《书》《诗》《礼》《论语》《孝经》,虔《左氏春秋》,休《公羊传》,大行于河北。王肃《易》亦间行焉。晋世杜预注《左氏》,预玄孙坦、坦弟骥于刘义隆世并为青州刺史,传其业,故

---

① 房玄龄,等. 晋书[M]. 北京:中华书局,1974:2346.

② 房玄龄,等. 晋书[M]. 北京:中华书局,1974:57.

③ 房玄龄,等. 晋书[M]. 北京:中华书局,1974:154.

齐地多习之。自梁越以下传授讲学者甚众。[①]

　　北齐、北周经学是北魏经学的延续。东魏权臣高欢礼遇大儒卢景裕和李同轨,为置宾馆授经。后又征张雕、李铉、刁柔、石曜等名儒,为诸子讲经。在地方上设立学校,设置博士、助教讲授经学。西魏权臣宇文泰雅重经学。《周书·儒林传》载:

　　　　及太祖受命,雅好经术。求阙文于三古,得至理于千载,黜魏、晋之制度,复姬旦之茂典。卢景宣学通群艺,修五礼之缺;长孙绍远才称洽闻,正六乐之坏。由是朝章渐备,学者向风。[②]

从中可见,宇文泰以儒学为国之本,推崇礼教。北周武帝更重经学,使北朝经学继北魏孝文帝之后形成又一发展高峰。

（二）玄学

　　东汉后期儒学的衰落和道家思想的复兴为玄学的产生提供了历史条件,儒道之间的理论融合为玄学的兴起提供了理论依据。儒家是理想主义学派,虽反对宗教神学,但仅依靠礼义道德是无法统治庞大的帝国的,而儒家又没有给出超越个人道德之外的治国理念,所以单纯利用儒术来治国是行不通的,两汉实际的治国形态是融合儒法、王霸并用。魏晋时期,儒家修齐治平的人生理想在日趋昏乱的政治环境下是无法现实的,知识分子日渐苦闷的精神世界需要找到一个解脱、放飞自我的出口,这就使学术思潮逐渐由探究道德事功的入世之学转向追求个体精神自由与超越的出世之学,道家思想重新回到学者关注的视野。《老子》《庄子》《周易》因为都是论"道"之学——以天地自然规律为研究对象——也就自然进入玄学家的学术视野。王弼注《老子》时提出"玄者,物之极也"[③],"玄者,冥也,默然无有也"[④]。其哲学指向是探究万物的根源、宇宙的本体,故玄学是关于抽象玄理的学问。汤用彤先生指出:"夫玄学者,谓玄远之学。学贵玄远,则略于具体事物而究心抽象原理。论天道则不拘于构成质料

---

①　魏收. 魏书 [M]. 北京:中华书局,1974:1843.

②　令狐德棻等. 周书 [M]. 北京:中华书局,1971:806.

③　楼宇烈. 王弼集校释 [M]. 北京:中华书局,1980:23.

④　楼宇烈. 王弼集校释 [M]. 北京:中华书局,1980:2.

（Cosmology），而进探本体存在（Ontology）。论人事则轻忽有形之粗迹，而转期神理之妙用。"①

就魏晋玄学的开创者王弼的思想看来，其主要围绕着"本与末""一与多""动与静"三组范畴的关系展开。关于"本与末"的问题。《老子指略》云："《老子》之书，其几乎可一言而蔽之。噫，崇本息末而已矣。观其所由，寻其所归，言不远宗，事不失主。文虽五千，贯之则一；义虽广瞻，众则同类。"②王弼提出了"崇本息末"的主张，就是坚持以"无"为本、以"有"为末，也即是以道为本、以具体的事物为末。只有掌握老庄自然无为之道，才能驾驭纷繁杂乱的万事万物。关于"一与多"的问题。王弼曰："一，数之始而物之极也。各是一物之生，所以为主也，物皆各得此一以成。"③又曰："演天地之数，所赖者五十。其用四十有九，则其一不用也。不用而用以之通，非数而数以之成，斯《易》之太极也。四十有九，数之极也。夫无不可以无明，必因于有。故常于有物之极，而必明其所宗也。"④可见王弼所谓的"一"，就是宇宙的本体"无"，是"道"的另一种表述，社会自然的万事万物皆统一于宇宙的本体——"无"。有学者指出："在王弼哲学中，一既在多中又在多外。就天地万物之整体来说，一在多中；就特定事物来说，一在多外。一，是无限、整体、普遍、一般；多，是有限、部分、特殊、个别。两者既对立又统一。"⑤关于"动与静"的问题，王弼曰："复者，反本之谓也。天地以本为心者也。凡动息则静，静非对动者也；语息则默，默非对语者也。然则天地虽大，富有万物，雷动风行，运化万变，寂然至无，是其本矣。"⑥又曰："凡有起于虚，动起于静，故万物虽并动作，卒复归于虚静，是物之极笃也。"⑦可见王弼认为天地自然虽有万事万物之动，但都体现不了道的本质，因为作为宇宙本体的"无"在本质上虚静的。如此，王弼以"本末论"阐释了本体论的哲学体系，以"一多论"分析了共相与殊相的关系问题，以"动静论"解决了天地万物运行的动因问题，从而基本构建起魏晋玄学的理论体系。

① 汤用彤．言意之辨［M］// 汤用彤学术论文集．2 版．北京：中华书局，2016：214.

② 楼宇烈．王弼集校释［M］．北京：中华书局，1980：198.

③ 楼宇烈．王弼集校释［M］．北京：中华书局，1980：105.

④ 楼宇烈．王弼集校释［M］．北京：中华书局，1980：547-548.

⑤ 马序．论王弼与老庄一多思想的差异［J］．兰州大学学报（社会科学版），1986（1）：96.

⑥ 楼宇烈．王弼集校释［M］．北京：中华书局，1980：336-337.

⑦ 楼宇烈．王弼集校释［M］．北京：中华书局，1980：36.

在此基础上，王弼玄学又有"言意之辩""名教与自然之辩""性情之辩"等论题，在"言意之辩"中，王弼认为语言仅是一种明象达意的工具，"意"对"象"、对"言"的绝对支配地位，应当追求超越语言与文本的精神上玄远之境。在"名教与自然之辩"中，王弼认为"名教本于自然"，从而实现了以道统儒，为儒家所倡导的名教赋予了道家哲学的依据。在"性情之辩"中，王弼主张圣人有情论，认为圣人同于凡人，喜怒哀乐怨五情具备，其与凡人不同之处在于能够"性其情"。王弼之后，嵇康、阮籍、裴颀、郭象、张湛等从不同的侧面进一步发展了玄学。

魏晋玄学批判了天人感应的神学目的论，荡涤了繁琐空洞的经学学风，引发了思想与个性解放的思潮，深刻影响了当时社会的政治、文学、艺术等各个方面。

（三）释学

按照一般的说法，佛教于两汉之际传入中国。《三国志·魏书·东夷传》注引《魏略》载："天竺又有神人，名沙律。昔汉哀帝元寿元年（前 2 年），博士弟子景卢受大月氏王使者伊存口授《浮屠经》曰复立者其人也。"[①] 史称这一佛教初传历史标志为"伊存授经"。汉明帝永平七年（64 年），汉明帝派使者到西域，迎接迦叶摩腾与竺法兰两位僧人于永平十年（公元 67 年）来到汉地，次年在都城洛阳建立寺庙"白马寺"。两位僧人于此译出《四十二章经》——这大概是汉地最早的佛经翻译。

魏晋以来，佛教因"般若性空"思想与魏晋玄学的"贵无"思想相通而得以在士大夫阶层迅速传播。魏齐王嘉平二年（250 年），天竺律学僧人昙河迦罗到洛阳译经，在白马寺设戒坛，朱士行首先登坛受戒，成为中国历史上第一位汉族僧人。他感于汉译本《道行般若经》义理不明，遂于魏高贵乡公甘露五年（260 年）从长安出发，到达于阗（今新疆和田一带），求得《放光般若经》，这从一个侧面反映了当时社会对佛教般若学说的重视；朱士行也因之成为第一位西行取经求法的僧人。有学者指出："《般若经》对一切皆空的论证，是通过对有、无以及有无之关系等等的分析来展开的，即假有而体认世界之本无（性空）是它的重要特点。而谈无说有，正好也是当时中国社会上流行的老庄道家学说的一个特

---

① 陈寿. 三国志 [M]. 北京：中华书局：1982：859.

点。"① 当时,不少古印度和西域的僧人来到汉地,并译出大量的佛教典籍,这也激发了中国僧人西行求法的兴趣。晋安帝隆安三年(399 年),后秦的法显从长安出发,经西域至天竺(今印度一带)寻求戒律,后来又经狮子国(今斯里兰卡)和爪哇岛,于晋安帝义熙九年(413 年)从海路归国回国,他带回了当时中国所缺的大小乘三藏中的基本要籍,弥补了藏律残缺的状况。

东晋以降,中国处于南北分裂的状态,双方人民的正常往来被阻绝,但佛教的南北交流却畅通无阻,成为双方交往最活跃的领域。每当有西域高僧或佛经到达中土,不管是在南方或北方,都会掀起对方僧人前往求学取经的热潮。晋隆安五年(401 年),鸠摩罗什从凉州来到长安,东晋高僧慧远立即派遣弟子道生、慧观、道温、昙翼等奔赴长安拜其为师,学习龙树学派的大乘空观学说;慧远还常常通过书信与鸠摩罗什研讨义理。

南北朝时期佛教有了更大的发展。南朝宋文帝常和僧人慧严、慧观等研讨佛理,又令僧人道猷、法瑗等申述竺道生的顿悟义。梁武帝为了扶植佛教,曾经四次舍身同泰寺为寺奴,以示自己对佛祖的虔诚,每次都由大臣以巨款将其从寺庙中赎回。由于梁武帝佞佛,此一时期修寺建刹也达到顶峰,梁国境内有寺院 2 846 座、僧尼 82 700 余人。北魏自道武帝拓跋珪定都平城(今山西大同)后推崇佛教,平城一度造寺建佛盛行,僧侣人数众多。北魏孝文帝太和元年(477 年),北魏佛寺有 6 400 余座、僧尼 77 000 多人。至北魏末年,北魏有寺院 3 万余座、僧尼 200 余万人。

佛教传入中国及其急剧扩张的态势也引发一些社会矛盾和冲突。从理论的层面看,一是佛教的出世主义与儒家的纲常名教之争。佛教讲出家修行,这就与儒家的忠君孝父之道发生了矛盾。早在佛教初传的汉代,据《牟子理惑论》所记,时人已针对佛教徒剃度出家、绝弃后嗣等不合于传统孝道思想的行为展开了激烈地争论。佛教教义主张众生平等,对君王皆不行跪拜礼,这就与儒家的忠君之道冲突,以至东晋时期儒佛之间引起了一场沙门应不应致敬王者的大辩论。二是佛教与儒家、道家的夷夏之辨。儒家学者普遍具有一种"内诸夏而外夷狄"的观念。佛教是外来宗教,因此儒家学派指责佛教为夷狄之教,只适合于夷狄地区,而不适合于中土华夏。另外佛教的扩张对道教打击较大,道教人士也依凭"夷夏之辨"来抑制佛教,如南朝宋道士顾欢著《夷夏论》、齐梁道士张

---

① 洪修平. 佛教般若思想的传入和魏晋玄学的产生 [J]. 南京大学学报(哲学社会科学版),1985(增刊):58.

融著《三破论》等,借儒家"夷夏之防"的民族观否定佛教在中国传播。三是佛教的宗教哲学与儒家的世俗哲学之争。佛教宣扬三世因果报应说和神不灭论等神学思想,以及一切皆空、心生万法等宗教唯心主义的哲学思想;儒家则重视现实世界,不讲来世及三世因果报应,认为现实世界不是空幻的。从现实的层面看,佛教寺院占有了大量的土地资源,还拥有大量的依附人口,形成了规模庞大的寺庙经济。但由于寺院有免役调租税的特权,僧尼不但"寸绢不输官库,升米不进公仓",而且"家休大小之调,门停强弱之丁,入出随心,往返自在"①,逐渐形成与国家争夺财富与人口的态势,甚至在一定程度上危及皇权政治,从而招致国家政权的打击,发生了北魏太武帝和北周武帝的两次灭佛事件。

魏晋南北朝佛教在发展的过程中虽然历经波折,但佛教思想已深植社会民心,因此在遭受重重打击之后,却始终屹立不摇,展示出佛教顽强的生命力。

(四)道教

道教是我国本土的宗教。道教的来源比较复杂,我国古代的自然崇拜和鬼神崇拜、神仙传说和民间巫术、老庄及黄老道家思想、儒家的阴阳五行学说、古代医药卫生知识等,都成为道教思想的来源。东汉晚期,随着经学的衰落和社会危机的加剧,张角创立太平道、张陵创立五斗米道,并进行传教活动,这是道教团体出现的标志;《太平经》《周易参同契》《老子想尔注》等书的问世,标志着早期道教基本教义的初步形成。

魏晋南北朝时期是道教走向成熟化、定型化的时期。这一时期涌现了葛洪、陆修静、陶弘景、寇谦之等一批著名道教领袖人物。他们从神学理论、组织制度以及宗教实践活动各方面对初期道教进行了改造,使道教得以完成从追求救世致太平到追求不死成仙的重大历史转折,使它能够成为封建统治者的御用工具。

葛洪,字稚川,自号抱朴子,丹阳句容人,生于晋武帝太康四年(283年),卒于晋哀帝兴宁元年(363年)。他大约在晋元帝建武年间(317年)35岁时完成《抱朴子·内篇》及《抱朴子·外篇》两部著作。其中,《抱朴子·内篇》论及神仙方药、鬼怪变化、养生延年、禳邪却祸等内容,反映了葛洪的道教思想。葛洪发展了由《周易参同契》开创的炼丹秘术,成为晋代丹鼎道派的奠基人。有学者指出:"他的以还丹金液为核心、注重个人修炼成仙的仙道学说,既从理论上确立了不死

---

① 道宣.广弘明集[M].上海:上海古籍出版社,1991:288.

成仙可以学致的道教基本教义,又集各种仙道方术之大成,提出学仙修道的具体途径,是对丹鼎道派仙道学说的阐扬;同时也表现了贬斥民间道教,欲牢笼道教的下一步发展倾向。"①

陆修静,字德元,吴兴东迁(治今浙江湖州南)人,生于晋安帝义熙二年(406年),卒于南朝宋后废帝元徽五年(477年)。他对江南天师道组织进行了整顿和改造,并搜集整理道教经典,制定道教斋醮科仪。陆修静认为斋醮是求道之本,主张"身为杀盗淫动,故役之以礼拜;口有恶言,绮妄两舌,故课之以诵经;心有贪欲嗔恚之念,故使之以思神。用此三法,洗心静行。心行精至,斋之义也"。他在总结前代斋仪的基础上,制定了"九斋十二法"的斋醮体系,并撰述一系列斋戒仪范之书,从而使道教斋法不仅有了系统的仪式戒科,而且还使斋戒仪范的理论更加完备。在道教经典整理上,陆修静创造了"三洞、四辅、十二类"的道教典籍分类体系,为隋唐以后历代整理道书,编修道藏奠定了基础。②

陶弘景,字通明,丹阳秣陵(今江苏南京)人,生于南朝宋孝武帝孝建三年(456年),卒于梁武帝大同二年(536年)。陶弘景是南朝道教改革的集大成者,他编著了《真诰》一书,记述了上清派早期教义、方术及历史,创立了茅山上清道团,成为一代开派宗师。陶弘景确立了道教神仙谱系,他的《真灵位业图》一书为道教近七百名神仙进行了排名。在这个谱系里,按从上天至地下的次序将诸神依次划分为七个阶层:玉清境的"元始天尊"为第一阶层的主神;上清境"灵宝天尊"为第二阶层的主神;上清境"太极金阙帝君"为第三阶层的主神;而道教创立之初的最高神"太上老君"则处于太清境,为第四阶层的主神;"九宫尚书张奉"为第五阶层诸天曹仙官的主神,"中茅君"为第六阶层诸位地仙的主神;"北阴大帝"为第七阶层阴曹地狱诸鬼官的主神。从中既可见当时道教从多神教向一神教发展的势头,又可见道教与封建等级尊卑思想相融合的倾向。此外,陶弘景还发展了道教养生修炼理论,主张"养神"和"炼形"一起修炼。这一理论为后来全真教所继承并发展,是全真教"性命双修"的基础。

寇谦之,字辅真,冯翊万年人,生于前秦宣昭帝建元元年(365年),卒于北魏太武帝太平真君九年(448年)。他对北方天师道的教义进行改造,清理组织,创立了新天师道,主要内容有:一是取消蜀土宅治之号,不再沿用五斗米道以师为治的管理体制;二是废除天师祭酒道官私置治职和世袭旧制,改革三张(张陵、

---

① 任继愈. 中国道教史 [M]. 北京:中国社会科学出版社,2001:112-113.

② 任继愈. 中国道教史 [M]. 北京:中国社会科学出版社,2001:170-171.

张衡、张鲁)祖孙世袭天师之位的传统;三是革除三张时期租米钱税制度,道民只需交纸 30 张、笔 1 管、墨 1 锭,以供修表救度之用;四是除去男女合气之术;五是宣示"新科之戒",提倡礼法,按儒家伦理道德规范,增订道教戒律和斋仪;六是吸收佛教"轮回生死"之教义,宣讲善恶报应之说;七是将服饵修炼之术与符水禁咒之术如方技、符水、医药、卜筮、谶纬之书合而为一;八是道徒诵习道经,改"直诵"为"乐诵",即诵经用音乐伴奏。寇谦之的新天师道实现了道教与儒家道德规范、封建皇权的结合,使道教成为北魏的官方正统宗教。

总之,魏晋南北朝时期,我国农业文明与游牧文明在民族迁徙、冲突中互相交融、变异和重构。北方世族南迁,促进了南方文化的发展;南方文化又向北方回流,实现了南北文化的沟通。就学术思潮来看,儒、玄、释、道四种文化又处于相互激荡、此消彼长,可谓中国文化内部冲突与涵容的关键阶段。

第三节 唐型文化范式的确立

唐代是继汉代之后的又一盛世。《新唐书·地理志一》记载:"举唐之盛时,开元、天宝之际,东至安东,西至安西,南至日南,北至单于府,盖南北如汉之盛,东不及而西过之。"① 大一统的唐帝国的出现,为以黄河文化为主体的中华文明走向辉煌提供了壮阔的历史舞台。有唐一代,人才辈出,群星璀璨,在文学、史学、经学、艺术、宗教和科技等领域都取得了辉煌的成就。唐代文化的高度繁荣,既是继承和发展两汉魏晋南北朝以来优秀文化的结果,也是以汉文化为主体的中华文化与外国优秀文化相结合的结果。

一、唐代黄河文化的地位和影响

有学者指出:"从文化生态的角度来看,即从文化现象和自然环境的关系来看,由于唐代地域辽阔,造成了南北东西自然景观的明显差异,从而形成不同的文化活动的背景。山水土质植被气候等自然环境制约和影响人类文化欲求

---

① 欧阳修,宋祁. 新唐书[M]. 北京:中华书局,1975:960.

及民族特征,从而形成了不同的区域文化系统。"① 按照梁庭望的中华文化板块理论,唐代涵盖了全部的四大文化圈,即由黄河中游文化区、黄河下游文化区组成的中原旱地农业文化圈;由东北文化区、蒙古高原文化区、西北文化区组成的北方森林草原狩猎游牧文化圈;由青藏文化区、四川盆地文化区、云贵高原文化区组成的西南高原农牧文化圈;以及由长江中游文化区、长江下游文化区、华南文化区和闽台文化区组成的江南稻作文化圈。② 其中,中原旱地农业文化圈的黄河文化占据着板块的中心位置,一直是汉族的主要聚居地;黄河中下游的长安、洛阳两京是唐王朝两个全国性的政治中心,聚集了来自全国的文化精英和社会财富,使得长安和洛阳在有唐一代成为当之无愧的文化中心,对唐王朝疆域内的其他文化圈及周边国家发挥着强大的文化辐射力和影响力。

就黄河文化与长江文化的关系而言,一个突出的表现是南北文学风气在相互交流中快速融合。唐初南北的文风是截然不同的。《隋书·文学传序》论及南北文风的差异时说:"江左宫商发越,贵于清绮,河朔词义贞刚,重乎气质。气质则理胜其词,清绮则文过其意,理深者便于时用,文华者宜于咏歌,此其南北词人得失之大较也。"③ 由于唐初统治者对六朝诗歌的喜爱,初唐到盛唐的文化趋势是南风北进,为中原重法度规矩的典雅诗风带来了南方道家文化的自由清新的精神;而安史之乱后,以长安、洛阳为中心儒家文化传统向南方巴蜀、江湘等边远地区传播,使京城的雅致厚重的典雅文化与边远地区的世俗文化相互交流与交融。南北方的文化交流提升了诗歌的文化内涵和写作技巧,从而为唐诗的兴盛奠定了基础。

就黄河文化与边疆文化的关系而言,对于北方游牧民族而言,唐朝总体上采取"怀柔远人,意在羁縻,无取臣属"的民族政策,在一定程度上加快了胡汉民族融合的步伐。如唐太宗贞观四年(627年)平定东突厥后,对归附的10万突厥人采取优待政策,"为授以生业,教之礼义,数年之后,悉为吾民。选其酋长,使入宿卫"④,从而促进了突厥民族汉化。再如新疆吐鲁番出土的唐代文书中有《毛诗》《礼记》《尚书》《孝经》《史记》《汉书》等书的残本,还有《千字文》《开蒙要训》等儿童启蒙读物,从中可见中原儒家文化对西北少数民族有着深远的

---

① 张雪莲. 汉文化为中心的唐代文化大融合 [J]. 人文地理,1997,12(3):30.

② 梁庭望. 论中华文化板块结构及其相互关系 [J]. 创新,2014,8(5):12.

③ 魏徵,等. 隋书 [M]. 北京:中华书局,1973:1730.

④ 司马光. 资治通鉴 [M]. 北京:中华书局,1956:6188.

影响。又如地处东北地区、朝鲜半岛东北部一带的地方政权渤海国(698—926年),主动引进中原地区以儒家为主体的制度及文化,最终成为"海东盛国"。对于南方少数民族而言,唐朝采取郡县制与羁縻制并行的统治方式,传播中原文化,推广中原生产技术,这加速了南方少数民族与中原汉族的同化与融合进程。如唐宪宗元和十五年(815年),柳宗元被贬到柳州任刺史后,他在当地组织修复了文宣王庙,大力兴校昌学,传播中原汉文化,使柳州一带儒学渐开。有学者指出:"有唐一代,实现内地与边疆文化交流的途径是多样的,政治上友好关系的建立,经济上互市的开通,以及或因屯垦戍边,或因经商,或因贬官,或因宦游,不少中原人士来到边疆地区,都不同程度地把中原文化传播到边疆地区。这种因为政治上的接触、军事上的碰撞和人员的流动而达成的文化传播,可以说在整个唐朝的历史中都未曾中断过。"[①]

当时的少数民族首领和各国使臣,往往以能亲身到达长安或洛阳觐见大唐皇帝为荣。唐太宗贞观末年,"是时四夷大小君长争遣使入献见,道路不绝,每元正朝贺,常数百千人"[②]唐玄宗时期,经常前来朝贡的周边少数民族政权以及东亚、中亚、西亚、南亚诸国共有 70 多个。[③] 王维《和贾舍人早朝大明宫之作》一诗曾描述当时盛况:"九天阊阖开宫殿,万国衣冠拜冕旒。"从中可见大唐帝国的隆隆声威和无与伦比的文化魅力。

二、黄河文化对域外文化的吸收和利用

魏晋南北朝以来民族、文化大融合等因素,使唐代成为我国历史上一个极具开放性的王朝,思想文化的多元包容是此一时期社会文化的主要特征。唐太宗李世民曰:"自古皆贵中华,贱夷、狄,朕独爱之如一,故其种落皆依朕如父母。"[④] "我今为天下主,无问中国及四夷皆养活之,不安者我必令安,不乐者我必令乐。"[⑤] 陈寅恪在《李唐氏族推测之后记》一文中指出:"李唐一族之所以崛起,盖取塞外野蛮精悍之血,注入中原文化颓废之躯,旧染既除,新机重启,扩大

---

① 管彦波. 论唐代中原与边疆地区多层面的文化交流 [J]. 贵州民族研究,2007,27(4):140-141.

② 司马光. 资治通鉴 [M]. 2 版. 北京:中华书局,2011:6366.

③ 李林甫. 唐六典 [M]. 北京:中华书局,1992:129-130.

④ 司马光. 资治通鉴 [M]. 北京:中华书局,2011:6360.

⑤ 王钦若,等. 册府元龟 [M]. 北京:中华书局,1960:2051.

恢张,遂能别创空前之世局。"①陈氏所言,说明唐代黄河文化走向恢宏博大的原因在于大量吸收域外文化。

　　唐代汉族与西北游牧民族交往频繁,西北游牧文化对唐代农耕文化影响甚大,表现在日常生活、生产方式、音乐艺术和宗教思想等方面,唐人都深受胡地文化的影响。从帝王贵胄、政府官员到平民百姓,都崇尚胡服、胡食、胡器、胡乐、胡舞,一时蔚然成风。在胡服方面,《新唐书·五行志一》载:"天宝(742—756年)初,贵族及士民好为胡服胡帽,妇人则簪步摇钗,衫袖窄小。杨贵妃常以假鬓为首饰,而好服黄裙。近服妖也。"②可见当时中原汉人对胡服的喜爱已经形成一种潮流。在胡食方面,唐代长安城中有外国侨民大约2万人,其中大多数是西域中亚人,他们来到长安生活,也带来了他们的特色美食,受到唐人的追捧。《旧唐书·舆服志》记载唐代开元年间风俗曰:"贵人御馔,尽供胡食。"③据唐代慧琳《一切经音义》卷三七引《陀罗尼集》一二卷记载:"胡食者,饆饠、烧饼、胡饼、搭纳等。"④此外葡萄酒也作为贡品被带到大唐,这也在一定程度上改变了中原汉族的饮食结构。在胡器方面,罗马金币、波斯银币、琉璃、玻璃以及带有西方特色的金银器、玛瑙、琥珀、胡瓶被带到中国,对唐代金银器及陶瓷的制造技术产生了深刻的影响。在胡乐与胡舞方面,唐朝音乐吸收了周边许多少数民族乃至外国音乐元素,形成了"胡乐"盛行的局面。据《新唐书·礼乐志》记载,唐太宗时的燕乐、清商、西凉、天竺、高丽、龟兹、安国、疏勒、康国、高昌等十部乐中,除清商乐是汉族传统音乐、燕乐是新作外,其余八部都是来自少数民族或域外各民族的音乐,为唐代社会各阶层所接受。2005年3月出土的唐代安国相王孺人唐氏墓、崔氏墓壁画中的琵琶、竖箜篌、拍板、毛员鼓、鸡娄鼓、笛、羯鼓、筚篥等皆为胡乐乐器,从中可见西域胡乐对中原礼乐的影响很大。西域的胡腾舞、胡旋舞、柘枝舞传入中原后,引发了中原汉人追捧的热潮,每每出现于诗人骚客的笔下。据学者的研究,大唐盛世歌舞的代表之作——《霓裳羽衣曲》,"本名《婆罗门曲》,源出天竺,经过中亚,开元时传入中国,河西节度使杨敬述进献,玄宗加以润色,易以美名,此乃胡乐和汉乐融合之精品,为唐代音乐开发最富色泽之

①　陈寅恪.李唐氏族推测之后记[M]//陈寅恪.金明馆丛稿二编.上海:上海古籍出版社,1982:303.

②　欧阳修,宋祁.新唐书[M].北京:中华书局,1975:879.

③　刘昫.旧唐书[M].北京:中华书局,1975:1958.

④　徐时仪.一切经音义三种校本合刊[M].上海:上海古籍出版社,2008:1154.

硕果……是一曲如幻如仙、富浪漫色彩的美舞,代表了盛唐间音乐舞蹈艺术的最高成就"①。

域外文化的影响还表现在宗教文化的层面上,唐朝的最高统治者对外来宗教一般持兼收并蓄的开明态度,佛教、祆教、景教、摩尼教等都得到相当程度的传播和发展。有学者指出:"佛教虽然在东汉初即已传入中原,但至唐代才达于鼎盛。由于西域胡人在隋唐时大量来到内地,波斯人创立的祆教也传入中原。西方基督教的一个支派——景教,也经西域传入长安。波斯人创立的摩尼教,虽然是隋以前传入中国,但到了武则天当朝之时才兴盛起来。"②

三、儒释道并举的文化格局

自汉代佛教由西域传入中国、道教自中国本土兴起之后,儒释道三教的关系问题逐渐成为一个重要的社会问题。魏晋以来,儒、释、道三教相互辩难、攻击、诋毁甚为激烈,从而导致最高统治者或灭佛兴道,或舍道崇佛,或佛道同时受到抑制,宗教文化政策摇摆不定,不利于社会的稳定和文化的发展。唐朝建立以后,围绕着儒、释、道三教的地位问题也曾经展开过激烈的论争,最终决定实行以儒学为正宗、三教鼎立的文化政策。有学者指出:"据道宣《集古今佛道论衡》记载,隋唐两代'论衡'多在佛道二教中进行,但实为三教论衡,辩论结果,道先或佛先皆由崇道或崇佛之君主以定先后,然而君主无论崇道或崇佛,其所行之制度是离不开政治化的儒学思想所指导的,故'佛道论衡'实即'三教论衡'。这样宗教既得到政府的一定程度的礼遇和承认,又加强了对政权的依赖性,并使政权的权威性得以树立。"③

唐高祖李渊提出"三教虽异,善归一揆"的观点,对后代国君多有影响。唐太宗李世民出于巩固政权的实际需要,坚持以"儒学为本"的宗旨,加强儒家思想在文化领域内的主导地位。唐太宗贞观二年(628 年),唐太宗曾对群臣说:"朕今所好者,惟在尧、舜之道,周、孔之教,以为如鸟有翼,如鱼依水,失之必死,

---

① 王炎平. 唐代的开放与世风及国运关系[J]. 贵州师范大学学报(社会科学版),1992(2):10.

② 勾利军. 唐代文化的开放与多元发展[J]. 河北学刊,2008(3):56.

③ 汤一介. 论儒、释、道"三教归一"问题[J]. 中国哲学史,2012,(3):7-8.

不可暂无耳。"①贞观五年(631年),唐太宗下达诏书:"佛道设教,本行善事,岂遣僧尼道士等妄自尊崇,坐受父母之拜?损害风俗,悖乱礼经,宜即禁断,仍令致拜于父母。"②从中可见唐太宗以儒家礼教为治国之本的思想。关于道教,因为唐朝的皇帝与道教教主李耳同姓,所以唐朝皇帝们自认为是李耳的后人,于是道教自然也就成为唐朝的国教。李渊建立唐朝后,太原人吉善曾对李渊说,他在羊角山见到一个骑白马的老翁,自称是唐朝天子的祖宗。李渊听了认为这个老翁就是道教教主——太上老君李耳,立即在羊角山建立了一所老君庙,确定了自己同李耳的亲属关系,从而也确立了道教在唐朝的特殊地位。唐高祖武德八年(625年),李渊在国子监正式宣布三教的地位:道教第一,儒学第二,佛教第三。贞观十一年(637年),唐太宗李世民也明确宣传自己是老子李耳的后裔,下令规定先道后佛。《令道士在僧前诏》云:"况朕之本系,出于柱史。今鼎祚克昌,既凭上德之庆;天下大定,亦赖无为之功。宜有改张,阐兹元化。自今以后,斋供行立,至于称谓,其道士女冠,可在僧尼之前。庶敦本之俗,畅于九有;尊祖之风,贻诸万叶。"③关于佛教,虽有唐武宗灭佛的极端事件发生,但总体上看,有唐一代对佛教的态度是扶持的。贞观十九年(645年),玄奘西天取经归来,唐太宗在长安接见玄奘,并亲自为玄奘的译经撰写序文。武则天时期,唐朝出现了第一个崇佛的高潮。唐睿宗永昌元年(689年)七月,武则天称帝前夕,僧人法明和尚编撰《大云经》献给武则天,指武后是弥勒佛下世,当代唐为天下主,武后下令颁行天下。武周天授二年(691年),武则天改变了唐太宗的规定,公开宣告:佛教在道教之上,僧尼在道士之前,将佛、道两派的地位来了个颠倒。总之,唐代皇帝或推崇佛教,或推崇道教,一方面出于宣扬君权神授的思想以维护封建君主统治的政治需要,另一方面也是看到了佛道二教在陶冶人心、美化风俗以及缓和阶级矛盾上的重要意义,才最终确立了儒释道三教并行不悖的文化国策。

---

① 吴兢. 贞观政要[M]. 骈宇骞,译注. 北京:中华书局,2011:423.

② 吴兢. 贞观政要[M]. 骈宇骞,译注. 北京:中华书局,2011:498.

③ 李世民. 令道士在僧前诏[G]// 董诰,等. 全唐文. 上海:上海古籍出版社,1990:26.

第三章
宋元明清时期的黄河文化

宋元明清时期是我国封建社会的后半期,此一时期是黄河文化由定型逐渐走向沉暮与开新的阶段。就中华文明的发展大势而言,宋以前的中华文明我们可以称之为东西轴心的时代;唐中期以后长江经济带崛起,至宋代已经超越黄河经济带,中华文明由此走向南北轴心的时代。除了经济的因素之外,契丹、党项、羌、女真以及后来的蒙古势力对宋朝长期处于包围与冲击的态势,迫使黄河文化向南撤退和发展,加速了与长江文化的融合。内忧外患的政治格局,也促使黄河文化的基调由相对开放、外倾、色调热烈的唐型文化,转为相对封闭、内倾、色调淡雅的宋型文化,以追求天理、注重自律、强调通过道德自觉实现理想人格为特色的理学由之建构起来,成为整个封建社会后半期的主流思想。历经宋、元、明680多年的演变而日渐僵化,理学逐渐成为禁锢人们心性的枷锁,故明末清初掀起了以匡正程朱理学和反对封建专制为目的的启蒙思潮。明清时期是中国古典文化的总结阶段,以黄河文化为主干的古典文献得以系统地收集、钩沉、考证和编纂,从而铸就了古代黄河文化的丰碑。

第一节　理学的建构

一、理学兴起的原因

所谓理学,又称道学,亦称义理之学,是北宋时期形成的以论证天理为核心,包含人性论、认识论、修养论和社会政治思想的理论体系。陈寅恪先生在《冯友兰中国哲学史下册审查报告》中指出:"佛教经典言:'佛为一大事因缘出现于世'。中国自秦以后,迄于今日,其思想之演变历程,至繁至久。要之,只为一大事因缘,即新儒学之产生,及其传衍而已。"[①]陈氏所谓的新儒学即指理学。那么,是哪些因素促使宋代理学的勃兴呢?

(一)宋代理学是中晚唐儒学复兴运动的自然延续

钱穆先生说:"然则治宋学当何自始?曰:必始于唐,而以昌黎韩氏为之率。"[②]我们知道,唐代实行儒、释、道三教并举的国策,儒学虽然在国家政治的层面发挥着一定作用,但由于从汉至唐儒学的思想体系并没有实质性的创新,人们视儒学为一种外在的约束(礼法),而不是内在的自觉。儒学不能像佛道那样给人在精神上以解脱或超越,整个唐朝文化思想的成就主要集中在佛教上。当时的士大夫普遍出入于佛老,其精神世界是以佛道为根基的,儒学在维系人的思想和精神上已经处于失灵的状态。当国家安定时,儒学的这种缺陷可以被暂时掩盖;但"安史之乱"爆发后,藩镇割据局面的形成导致了中央政府难以恢复以往大一统的稳定统治,儒学在维系封建纲常、施行人伦教化上的无力就越发凸显了出来。尽管如此,只要人们赖以生存的经济基础和社会政治结构没有改变,儒家文化的社会根基就依然存在,大一统的皇权政治和与之相匹配的封建伦理纲常,始终是儒家学者所冀望实现的政治理想。也正是在这种社会背景下,韩愈借倡导古文运动之名开启了儒学复兴的进程,其《原道》云:

---

① 陈寅恪. 冯友兰中国哲学史下册审查报告 [M]// 陈寅恪. 金明馆丛稿二编. 北京:生活·读书·新知三联书店,2001:282.

② 钱穆. 中国近三百年学术史 [M]. 北京:商务印书馆,1997:2.

博爱之谓仁,行而宜之之谓义,由是而之焉之谓道,足乎己而无待于外之谓德……凡吾所谓道德云者,合仁与义言之也,天下之公言也……曰:"斯道也,何道也?"曰:"斯吾所谓道也,非向所谓老与佛之道也。尧以是传之舜,舜以是传之禹,禹以是传之汤,汤以是传之文、武、周公,文、武、周公传之孔子,孔子传之孟轲,轲之死,不得其传焉。荀与扬也,择焉而不精,语焉而不详。①

韩愈极力排斥佛老,并提出了儒家道统论:"仁义"是儒学之道的内容,尧、舜、禹、汤、文、武、周公、孔、孟是儒家之道的传授谱系。韩愈在《重答张籍书》中说:"天不欲使兹人有知乎,则吾之命不可期;如使兹人有知乎,非我其谁哉?其行道,其为书,其化今,其传后,必有在矣。"② 以继承儒家道统自居,以捍卫儒家之道为己任,表达了复兴儒学的坚强决心。韩愈又作《原性》,虽然是简单继承了孔子的人性思想和董仲舒的性三品说,但他抨击了当时以佛老思想言"性"的状况,把关于人性的探讨又拉回了儒学的视野。

李翱继韩愈《原性》作《复性书》,其目的在于排斥佛老杂说、重新举起儒家人性论的旗帜:

性命之书虽存,学者莫能明,是故皆入于庄、列、老、释。不知者谓夫子之徒不足以穷性命之道,信之者皆是也。③

《复性书》中发展了韩愈的人性论而主张性善情恶说:

人之所以为圣人者性也,人之所以惑其性者情也。喜怒哀惧爱恶欲,七者皆情之所为也。情既昏,性斯匿矣。非性之过也,七者循环而交来,故性不能充也……性者天之命也,圣人得之而不惑者也;情者性之动也,百姓溺之而不能知其本者也。④

认为"性"与"情"处于二元对立的状态,必须去情才能复性。需要我们注意的是,《复性书》尝试构建一个儒家心性学说的传承系统,认为由孔子而传颜

① 韩愈. 原道 [M] // 韩愈. 韩愈全集. 钱仲联,马茂元,校点. 上海:上海古籍出版社,1997:120-122.

② 韩愈. 重签张籍书 [M] // 韩愈. 韩愈全集. 钱仲联,马茂元,校点. 上海:上海古籍出版社,1997:163.

③ 李翱. 复性书上 [G] // 董诰,等. 全唐文. 上海:上海古籍出版社,1990:2850.

④ 李翱. 复性书上 [G] // 董诰,等. 全唐文. 上海:上海古籍出版社,1990:2849-2850.

回、子路、曾子等七十子，继而传子思，继而传孟子，继而传公孙丑、万章之徒而后断绝。另外，《复性书》通篇基于《中庸》《大学》《易传》《孟子》中的人性论说展开，通过诠释先秦儒家传论的方式，试图构建一个理论圆融的儒家心性论体系。由之可见，李翱的人性论实际已开宋儒人性论之先河，"宋明新儒学的发展正是沿着韩愈、李翱的方向前行"①。

（二）宋代理学的兴起是宋初大一统政治的现实需要

唐末五代以来，政教废弛，儒学衰微，儒家构建的一套旨在维系封建纲常、伦理道德的价值学说不再被人们信奉，整个社会呈现出严重的伦理道德危机。自朱温废唐建梁至赵匡胤废周立宋，五十三年的时间里中原大地经历了六朝九姓十四帝，君臣纲纪被破坏殆尽。为臣者觊觎君位。《新五代史·安重荣传》记载："（安）重荣起于军卒，暴至富贵，而见唐废帝、晋高祖皆自藩侯得国，尝谓人曰：'天子宁有种邪？兵强马壮者为之尔！'"② 这句话道出了当时军阀拥兵自重、谋朝篡位的心态，后梁、后晋、后周及赵宋王朝无不是篡夺国柄。为君者猜忌臣下，"周世宗见诸将方面大耳者皆杀之"③。至于当时的士大夫阶层，更是"士风淡薄"，卖主求荣、卖国求荣有之，礼义廉耻被遗忘殆尽。一个典型的例子是五代时期的宰相冯道，司马光评价他说："道之为相，历五朝、八姓，若逆旅之视过客，朝为仇敌，暮为君臣，易面变辞，曾无愧怍，大节如此，虽有小善，庸足称乎！"④ 欧阳修撰《五代史记》（即《新五代史》）时曾深刻总结道：

> 呜呼！五代之乱极矣，传所谓"天地闭，贤人隐"之时欤！当此之时，臣弑其君，子弑其父，而搢绅之士安其禄而立其朝，充然无复廉耻之色者皆是也……五代之乱，君不君，臣不臣，父不父，子不子，至于兄弟、夫妇人伦之际，无不大坏，而天理几乎其灭矣。⑤

有鉴于此，宋初诸帝一方面在总结历史经验的基础上，建立了一套较诸汉

---

① 贾发义. 韩愈、李翱的道统说和性情论［J］. 四川师范大学学报（社会科学版），2010（2）：43.

② 欧阳修. 新五代史［M］. 徐无党，注. 北京：中华书局：1974：583.

③ 脱脱，等. 宋史［M］. 北京：中华书局，1977：49.

④ 司马光. 资治通鉴［M］. 2版. 北京：中华书局，2011：9643-9644.

⑤ 欧阳修. 新五代史［M］. 徐无党，注. 北京：中华书局：1974：369-370.

唐更为严密的中央集权体制,从制度上保证了北宋王朝的稳定;另一方面兴学重儒,大力强化以三纲五常为核心的儒家伦理体系。在皇权的亲自倡导和极力支持下,如何构建一套更富于理论色彩的封建道德学说,以达到巩固中央集权统治、重塑社会道德教化的目的,就成为宋代儒家学者一项迫在眉睫的时代课题。

(三)疑古惑经的学风为理学的诞生开辟了先路

汉儒开启的章句注疏之学,至唐代已经到了山穷水尽的地步。古人解释经学的成例是"注不驳经,疏不驳注,不取异义,专宗一家"[①],注疏时不能对经文有任何的质疑,完全依照注文诠释,不改变旧注的任何观点。在这种学风的影响下,儒家思想很难再有实质性的创新,这也是唐代疑古惑经的思想不是从经学而是从史学发端的原因所在。刘知几撰于唐武后、中宗年间的《史通》一书,专门设立"疑古""惑经"的条目,他通过对比不同儒家典籍对相同的一件历史事件描述的差异,对《尚书》《春秋》《论语》等经典所记所论之事质疑多达30余条。降至中唐,柳宗元以一种更加激进的态度对经史诸子之说质疑,批判了汉儒奉为圭臬的"天人感应"学说及"受命祥瑞"的说法,指出《国语》所记鬼神怪异之事乃是"左氏惑于巫而尤神怪之,乃始迁就附益以成其说,虽勿信之可也"[②]。此外,柳宗元还运用多种辨伪的方法考证《鹖冠子》《亢仓子》《鬼谷子》《文子》《列子》《晏子春秋》等先秦子书属于后人伪作。唐代疑古惑经的学风对北宋经学的学术创新产生了深刻的影响,为义理之学的产生创造了条件。有学者指出:"刘敞著《七经小传》,废弃汉儒专事训诂名物的传统,开启了以己意解经的新学风。欧阳修请求删修经疏,认为《十翼》并非皆孔子之作。尔后,许多学者怀疑传统经说。如朱熹怀疑《诗序》,在《诗集传》中尽删《小序》。王柏则作《诗疑》《书疑》。陆游谓仁宗庆历间,诸儒发明经旨,排《系辞》,毁《周礼》,疑《孟子》,讥《书经》,黜《诗序》,敢于疑经,更无论经注了。"[③]宋代学者正是在这样一种大胆怀疑汉唐注疏之学的学术氛围中,开启了思辨哲学的创建进程。

---

① 皮锡瑞. 经学历史 [M]. 周予同,注释. 北京:中华书局,2008:201.

② 柳宗元. 非国语上 [M]// 柳宗元. 柳河东集. 上海:上海古籍出版社,2008:764.

③ 侯外庐、邱汉生、张岂之. 宋明理学史:上卷 [M]. 2 版. 北京:人民出版社,1997:7.

二、理学的发展脉络

（一）周敦颐之濂学

周敦颐是宋代理学的开创者，被誉为理学开山之祖，因晚年建立濂溪书堂于庐山之麓，世称濂溪先生，他的学术思想被称为"濂学"。《宋史·道学传序》记载："千有余载，至宋中叶，周敦颐出于舂陵，乃得圣贤不传之学，作《太极图说》《通书》，推明阴阳五行之理，命于天而性于人者，了若指掌。"[1]周敦颐对理学的贡献主要表现在对儒学宇宙本体和道德本体的构建上。《太极图说》通过对源于唐末宋初道士陈抟所创《太极图》的解说，奠定了理学本体论的基础：

无极而太极。太极动而生阳，动极而静；静而生阴，静极复动。一动一静，互为其根。分阴分阳，两仪立焉。阳变阴合，而生水火木金土。五气顺布，四时行焉。五行，一阴阳也；阴阳，一太极也；太极，本无极也。五行之生也，各一其性。无极之真，二五之精，妙合而凝。"乾道成男，坤道成女"，二气交感，化生万物。万物生生，而变化无穷焉。唯人也得其秀而最灵。形既生矣，神发知矣，五性感动而善恶分，万事出矣。圣人定之以中正仁义，而主静，立人极焉。故圣人"与天地合其德，日月合其明，四时合其序，鬼神合其吉凶"。君子修之吉，小人悖之凶。故曰："立天之道，曰阴与阳。立地之道，曰柔与刚。立人之道，曰仁与义。"又曰："原始反终，故知死生之说。"大哉易也，斯其至矣！[2]

《太极图说》思想的精髓在于，它把宇宙生成论与宇宙本体论的命题巧妙糅合在了一起，"无极而太极"既富有宇宙从无到有的生成意味，又将宇宙本原与宇宙实体融合为一，并以之统摄阴阳、动静、四时、五行、万物等自然概念以及仁义、善恶、吉凶等道德概念，从而将儒家的人性思想置于超然的宇宙本体及其生成模式之中。周氏将儒家仁义学说纳入对太极图的解说，从而将原先道教修道的图式置于儒家文化之中，但在天人关系的统摄上，还缺乏一个作为人极的道德本体与宇宙本体相对应。这一缺憾，周氏后来在《通书》中作了专门的阐发：

诚者，圣人之本。"大哉乾元，万物资始"，诚之源也。"乾道变化，各正性命"，

---

① 脱脱，等. 宋史[M]. 北京：中华书局，1977：12710.

② 周敦颐. 太极图说[M]// 周敦颐. 周子通书. 徐洪兴，导读. 上海：上海古籍出版社，2000：48.

诚斯立焉,纯粹至善者也。故曰:"一阴一阳之谓道,继之者善也,成之者性也。"元亨,诚之通;利贞,诚之复。大哉《易》也,性命之源乎!

圣,诚而已矣。诚,五常之本,百行之原也。静无而动有,至正而明达也。五常、百行,非诚,非也,邪暗塞也。故诚则无事矣。至易而行难,果而确,无难焉。故曰:"一日克己复礼,天下归仁焉。"①

有学者指出:"(周敦颐)论证'诚'这一传统的儒学范畴具有天道的本质属性,而试图重新沟通天道与性命的关系,进而为儒家的道德本体论建立一个天道自然的哲学基础"②。

(二)邵雍之"象数学"

邵雍亦是两宋理学的奠基人之一。有学者指出:"作为中国传统政治思想充分哲理化的标志,理学的形成在很大程度上得益于北宋初年思想家对于《周易》的理解和重新阐释,而北宋时期思想界重新解释《周易》的过程则始于周敦颐和邵雍。实际上,邵雍的《易》学与周敦颐有着相同的思想来源,邵雍的《皇极经世书》与周敦颐的《太极图说》在北宋前期的思想界也有着几近相同的地位,只不过由于二者思想方式的差异,从《周易》中所发现的意义也各不相同。"③邵雍理学的内容,在于通过对易学象数的阐发而构建起一整套宇宙本体与生成理论。邵雍通过对源自陈抟《先天图》的研究,创造性地提出"先天易学"和"后天易学",即以文王作《周易》卦爻辞及《说卦》所载八卦方位图为后天之《易》,而以伏羲画八卦及六十四卦之图为先天之《易》。他通过阐发《系辞》"《易》有太极"章的画卦之义,构建了一系列先天易图,主要有伏羲八卦次序图(图3-1)、伏羲八卦方位图(图3-2)、伏羲六十四卦次序图(图3-3)、伏羲六十四卦方位图(图3-4)等,从而在易卦的体系之中构建了以太极为宇宙本体,太极生两仪、四象、八卦、六十四卦的生成系统和六十四卦随阴阳消长而有序流转的宇宙运行模式,为北宋理学构建起一个宏大而精密的理、数、象、占合一的思想体系。

在《皇极经世书》中,邵雍借鉴了汉代京房易学卦爻纳干支的学说,将其与

---

①　周敦颐. 周子通书[M]. 徐洪兴,导读. 上海:上海古籍出版社,2000:31-32.

②　徐洪兴. 周敦颐《通书》《太极图说》关系考——兼论周敦颐的本体论思想[J]. 中国哲学史,2000(4):87.

③　孙晓春,汪轩宇. 邵雍的象数易学及其经世思想[J]. 史学集刊,2013(5):53.

宇宙生成论结合在一起,以元、会、运、世为基本单位:以 30 年为 1 世,12 世为 1 运,30 运为 1 会,12 会为 1 元。1 元包含 129 600 年,每 1 元之数结束后,旧的天地毁灭,新的天地产生。在天地 129 600 年的一个轮回中,以六十四卦分别主其天道、人事。由此,邵雍编写了古代社会第一个的宇宙年谱,其意义在于:认为宇宙、自然万物和人类社会都受终极的"道"的支配,而理学家的使命,在于从宏观上把握自然与人类社会的发展规律,从而为封建社会的皇权政治提供学理上的支持。

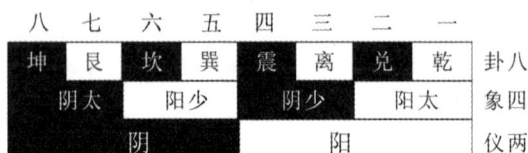

图 3-1　伏羲八卦次序图

图 3-2　伏羲八卦方位图

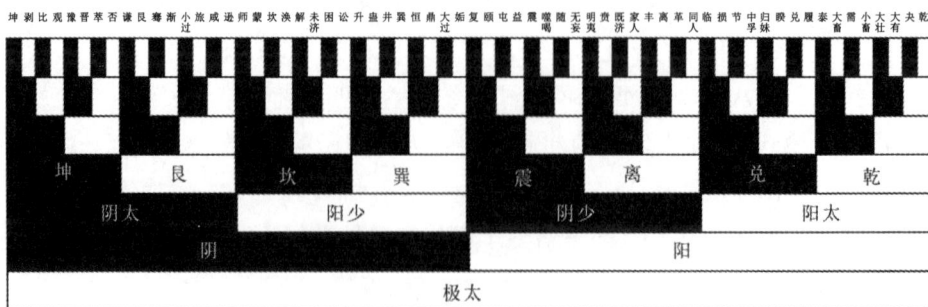

图 3-3　伏羲六十四卦次序图

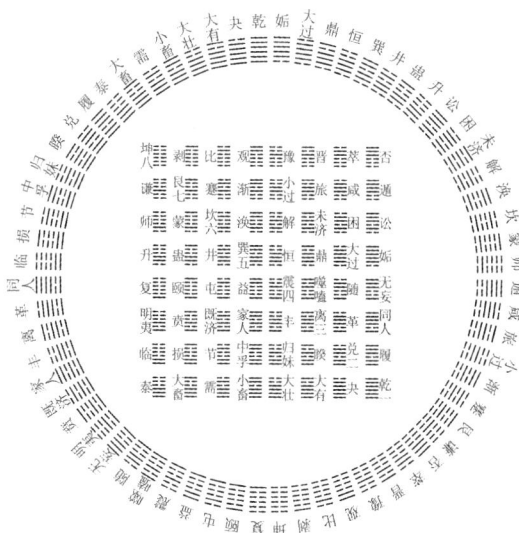

图 3-4　伏羲六十四卦方位图

（三）张载之"关学"

张载长期传道关中,从学者甚众,被尊为关学宗师,他所建立的学派因之被称为"关学"。张载对理学的贡献,建立在对汉唐以来儒学及佛老思想批判的基础上。《宋史·张载传》记载:"(张载)与诸生讲学,每告以知礼成性、变化气质之道,学必如圣人而后已。以为知人而不知天,求为贤人而不求为圣人,此秦、汉以来学者大蔽也。"[①]可见张载对汉唐儒学拘泥于封建伦理道德的维系而缺乏超越性的追求有着深刻的体会。《张子正蒙·太和篇》载:

若谓虚能生气,则虚无穷,气有限,体用殊绝,入老氏有生于无自然之论,不识所谓有无混一之常。若谓万象为太虚中所见之物,则物与虚不相资,形自形,性自性,形性、天人不相待而有,陷于浮屠以山河大地为见病之说。此道不明,正由懵者略知体虚空为性,不知本天道为用,反以人见之小因缘天地。[②]

张氏此论,既批判了道家宇宙生成论不能圆融解释太虚与气的关系、有和无的关系,从而陷入"虚无穷,气有限"的矛盾而导致"体"与"用"相悖离的弊

---

① 脱脱,等. 宋史[M]. 北京:中华书局,1977:12724.

② 张载. 张子正蒙[M]. 王夫之,注. 上海:上海古籍出版社,2000:89-90. 以下所引《张子正蒙》皆出此书。

端;又批判了佛学视太虚与万物不相资相待,性与形、体与用各自孤立而不相得的弊端。关于佛学体用相悖的缺陷,张载还有更深刻地阐述:

> 释氏语实际,乃知道者所谓诚也,天德也。其语到实际,则以人生为幻妄,以有为为疣赘,以世界为荫浊,遂厌而不有,遗而弗存;就使得之,乃诚而恶明者也。儒者则因明致诚,因诚致明,故天人合一,致学而可以成圣,得天而未始遗人,《易》所谓不遗、不流、不过者也。彼语虽似是,观其发本要归,与吾儒二本殊归矣。(《张子正蒙•乾称篇下》)

有学者指出:"在张载的这一批评中,他对佛教的本体论立场与本体追求精神始终有所肯定,所以他并不否认佛教在这一层面上的'得'。但是一当进入到价值观部分,他又处处强调二者的'二本殊归',并认为二者是'此是则彼非,此非则彼是'的关系。这说明在承认本体及其超越性这一层面上,儒与佛一致,当然,这同时也说明张载的'造道'必然要在本体论层面展开。"[①]

《张子正蒙•太和篇》载:"由太虚,有天之名;由气化,有道之名;合虚与气,有性之名;合性与知觉,有心之名。"这四句话一贯被视为张载学术思想的纲领。以往学者认为,张载以气为万物之源,以太虚之气为本体。[②] 林乐昌先生则认为:"'气'并不是处在'天''道''性''心'四大概念序列首位的根本概念或最高的中心范畴。实际上,'天'或'太虚'才是张载概念序列之中首要的、最高的概念,而'气'只是处于'天''道''性''心'四大概念序列之外的概念。如果把'气'视作张载理学的根本概念或最高的中心范畴,岂不扭转了从《中庸》到张载以'天''道'为宗旨的儒学发展方向?"[③] 笔者认为林氏之说也有一定道理。张载的这几句话,我们可以翻译为:由于太虚的存在,所以才有了天的名字的由来;由于气的千变万化,所以才产生了道的名字;将太虚与气合二为一,所以才有了万物(包括人)之性;将本性与知觉合二为一,所以才有了心的名字。从中不难发现,张载借用了带有道家色彩的"太虚"概念,是为了给儒家心性学构建一个形而上的至高本体。《张子正蒙•太和篇》载:"圣者,至诚得天之谓;神者,太虚妙应之目。凡天地法象,皆神化之糟粕尔。"太虚确然是超越"天""气"

---

① 丁为祥. 宋明理学对自然秩序与道德价值的思考——以张载为中心 [J]. 文史哲,2009 (2):82.

② 杨国荣. 理学的伦理向度——从张载到王阳明 [J]. 伦理学研究,2009(1):13.

③ 林乐昌. 论张载的理学纲领与气论定位 [J]. 孔学堂,2020(1):31.

"道"的最高实体。张载所谓"天",仍是停留在《系辞》以天为阳、以地为阴的意义上。《张子正蒙·参两篇》云:"地纯阴凝聚于中,天浮阳运旋于外,此天地之常体也。"所以张载所构建的,实乃是以"太虚"为本、以"气"为用的本体论。这也为北宋理学的天理本体论的构建开辟了道路。

在人性论方面,张载也有所创建,他将性区分为天地之性和气质之性,《张子正蒙·诚明篇》云:"形而后有气质之性,善反之则天地之性存焉。故气质之性,君子有弗性者焉。"天地之性即禀太虚之气而成,是先天的本性,也是善的来源。"气质之性"指每个人生成之后,由于禀受阴阳二气的不同而形成的特殊本性,《张子正蒙·诚明篇》云:"人之刚柔、缓急,有才与不才,气之偏也。"气质之性对外物有所追求,《张子正蒙·诚明篇》云:"湛一,气之本;攻取,气之欲;口腹于饮食,鼻舌于臭味,皆攻取之性也。"气质之性导致人性中形成恶的因素,是需要予以警惕和改变的。张载曰:"为学大益在自求变化气质,不尔皆为人之弊,卒无所发明,不得见圣人之奥。故学者先须变化气质,变化气质与虚心相表里。"[①] 通过学习可以使性由不美转化为美,使恶转化为善,以克服气质之性的闭塞,恢复先天的本然善性。张载的变化气质学说,强调后天的学习、环境的作用,对后世产生了积极的影响。

总之,张载的理学思想,在天人合一的旨趣下高扬人的主体能动精神,自觉承继儒家拯济天下的宏伟使命,"为天地立心,为生民立命,为往圣继绝学,为万世开太平",对后世儒学产生了深远的影响。

(四)二程之"洛学"

二程是指程颢、程颐兄弟,他们是北宋理学建构的关键人物,由于二人长期在洛阳授徒讲学,故后人称其学派为"洛学"。"洛学"奠定了理学的基础,也是宋代理学的典型形态。

二程对理学的贡献,在于把"理"作为哲学的最高范畴,确立了理一元论的本体论。就二程对"理"的阐述来看,其要义有三。第一,"理"是普遍的规律和准则。程颢曰:"万物皆有理,顺之则易,逆之则难,各循其理,何劳于己力哉?"(《二程遗书·明道先生语一》)[②]程颐曰:"凡眼前无非是物,物物皆有理,如火之

---

① 张载. 张载集 [M]. 章锡琛,点校. 北京:中华书局,2017:274.

② 程颢,程颐. 二程遗书 [M]. 潘富恩,导读. 上海:上海古籍出版社,2000:170. 以下所引《二程遗书》皆出此书。

所以热,水之所以寒,至于君臣父子间皆是理。"(《二程遗书·伊川先生语五》)程颐又曰:"天下物皆可以理照,有物必有则,一物须有一理。""万理归于一理。"(《二程遗书·伊川先生语四》)二程之言,皆是意在说明理是一种普遍性的法则,"理"既体现在万事万物之中,表现为各种事物都有其个性和特殊性,又反映为万事万物的共性和普遍性。第二,"天理"是永恒的最高精神实体。二程认为:"万物皆只是一个天理。""理则天下只是一个理,故推至四海而准,须是质诸天地、考诸三王不易之理"(《二程遗书·二先生语二上》)。二程之言,意在说明天理是不以人的主观意志为转移的客观存在,是自然的而又是超时空的最高本体。第三,"理"是事物对立统一的法则。程颢曰:"天地万物之理,无独必有对,皆自然而然,非有安排也。""万物莫不有对,一阴一阳,一善一恶,阳长则阴消,善增则恶减,斯理也,推之甚远乎!人只要知此耳。"(《二程遗书·明道先生语一》)程颐曰:"道无无对,有阴则有阳,有善则有恶,有是则有非,无一亦无三。"(《二程遗书·伊川先生语一》)程颐又曰:"理必有对待,生生之本也。有上则有下,有此则有彼,有质则有文,一不独立,二则为文。非知道者,孰能识之?"[1]并且二程认为,正是天理的对立统一法则,使自然界处于永恒的发展变化的状态,反映事物产生、发展、衰亡的演化过程和物极必反的规律。程颐曰:"物极必返,其理须如此。有生便有死,有始便有终。"(《二程遗书·伊川先生语一》)二程曰:"天地之化,既是二物,必动已不齐。譬之两扇磨行,便其齿齐,不得齿齐,既动,则物之出者,何可得齐?转则齿更不复得齐。从此参差万变,巧历不能穷也。"(《二程遗书·二先生语二上》)

二程对"天理"概念的阐释及其内涵的揭示对于儒学本体论的建立具有关键性的意义,但我们也应该看到,二程理学的建构也离不开对佛教思想的吸收与改造。二程一方面贬抑并排斥佛教,认为"若尽为佛,则是无伦类,天下却都没人去理"(《二程遗书·二先生语二上》);另一方面,二程对佛学都有深入的研究,故能取佛学之精华以补传统儒学之不足。《宋史·程颢传》载:"(程颢)泛滥于诸家,出入于老、释者几十年,返求诸《六经》而后得之。秦、汉以来未有臻斯理者。"[2]程颐的思想与禅宗和华严宗的关系密切,他说:"学者之先务,在固心志。有谓欲屏去闻见知思,则是'绝圣去智'。有欲屏去思虑,患其纷乱,则是须坐禅入定。"(《二程遗书·伊川先生语一》)并公开肯定佛学有可取之处,程

---

① 梁韦弦.《程氏易传》导读[M].济南:齐鲁书社,2003:153.

② 脱脱,等.宋史[M].北京:中华书局,1985:12716-12717.

颐曰："佛、庄之说，大抵略见道体，乍见不似圣人惯见，故其说走作。"（《二程遗书·伊川先生语一》）《二程遗书·伊川先生语四》记载：

> 问："某尝读《华严经》，第一真空绝相观，第二事理无碍观，第三事事无碍观。譬如镜灯之类，包含万象，无有穷尽，此理如何？"曰："只为释氏要周遮。一言以蔽之，不过万理归于一理也。"又问："未知所以破它处。"曰："亦未得道他不是。"

有学者指出："他（程颐）从'理事无碍法界'中，把'一一事中，理皆全遍'的'万理'，归为'一理'，并把'万理'作为'一理'的表现，于是，'理'就成为脱离客观事物，超越客观事物之上的最高精神存在。"[1] 我们从程颐和其弟子尹焞的一段对话，更能看出程颐理学对佛教理论的汲取：

> 一日，出《易传序》示门弟子。先生受之归，伏读数日后，见伊川。伊川问所见，先生曰："某固欲有所问，然不敢发。"伊川曰："何事也？"先生曰："'至微者理也，至著者象也。体用一源，显微无间。'似太露天机也。"伊川叹美曰："近日学者何尝及此？某亦不得已而言焉耳。"[2]

学者指出："'体用一源，显微无间'与佛教华严宗玄猷、素范的'体用无方，圆融叵测'，法界的'往复无际，动静一源'，大体是相同的。"[3]

在认识论上，二程都主张"格物致知"，程颐曰：

> 人之学莫大于知本末终始。致知在格物，则所谓本也，始也；治天下国家，则所谓末也，终也。治天下国家必本诸身，其身不正而能治天下国家者无之。格犹穷也，物犹理也，犹曰穷其理而已也。穷其理，然后足以致之，不穷则不能致也。（《二程遗书·伊川先生语十一》）

需要我们注意的是：程颐以"穷理"解释"格物"之义，是本于其"天理"说的创见，凡物皆体现理，故对事物的认知，也就是对道理的认知，从而将认识论与天理论统一了起来，使格物致知成为认识天理的方法和途径。另外，程颢还主张"诚敬存理"的内省途径以达到对天理的体认，程颢曰："学者须先识仁。

---

① 卢连章．程颢程颐哲学思想异同论[J]．中州学刊，1982（2）：55．

② 程颢，程颐．二程集[M]．2版．王晓鱼，点校．北京：中华书局，2004：439-440．

③ 侯外庐，邱汉生，张岂之．宋明理学史[M]．北京：人民出版社，1997：138．

仁者,浑然与物同体,义礼智信皆仁也。识得此理,以诚敬存之而已。"(《二程遗书•二先生语二上》)程颢又曰:"学要在敬也、诚也,中间便有个仁,'博学而笃志,切问而近思,仁在其中矣'之意。"(《二程遗书•明道先生语一》)程颐亦有此主张,其曰:"治道亦有从本而言,亦有从事而言。从本而言,惟从格君心之非,正心以正朝廷,正朝廷以正百官。"(《二程遗书•伊川先生语一》)他认为格物之最大者,莫过于格心,而格心之非,至于明达天理,则在于闲邪存诚,在于主敬。程颐曰:"所谓敬者,主一之谓敬。所谓一者,无适之谓一……至于不敢欺、不敢慢、尚不愧于屋漏,皆是敬之事也。但存此涵养,久之自然天理明。"(《二程遗书•伊川先生语一》)二程以"诚敬"作为内心修养的方法,对于后世儒家学者的修身之学也产生了广泛的影响。

(五)朱熹之理学

朱熹是中国学术史上成就最高、影响最大的学者之一,他对经、史、子、集都有深入的研究,最终集理学之大成,建构了一个完整、系统而严密的理学思想体系。因朱熹曾在福建讲学,弟子多为福建人,后世又称朱子学派为"闽学"。朱子之学的主要内容,可以从"天理论""心性论""认识论"三个方面阐释之。

1. 天理论

朱熹的天理论在二程的基础上又有所发展。朱熹曰:"未有天地之先,毕竟也只是理。有此理,便有此天地。若无此理,便亦无天地。无人无物,都无该载了!有理,便有气流行,发育万物。"[①]朱熹认为"理"是宇宙生成的本源,也是宇宙万物的永恒本体,大约是受了张载气化思想和程颐"有理则有气"思想的影响。朱熹探讨本体论必以"理""气"合而言之,故又涉及"理"与"气"的关系问题。朱熹秉持以理为本、理气合一的观点,朱熹曰:"有是理便有是气,但理是本""天下未有无理之气,亦未有无气之理。气以成形,而理亦赋焉"[②]。那么,理与气孰先孰后呢?朱熹认为:"此本无先后之可言。然必欲推其所从来,则须说先有是理。然理又非别为一物,即存乎是气之中。无是气,则是理亦无挂搭处。气则为金木水火,理则为仁义礼智。"[③]这种理与气的关系,又被朱熹厘清为体与用、道与器的关系。朱熹《答黄道夫》云:"天地之间,有理有气。理也者,形而

---

① 黎靖德. 朱子语类 [M]. 北京:中华书局,1986:1.

② 黎靖德. 朱子语类 [M]. 北京:中华书局,1986:2.

③ 黎靖德. 朱子语类 [M]. 北京:中华书局,1986:3.

上之道也,生物之本也。气也者,形而下之器也,生物之具也。是以人物之生,必察此理,然后有性。必察此气,然后有形。其性其形,虽不外乎一身,然其道器之间,分际甚明,不可乱也。"(《晦庵文集》卷五八)此是朱熹天理论的首要创见之处。

朱熹天理论的又一创见,是系统阐述了"理一分殊"之说。"理一分殊"是一种对一般与特殊关系的理解方式,该哲学命题始于二程,朱熹在此基础上将其发展成为一种本体论与人生论相统一的模式。朱熹曰:

> 宇宙之间,一理而已。天得之而为天,地得之而为地,而凡生于天地之间者,各得之以为性。其张之为三纲,其纪之为五常,盖皆此理之流行,无所适而不在。若其消息盈虚,循环不已,则自未始有物之前,以至人消物尽之后,终则复始,始复有终,又未尝有顷刻之或停也。①

此是从本体论的角度,指出"天理"是"一",由此"一"所生成的万事万物是"殊","一"统摄众"殊",众"殊"反映"一"。从方法论的角度看,朱熹重在诠释"理一"与"分殊"之间内在的逻辑关系,也就是说,天理生万物,万物各具"殊理",作为本体的天理是如何统御散为万物的殊理?朱熹于此引入太极概念以阐释二者的关系。朱熹曰:"且夫《大传》之太极者,何也?即两仪四象八卦之理,具于三者之先而蕴于三者之内者也,圣人之意,正以其究竟至极,无名可名,故特谓之太极。"②朱熹将《易传》中的具有宇宙生成本体意义的"太极"解释为具有"究竟""至极"意义上的"理",实即"天理",其目的在于以"太极"作为统系天地万物和人类社会的"理一"。朱熹曰:"总天地万物之理,便是太极"③,又曰:"人人有一太极,物物有一太极"④,以之说明,万物所分之理都是太极(天理)的完整体现,即万理统系于一理,万理又都是圆满具足的。朱熹曰:"万物皆有此理,理皆同出一源。但其所居之位不同,则其理之用不一。如为君须仁,为臣须敬,为子须孝,为父须慈。物物各具此理,而物物各异其用,然莫非一理之流行。"⑤可见,朱熹的"理一分殊"之说,由宇宙本体论向下贯通到社会人生上,

---

① 朱熹. 朱文公文集 [M]. 上海:上海书店,1989:1282.

② 黄宗羲,全祖望. 宋元学案 [M]. 陈金生,梁运华,点校. 北京:中华书局,1986:502.

③ 黎靖德. 朱子语类 [M]. 北京:中华书局,1986:2375.

④ 黎靖德. 朱子语类 [M]. 北京:中华书局,1986:2371.

⑤ 黎靖德. 朱子语类 [M]. 北京:中华书局,1986:398.

从而实现了天理→道德人心→社会秩序三者关系的圆融。

2. 心性论

朱熹在建构了以形而上之理为本体的理气一元论之后,在心性论的阐释上,兼取程颐"性即理"和张载"心统性情"之说。朱熹曰:"天命之性,万理完具;总其大目,则仁义礼智,其中遂分别成许多万善……当初天地间元有这个浑然道理,人生禀得便是性……性只是理,万理之总名。此理亦只是天地间公共之理,禀得来便为我所有。"① 又曰:"性,其理;情,其用。心者,兼性情而言;兼性情而言者,包括乎性情也。"② 那么,心何以能包括性情呢?朱熹曰:"所觉者,心之理也;能觉者,气之灵也。"③ 因为心具有知觉认知的功能,此即心作为形而下的实体之气的特殊性;心因能觉而所觉,即是天理,即是性,故心又是形而上的超越本体的存在。所以,在心性论上,朱熹所秉持的当是"心兼体用"说,这也是"心兼性情"的原因所在。

问:"知觉是心之灵固如此,抑气之为邪?"

曰:"不专是气,是先有知觉之理。理未知觉,气聚成形,理与气合,便能知觉。譬如这烛火,是因得这脂膏,便有许多光焰。"④

朱熹认为,心具知觉的原因在于其是"理气之合",此又为"心兼体用"之说提供了理气一元本体论的支撑。

3. 格物致知论

朱熹的格物致知说是修养论和认识论、目的论和方法论的统一,这一学说的建构,又与他的"理一分殊"说和"心兼体用"说联系密切。朱熹曰:

所谓致知在格物者,言欲致吾之知,在即物而穷其理也。盖人心之灵,莫不有知,而天下之物莫不有理,惟于理有未穷,故其知有不尽也。是以《大学》始教,必使学者即凡天下之物,莫不因其已知之理而益穷之,以求至乎其极。至于用力之久,而一旦豁然贯通焉,则众物之表里粗精无不到,而吾心之全体大用无不明矣。此谓格物,此谓知之至也。⑤

① 黎靖德. 朱子语类 [M]. 北京:中华书局,1986:2816.
② 黎靖德. 朱子语类 [M]. 北京:中华书局,1986:475.
③ 黎靖德. 朱子语类 [M]. 北京:中华书局,1986:85.
④ 黎靖德. 朱子语类 [M]. 北京:中华书局,1986:85.
⑤ 朱熹. 四书章句集注 [M]. 北京:中华书局,1983:6-7.

朱熹认为,格物致知的途径在于"即物"。"即",既有指向性的意义"就",又有探究性的意义"究"。"即物"的意思就是究极事物的意思。格物致知的目的是"穷理"。天下之"理"总而言之为"太极",但人人、事事、物物亦都有一个"太极","理一分殊",故欲上达至高之"天理",则须下究天下万物之"殊理";而"心兼体用",乃理气之合,故能以"心"知觉之能究极于物,由"尽心"而"穷理",由"心与理一"而达到"合内外之道"。需要说明的是,朱熹的格物致知说虽以明"心之全体大用"的道德之善为终极目标,但并不排斥对自然界一般知识的追求。有学者指出:"朱熹的格自然之物不仅是自然哲学的研究,也包括自然科学的研究。这样,朱熹实际上把科学研究纳入他的格物致知的范畴。"[①] 这反映了朱熹在学术研究上可贵的理性精神。

(六)陆九渊之心学

南宋陆九渊是宋明两代"心学"的开山祖师,因其书斋名"存",世称存斋先生;又因其讲学于象山书院,被称为"象山先生",学者常称其为"陆象山"。陆九渊继承了孟子的"尽心"说,并承袭和发挥了程颢"心是理,理是心"的观点,建立了以"心即理"为核心的"心学"体系。

《陆九渊年谱》记载,陆九渊十三岁时从古书上读到"宇宙"二字的解释"四方上下曰宇,往古来今曰宙",深有领悟,说:"元来无穷。人与天地万物,皆在无穷之中者也。"又提笔书曰:"宇宙内事乃己分内事,己分内事乃宇宙内事。"又曰:"宇宙便是吾心,吾心便是宇宙。"[②] 有学者指出:"在陆九渊,宇宙的无限意义恰成了他的主观精神(吾心)突破有限的隔碍而进入无限的津梁。"[③] 陆氏正是在这个意义上提出"心即理"的论断,其曰:"盖心,一心也;理,一理也。至当归一,精义无二。此心此理,实不容有二。"[④] 又曰:"四端者,即此心也;天之所以与我者,即此心也。人皆有是心,心皆具是理,心即理也。"[⑤] 有学者认为陆氏所谓的"心"有两重涵义:一是作为一种伦理性的实体,一是作为万物根源性的

① 乐爱国,高令印. 朱熹格物致知论的科学精神及其历史作用[J]. 厦门大学学报(哲学社会科学版),1997(1):55.

② 陆九渊. 陆九渊集[M]. 钟哲,点校. 北京:中华书局,1980:483.

③ 杨柱才. 陆九渊心学的两个根本观念[J]. 江西社会科学,2000(5):15.

④ 陆九渊. 陆九渊集[M]. 钟哲,点校. 北京:中华书局,1980:4-5.

⑤ 陆九渊. 陆九渊集[M]. 钟哲,点校. 北京:中华书局,1980:149.

实体。^①但就陆氏整体的学术思想倾向看,其更突出的是心在认识论上的意义。正如有学者指出的,"吾心即是宇宙"包括三重含义:一是心能存理,意在说明认识对象一旦进入认识范围便同主观精神不再分离;二是心认识能力的无限性,心之理和万物之理相通,二者不是对立两极而是合成一体;三是天人合一,即天道与本心之理完全合一,天理内在于人而存在,内在于心而存在。^②由之可见,陆氏"心即理"的含义,意在说明人的主体精神的无限能动性,发明本心即可实现对超时空的宇宙本体——"理"的涵摄,从而实现心、理合一。

除了"心即理"学说之外,在修养论上,陆氏也有不少创见。一是要"先立乎其大",即首先要认识人先天具有道德之本心,此乃人道德行为的主体。认识了本心,也就认识了宇宙全体(天理),所谓"一是即皆是,一明即皆明"^③。而认识本心并不需要经过艰难的途径或支离的方式,只要"就日用处开端",所以又称之为"简易工夫"。"本心"思想源于孟子,"就日用处开端"源于《中庸》,"简易"观念出自《系辞》,从中可见陆氏深受子思、孟子和《易传》的影响。二是要剥落心蔽。陆氏认为,人的本心由于禀赋受到侵染的原因,从而形成人心之蔽或人心之害。而去除心蔽之法就是"剥落",陆九渊曰:"人心有病,须是剥落,剥落得一番,即一番清明,后随起来,又剥落,又清明,须是剥落得净尽方是。"^④产生心蔽的原因或是多欲,或是邪说邪见,所以剥落的重点就是去除欲望和偏见。陆九渊曰:"夫所以害吾心者何也?欲也。欲之多,则心之存者必寡;欲之寡,则心之存者必多。故君子不患夫心之不存,而患夫欲之不寡,欲去则心自存矣。"^⑤又曰:"有所蒙蔽,有所夺移,有所陷溺,则此心为之不灵,此理为之不明,是谓不得其正,其见乃邪见,其说乃邪说。一溺于此,不由讲学,无自而复。"^⑥此乃陆氏"去蔽"的工夫。三是要读书达旨。陆九渊曰:"读书固不可不晓文义,然只以晓文义为是,只是儿童之学,须看意旨所在。"^⑦陆氏所谓的"意旨",即是于发明本心、通晓事理等大处而言。

---

① 侯外庐,邱汉生,张岂之.宋明理学史[M].北京:人民出版社,1997:560-561.

② 苏洁.陆九渊"吾心即是宇宙"的认识论意义[J].中华文化论坛,2003(3):135-136.

③ 陆九渊.陆九渊集[M].钟哲,点校.北京:中华书局,1980:469.

④ 陆九渊.陆九渊集[M].钟哲,点校.北京:中华书局,1980:458.

⑤ 陆九渊.陆九渊集[M].钟哲,点校.北京:中华书局,1980:380.

⑥ 陆九渊.陆九渊集[M].钟哲,点校.北京:中华书局,1980:149.

⑦ 陆九渊.陆九渊集[M].钟哲,点校.北京:中华书局,1980:432.

陆氏自谓其学"因读《孟子》而自得之"①，其心学体系的构建，不论是在主要论点上还是方法途径上，都对孟子思想有所借鉴、改造和发展，从这个角度看，陆氏当之无愧是孟子学说的继承者和弘扬者。

（七）王阳明之心学

王守仁是明代心学的代表人物，也是宋明理学中对后世影响最大的思想家之一。因其筑室阳明洞，世称阳明先生。据《王阳明年谱》记载，王阳明十二岁入私塾读书时，"尝问塾师曰：'何为第一等事？'塾师曰：'惟读书登第耳。'先生疑曰：'登第恐未为第一等事，或读书学圣贤耳。'"②可以说，王阳明一生的学术思想都是围绕着"成圣何以可能"的哲学问题展开，在不断深入的人生体验与学术参悟的过程中，构建了其博大精深的心学体系。兹从"心即理""知行合一""致良知"三个方面予以简述。

1. 心即理

"心即理"是阳明心学的逻辑起点和理论基础，其对于"心"与"理"的认识较之前的学者都有所发展。关于"心"，王阳明曰：

> 人者，天地万物之心也；心者，天地万物之主也。心即天，言心则天地万物皆举之矣。③

关于理，王阳明曰：

> 理也者，心之条理也。是理也，发之于亲则为孝，发之于君则为忠，发之于朋友则为信。千变万化，至不可穷竭，而莫非发于吾之一心。④

可见，王阳明视精神实体的"心"为宇宙的最高本体，视"理"为道德原则，认为理的根源全在于心，而心之所以是理的主宰，在于心、性、命、理实即一也。王阳明曰：

---

① 陆九渊. 象山语录[M]. 杨国荣，导读. 上海：上海古籍出版社，2000：98.

② 王守仁. 王阳明全集[M]. 吴光，钱明，董平，等，编校. 上海：上海古籍出版社，2012：1001.

③ 王守仁. 王阳明全集[M]. 吴光，钱明，董平，等，编校. 上海：上海古籍出版社，2012：181.

④ 王守仁. 王阳明全集[M]. 吴光，钱明，董平，等，编校. 上海：上海古籍出版社，2012：233.

经,常道也。其在于天谓之命,其赋于人谓之性,其主于身谓之心。心也,性也,命也,一也。①

从而得出了"心外无物,心外无事,心外无理,心外无义,心外无善"②及"心外无学"③的结论。由之,王阳明认为,无论是物理还是道德,都应当从己心中求。《答顾东桥书》云:

夫物理不外于吾心,外吾心而求物理,无物理矣;遗物理而求吾心,吾心又何物邪?心之体,性也;性即理也。故有孝亲之心,即有孝之理;无孝亲之心,即无孝之理矣。有忠君之心,即有忠之理;无忠君之心,即无忠之理矣。理岂外于吾心邪?④

由之,王阳明也突破了以六经为圭臬的传统观念,而将其置于"吾心"之下,王氏曰:"六经者非他,吾心之常道也。""故六经者,吾心之记籍也。"⑤王氏之论,实际上否定了自《大学》以来"格物致知"思想和以传统儒学经典为最高价值标准的观念,把儒学完全变为内求的功夫。

2. 知行合一

知行问题是中国哲学的重要内容,宋儒一般持"先知后行"论。程颐曰:"君子之学,必先明诸心,知所养,然后力行以求至,所谓自明而诚也。"⑥朱熹曰:"论先后,知为先。"⑦陆九渊曰:"吾知此理即《乾》,行此理即《坤》。知之在先,故曰《乾》知太始;行之在后,故曰《坤》作成物。"⑧王阳明不同意宋儒关于知行的论述,认为朱熹"物理吾心终判为二"的理论缺陷是导致"今人却将知行分做两件

---

① 王守仁. 王阳明全集 [M]. 吴光,钱明,董平,等,编校. 上海:上海古籍出版社,2012:214.

② 王守仁. 王阳明全集 [M]. 吴光,钱明,董平,等,编校. 上海:上海古籍出版社,2012:134.

③ 王守仁. 王阳明全集 [M]. 吴光,钱明,董平,等,编校. 上海:上海古籍出版社,2012:202.

④ 王守仁. 阳明传习录 [M]. 杨国荣,导读. 上海:上海古籍出版社,2000:210.

⑤ 王守仁. 王阳明全集 [M]. 吴光,钱明,董平,等,编校. 上海:上海古籍出版社,2012:215.

⑥ 程颢,程颐. 二程集 [M]. 2 版. 王孝鱼,点校. 北京:中华书局,2004:577.

⑦ 黎靖德. 朱子语类 [M]. 北京:中华书局,1986:148.

⑧ 陆九渊. 象山语录 [M]. 杨国荣,导读. 上海:上海古籍出版社,2000:26.

事去做"的原因,从而导致"终身不行,亦遂终身不知"的知行分裂、知而不行的流弊。按《王阳明年谱》的记载,王阳明三十八岁时在贵阳书院讲学时提出了"知行合一"说,直至晚年仍在不断完善。王氏认为,人们分知、行为两件事,是因为不懂"知行本体本来合一",意思是"知行本体"即"心的本体",知和行都是"心的本体"自然使然,是不可分的。就王氏知行合一的内容来看,要义可分为三点:第一,"知是行之始,行是知之成"。王氏曰:

某尝说知是行的主意,行是知的功夫;知是行之始,行是知之成。若会得时,只说一个知已自有行在,只说一个行已自有知在。①

第二,"真知即所以为行,不行不足谓之知"。王氏曰:

来书云:"真知即所以为行,不行不足谓之知,此为学者吃紧立教,俾务躬行则可。若真谓行即是知,恐其专求本心,遂遗物理,必有暗而不达之处,抑岂圣门知行并进之成法哉?"知之真切笃实处,即是行;行之明觉精察处,即是知。知行工夫,本不可离。只为后世学者分作两截用功,先却知、行本体,故有合一并进之说。②

第三,知、行并进,不宜分别前后。王氏曰:

来书云:"所喻知行并进,不宜分别前后",即《中庸》尊德性而道问学之功交养互发,内外本末一以贯之之道。然工夫次第不能无先后之差,如知食乃食,知汤乃饮,知路乃行,未有不见是物,先有是事。此亦毫厘倏忽之间,非谓截然有等,今日知之而明日乃行也。"既云"交养互发,内外本末一以贯之",则知行并进之说,无复可疑矣。③

王氏的知行合一说,既凸显了道德主体的能动性和自觉性,也强调了道德实践的重要性,对于古代社会的道德建设产生了重要的影响。

3. 致良知

"致良知"说的提出,标志着王阳明心学思想的完成。王氏曰:"吾生

---

① (明)王守仁. 阳明传习录[M]. 杨国荣,导读. 上海:上海古籍出版社,2000:171.

② (明)王守仁. 阳明传习录[M]. 杨国荣,导读. 上海:上海古籍出版社,2000:210.

③ (明)王守仁. 阳明传习录[M]. 杨国荣,导读. 上海:上海古籍出版社,2000:209.

平讲学,只是'致良知'三字。"① "致良知"是王阳明在平定宁王朱宸濠叛乱之后总结出的学术宗旨,作为晚年的思想创见,王氏称其为"圣门正法眼藏"②。"良知"说出自《孟子》,"致知"说出自《大学》,王氏"致良知"的思想体系,既是汲取了先秦儒学的精华,又是对陆九渊心学思想的发展和完善。王氏曰:

> 若鄙人所谓致知格物者,致吾心之良知于事事物物也。吾心之良知,即所谓天理也。致吾心良知之天理于事事物物,则事事物物皆得其理矣。致吾心之良知,致知也;事事物物皆得其理,格物也。是合心与理而为一者也。③

王氏认为,"致知"就是致吾心内在的良知。孟子认为,良知是心的本体,是先天固有的。此义为王氏所借鉴,以良知为一种人人具有、个个自足的、不假外力的最高精神本体。"致良知"就是将内心之良知推扩、践行于事事物物,从而在知行合一中实现心与理、体与用的合一。王氏晚年提出"四句教法":"无善无恶是心之体,有善有恶是意之动,知善知恶是良知,为善去恶是格物。"④ 可见其整个学术思想的本旨就是以心体良知之学淳化道德人心,从而达到修齐治平的目标。

王氏以"良知"等同于"天理",正如其极力抬升"心"为本体一样,认为判断是非的最高标准是"心""良知",那么就等于变相否定了其他外在的规范或秩序,这在一定程度上为晚明社会冲破朱熹理学思想藩篱、形成个性解放思潮起到了理论先导的作用;但我们也应看到,由于将是非判断的权力完全交给主体自身,王阳明心学便难以消除主观臆断之蔽,这是今天我们应当辩证看待的。

三、理学的历史意义

理学作为宋元明清时代占主导地位的儒家哲学思想,其历史意义在于构

① 王守仁. 王阳明全集 [M]. 吴光,钱明,董平,等,编校. 上海:上海古籍出版社,2012: 818.
② 王守仁. 王阳明全集 [M]. 吴光,钱明,董平,等,编校. 上海:上海古籍出版社,2012: 152.
③ 王守仁. 阳明传习录 [M]. 杨国荣,导读. 上海:上海古籍出版社,2000:213.
④ 王守仁. 阳明传习录 [M]. 杨国荣,导读. 上海:上海古籍出版社,2000:290.

建了一个博大精深的儒学思想体系,标志着儒学发展的最高阶段。理学提出了"理""气""太虚""太极"等范畴,构建了逻辑缜密的本体论,对理学本体的根源性、总体性、形上性的基本内涵进行了系统的阐释和论证;描绘了"理""气""象""数"涵容互摄的宇宙生成模式,就宇宙的统一性、生命展开的图景以及整个人类社会的命运问题进行了极富辩证色彩的推演与判断;提出了一系列理学的道德修养方法,既注重通过"主静""主敬"等方式加强对内在德性的涵养,又注重通过"格物""穷理"来实现对天地万物之理的把握,从而把儒家的心性之学提升为内圣之学,引领学者通过对宇宙最高本体的体认,自觉践行圣贤之道,以期成就与天地合德的圆满人格。

　　理学的历史意义还在于高扬古代学者的使命和担当精神。理学体系的构建,虽是在传统儒学的基础上借鉴了佛教和道教在哲学本体论方面的成果,带有融会儒、释、道三教的意味,但就其主体内容而言,无论是作为道德基础的人性论、格物致知的认识论,还是存理去欲的修养论、成贤成圣的境界论、修齐治平的目的论,都是接着先秦儒家"王道仁政"的主旨作进一步的构建和完善。这种圣王之道由朱熹构建为完整的道统说,认为是尧、舜、禹等圣圣相承,由孔子集往圣之大成而开来学,下传之颜子、曾子、子思、孟子,直至程颢、程颐。不难发现,朱熹理学的道统谱系,并没有将孔子之后的任何一个帝王列入道统谱系之中,可见理学的道统论本身即具有与皇权相抗衡的意义;更为重要的是,理学道统论的确立具有身份认同的作用,它使得儒者以继承和弘扬儒家之道为人生的责任和使命,从而使儒者先天具备家国天下的情怀和入世担当的精神,这对于维系中华民族的团结和国家的统一有着无与伦比的积极意义。

第二节　思想的启蒙

　　虽然理学作为官方的理论形态直至清代灭亡才退出历史舞台,但理学的衰落之势从明代后期已经显现。明清迭代之际伴随着"天崩地解"般的社会巨震,理学也遭受猛烈的批判而一蹶不振。有学者指出,明末清初的学者在考据经学的过程中揭发了理学传注中的疏漏和谬误,从而动摇了理学的学术基础;而理学道德功能、社会功能的衰退,及其学说中固有的"天理与人欲""知识与道德"

的矛盾纠缠，最终使理学因不能吸纳新的文化内容而渐趋凝固僵化。[①] 在这种批判理学的思潮中，涌现出黄宗羲、顾炎武、王夫之、方以智、傅山、颜元等一大批学者，他们既具有深厚的传统文化底蕴，又接触到其时传播到中国的西方学术，在政治思想和哲学思想的领域内提出了一系列超越传统的新思想和新观念，汇成一股具有近代启蒙意义的新思潮。

一、黄宗羲的启蒙思想

黄宗羲的启蒙思想集中体现在他的《明夷待访录》一书中，该书作为明清之际最富于民主精神的启蒙著作，提出了一些具有时代意义的课题。

（一）主张人的自然权利

《明夷待访录·原君》载："有生之初，人各自私也，人各自利也，天下有公利而莫或兴之，有公害而莫或除之。有人者出，不以一己之利为利，而使天下受其利，不以一己之害为害，而使天下释其害。此其人之勤劳必千万于天下之人，夫以千万倍之勤劳而己又不享其利，必非天下之人情所欲居也。"[②] 黄氏肯定好逸恶劳是人之常情，认为人的权利和义务应当实现统一。

（二）主张天下应当是"公天下"而不是"私天下"

所谓"公天下"，即天下人之天下；所谓"私天下"，即帝王一人之天下。《明夷待访录·原君》载："古者以天下为主，君为客，凡君之所毕世而经营者，为天下也。今也以君为主，天下为客，凡天下之无地而得安宁者，为君也。"黄氏指出古代尧舜圣君与秦汉以后的君主在天下观上有着本质的区别，前者是为了全天下人的利益而奋斗，后者是为了一家之私利而攫取。《原君》篇揭露了古代帝王"屠毒天下之肝脑，离散天下之子女，以博我一人之产业""敲剥天下之骨髓，离散天下之子女，以奉我一人之淫乐"的罪恶本质，指出"为天下之大害者，君而已矣"的社会现实。

---

① 崔大华. 儒学引论 [M]. 北京：人民出版社，2001：654-673.

② 黄宗羲. 明夷待访录 [M]. 孙卫华，校释. 长沙：岳麓书社，2010：7-8. 以下所引《明夷待访录》皆出此本。

（三）主张以"天下之法"取代"一家之法"，治法先于治人

黄氏强烈批判专制法律制度的不合理性。《明夷待访录•原法》载："然则所谓法者，一家之法，而非天下之法也"，"此其法何曾有一毫为天下之心哉！而亦可谓之法乎？"这就从根本上否定了专制制度下国家法律的合法性，所以将其斥之为"非法之法"。黄氏曰："夫非法之法，前王不胜其利欲之私以创之，后王或不胜其利欲之私以坏之。坏之者，固足以害天下，其创之者，亦未始非害天下者也。"（《明夷待访录•原法》）所以，黄氏主张要恢复"先王之法"，因为先王之法是为保障全天下人的权利而设立的，而不是为了一己之私而设立的。

（四）提出新的君臣观

黄氏认为，设置大臣乃是出于协助帝王分治天下的需要，是要对天下人负责而非对帝王负责。《明夷待访录•原臣》载："故我之出而仕也，为天下，非为君也；为万民，非为一姓也。吾以天下万民起见，非其道，即君以形声强我，未之敢从也，况于无形无声乎？非其道，即立身于其朝，未之敢许也，况于杀其身乎？"既然君臣都是为全天下人服务的，那么臣与君的关系，在本质上是平等的，所以黄氏曰："又岂知臣之与君，名异而实同耶？"（《明夷待访录•原臣》）

（五）主张"公是非于学校"

《明夷待访录•学校》载："学校，所以养士也。然古之圣王，其意不仅此也，必使治天下之具皆出于学校，而后设学校之意始备……天子之所是未必是，天子之所非未必非，天子亦遂不敢自为非是，而公其非是于学校。"黄氏认为，太学为国家大政方针的议政机构，并负有监督天子施政优劣的职责；天子必须接受大臣的谏议，聆听祭酒的教导。郡县设有学宫，通过在学宫举行会议的方式，让缙绅士子参政议政，郡县官员根据大会的意见查缺补过。

（六）主张工商皆本

中国封建社会，一向是"重农抑商"的。明清之际随着都市经济的成长，出现了资本主义的工场手工业，黄宗羲鉴于社会经济的变动，提出了"工商皆本"的学说。《明夷待访录•财计三》载："世儒不察，以工商为末，妄议抑之。夫工固圣王之所欲来，商又使其愿出于途者，盖皆本也。"在经济学说上，黄氏主张废止金银货币，使用纸钞，而以金银作为纸钞的基金。他这种经济思想，有利于商品流通,有利于工商业的发展,并启发了近代的经济政策。

二、顾炎武的启蒙思想

(一)从历史中洞见的人道主义原则

有学者指出:"明清之际早期启蒙学者的政治哲学以人道主义为人类社会的最高原则,确立起'生民之生死高于一姓之兴亡'、即人道原则高于一切政治伦理原则的近代观念。这一原则与西方近代自然法学派的观念极为相似。按照自然法,珍视人的生命、尊重人的权利的人道主义原则乃是人类社会的最高原则,这一原则高于一切人为的特殊的立法,而一切人为的特殊的立法都应服从这一至高无上的自然法则。"① 顾炎武的政治思想即是基于人道主义而展开。顾氏曰:"有亡国,有亡天下。亡国与亡天下奚辨?曰:易姓改号,谓之亡国;仁义充塞,而至于率兽食人,人将相食,谓之亡天下。"② 顾炎武认为,保全人的生命和道德比保国、保天下更为重要,这固然是有感于明清迭代过程中人民的苦难,更是一种深沉的历史觉醒。顾氏曰:"盖自古用蛮夷攻中国者,始自周武王牧野之师,有庸、蜀、羌、髳、微、卢、彭、濮。"③ 周武王虽一贯被传统儒家视为上古圣王,但顾炎武却能从历史上多有倚挟异族势力以统治中国的事实中发现问题的所在,在文化和思想的启蒙上具有振聋发聩的作用。

(二)强烈反抗封建专制主义的思想

顾炎武认为,君主专制是一切政治弊端的根源所在。顾氏《郡县论》云:"古之圣人,以公心待天下之人,胙之土而分之国;今之君人者,尽四海之内为我郡县犹不足也,人人而疑之,事事而制之,科条文簿日多于一日,而又设之监司,设之督抚,以为如此,守令不得以残害其民矣。不知有司之官,凛凛焉救过之不给,以得代为幸,而无肯为其民兴一日之利者,民乌得而不穷,国乌得而不弱?率此不变,虽千百年,而吾知其与乱同事,日甚一日者矣。"④ 顾氏认为,专制君主把整

---

① 许苏民. 明清之际政治哲学的突破——以顾炎武、黄宗羲、王夫之为例 [J]. 江汉论坛, 2005(10):40.

② 顾炎武. 日知录校注 [M]. 陈垣,校注. 合肥:安徽大学出版社,2007:722.

③ 顾炎武. 日知录校注 [M]. 陈垣,校注. 合肥:安徽大学出版社,2007:1683.

④ 顾炎武. 顾亭林诗文集 [M]. 华忱之,点校. 北京:中华书局,1959:12.

个天下视为自己的私产,"人人而疑之,事事而制之",所构建的各种制度无非是为自己的私产套上沉重的枷锁,给天下人民带来了深重的灾难。顾氏认为,专制君主出于维护自身权势和利益而构建的政治体制,是反动的、悖逆人性的,顾氏引叶适《论铨选之害》:"窃怪人主之立法,常为不肖者之地,而消靡其贤才,以俱入于不肖而已……消靡天下之人才,而甘心以便其不肖。"① 从道德的角度对专制暴政进行了批判。

(三)主张以"众治"代替专制君主的"独治"

与黄宗羲的观点相近,顾氏也是秉持"人之有私"自然人性论。顾氏曰:"自天下为家,各亲其亲,各子其子,而人之有私,固情之所不能免矣……合天下之私,以成天下之公,此所以为王政也。"② 他认为"有私"是人之常情,一个好的政权在于合天下人之"私"而成天下人之"公",这就否定了封建帝王家天下的腐朽观念。并且,顾氏坚决主张保障私有财产,认为皇帝也无权剥夺人民的私有财产。顾氏同样反对封建专制主义,由之提出由"众治"代替"独治"的政治设想。

首先,分化天子的权力。顾氏曰:"所谓天子者,执天下之大权者也。其执大权奈何?以天下之权寄天下之人,而权乃归之于天子。"③ 顾氏在总结封建制和郡县制之弊的基础上,提出了"寓封建于郡县之中"的主张,包括五个方面:一是提高县令的级别和俸禄;二是赋予县令自主地发展地方经济和处理地方民政的权利;三是废除向州县派遣监司的制度,给予地方州县一定程度的自由;四是允许称职的县令推荐自己的儿子继任;五是除了县丞由吏部任命外,其他一切僚属皆由县令自主任命。顾氏认为如此则可以克服郡县制度的弊病。

其次,在官吏任用上施行选举法。顾氏认为,明清两代实行的八股取士的科举制危害极大,其对学术、人才的摧残甚于秦始皇焚书坑儒;而当时天下生员不下 50 万人,他们大多毫无才干却享受种种免役特权,又同官僚、胥吏相互勾结,武断乡曲,横行无忌,形成了一种"朋比胶固、牢不可解"的官僚特权势力,是吏治腐败、人民痛苦的根源。顾氏《生员论》云:"废天下之生员而官府之政清,废天下之生员而百姓之困苏,废天下之生员而门户之习除,废天下之生员而

---

① 顾炎武.日知录校注[M].陈垣,校注.合肥:安徽大学出版社,2007:490-491.

② 顾炎武.日知录校注[M].陈垣,校注.合肥:安徽大学出版社,2007:130.

③ 顾炎武.日知录校注[M].陈垣,校注.合肥:安徽大学出版社,2007:525.

用世之材出。"① 有鉴于此,顾氏认为必须改革国家的育才选官制度,改革考试的内容,选经史兼通之士;恢复过去的"辟举"制度,由县令负责向上推荐;试行按人口比例推选人才的选举制度,"天下之人,无问其生员与否,皆得举而荐之于朝廷"②。

第三,主张天下人民有议论政治的权利。顾氏曰:"立闾师,设乡校,存清议于州里,以佐刑罚之穷。"③ 此是针对士大夫阶层的"清议"而言。顾氏还认为应当允许百姓议政。他说:"天下有道,则庶人不议。然则政教风俗苟非尽善,即许庶人之议矣。"④ 这些言论,在当时都具有启迪民智的意义。

三、王夫之的启蒙思想

王夫之的启蒙思想,与黄宗羲、顾炎武基本接近,主要表现在如下几个方面。

(一)批判君主专制制度

王氏曰:"天下者,非一姓之私也。"⑤ "一姓之兴亡,私也;而生民之生死,公也。"⑥ 其指出天下是所有人民的天下,而不是一姓国君的天下。所以王氏曰:"不以一人疑天下,不以天下私一人。"⑦ 意思是:不因为一个人的缘故而怀疑天下所有人,不把天下当做一个人的私有财产。这是对封建社会家天下的深刻批判。王氏曰:"秦、汉以降,封建易而郡县一,万方统于一人,利病定于一言,臣民之上达难矣。"⑧ 其指出专制体制导致君主以一己之私治理天下,又怎么会倾听臣民的呼声呢?在明清迭代的背景下,王夫之痛斥丧权辱国之君为"独夫",并由之提出了"易君"的思想,王氏曰:"人无易天地、易父母,而有可易之君。"⑨ 这都体现了王夫之反对君主专制的思想。

---

① 顾炎武. 顾亭林诗文集 [M]. 华忱之,点校. 北京:中华书局,1959:22.

② 顾炎武. 顾亭林诗文集 [M]. 华忱之,点校. 北京:中华书局,1959:24.

③ 顾炎武. 日知录校注 [M]. 陈垣,校注. 合肥:安徽大学出版社,2007:730.

④ 顾炎武. 日知录校注 [M]. 陈垣,校注. 合肥:安徽大学出版社,2007:1047.

⑤ 王夫之. 读通鉴论 [M]. 舒士彦,点校. 北京:中华书局,1975:297.

⑥ 王夫之. 读通鉴论 [M]. 舒士彦,点校. 北京:中华书局,1975:515.

⑦ 王夫之. 黄书 [M]. 王伯祥,点校. 北京:中华书局,2009:117.

⑧ 王夫之. 尚书引义 [M]. 王孝鱼,点校. 北京:中华书局,1962:142.

⑨ 王夫之. 尚书引义 [M]. 王孝鱼,点校. 北京:中华书局,1962:76.

（二）批判封建土地所有制度

封建土地所有制度是我国封建社会的根本经济制度,是专制主义赖以长期存在的基础。王夫之对此提出异议:

王者能臣天下之人,不能擅天下之土。人者,以时生者也。生当王者之世,而生之厚、用之利、德之正,待王者之治而生乃遂;则率其力以事王者,而王者受之以不疑。若夫土,则天地之固有矣。王者代兴代废,而山川原隰不改其旧;其生百谷卉木金石以养人,王者亦待养焉,无所待于王者也,而王者固不得而擅之。故井田之法,私家八而公一,君与卿大夫士共食之,而君不敢私。唯役民以助耕,而民所治之地,君弗得而侵焉。民之力,上所得而用;民之田,非上所得而有也。①

王氏之言,道出了人类历史上一个最基本的事实:土地是天下原本就有的生产资料,是天下万物所共同赖以生存的,从来就不是帝王的私产;封建帝王可以凭借武力的手段使天下人臣服于他,但却没有资格把天下所有的土地都视为自己的私产。这就从根本上揭露了封建土地所有制度的不合理性。

（三）肯定人的正当欲望

王氏曰:"理自性生,欲以形开","理欲皆自然"②。可见王夫之认为理和欲都是人所固有的,都属于人性。正是在这个意义上,王夫之认为,人正当的情欲,本身就是天理的一部分。王氏曰:"人之有情有欲,亦莫非天理之宜然者。"③王氏强调人的情欲中即有天理,并且认为,王道政治即是本于人的情欲,王氏曰:"王道本乎人情,人情者,君子与小人同有之情也……孟子既深达乎人情天理合一之原,而知王道之可即见端以推广……私欲之中,天理所寓。"王氏提出"人情天理合一"的观念,即是认为理、欲两端不能分开,二者的关系是涵容的、统一的,王氏曰:"礼虽纯为天理之节文,而必寓于人欲以见,虽居静而为感通之则,然因乎变合以章其用。惟然,故终不离人而别有天,终不离欲而别有理也。离

---

① 王夫之.读通鉴论:卷14[M].舒士彦,点校.北京:中华书局,1975:379-380.

② 王夫之.周易外传[M].北京:中华书局,1977:15.

③ 王夫之.周易内传[M].北京:中华书局,1964:421.

欲而别为理,其惟释氏为然。盖厌弃物则,而废人之大伦矣。"① 由之,在天理人欲的问题上,王夫之反对程朱理学"存理去欲"的说教,肯定人的正当情欲,高扬人性自然。王氏曰:"饮食男女,人之大欲共焉者也。而朴者多得之于饮食,佻者多得之于男女。"② 又曰:"货导人以黩,虽然,不可以废货也;色湛人以乱,虽然,不可以废色也。酒兴人以迷,无亦可以废酒乎?……货色之好,性之情也。酒之使人好,情之感也。性之情者,性所有也……人有需货之理而货应之,人有思色之道而色应之。与生俱兴,则与天地俱始矣。"③ 有学者指出:"王夫之的理欲论,是肯定人欲的重要,是拒绝天理与人欲的对立,是主张两者相融相存"④。

第三节　文化的总结

明清时期,是古代黄河文化的终结期。这一时期,出现了一系列具有标志意义的文化巨著和文化工程,充分体现了黄河文化源远流长、博大精深、灿烂辉煌的特质。

一、科技成就方面

明代李时珍的《本草纲目》记载药物 1 800 余种,方剂 1 万余个,全面总结了 16 世纪以前的中国医药学,被誉为"东方医药巨典"。徐光启的《农政全书》系统介绍了古代农学成就,建立起了较完整的农学体系。宋应星的《天工开物》总结了明代农业手工业生产技术,国外称之为"中国十七世纪的工艺百科全书"。清康熙时(1662—1722 年)制成了《皇舆全览图》,这部地图不仅是亚洲当时所有的地图中最好的一幅,而且比当时所有的欧洲地图更好、更精确。乾隆时在《皇舆全览图》的基础上,根据测绘的新资料,制成了《乾隆内府皇舆全图》,地图里第一次详细地绘出了中国的新疆地区。乾隆时纂修的大型综合性

---

① 王夫之. 读四书大全说 [M]. 北京:中华书局,1975:519.

② 王夫之. 诗广传 [M]. 长沙:岳麓书社,2010:383.

③ 王夫之. 诗广传 [M]. 长沙:岳麓书社,2010:428-429.

④ 胡发贵. 王夫之理欲论及其思想贡献 [J]. 船山学刊,2017(3):8.

农书《钦定授时通考》流传全国,在国际上也很有名声。吴其濬的《植物名实图考》共载植物1 714种、附图1 805幅,仿《本草纲目》分谷、蔬、山草、隰草、石草、水草、蔓草、芳草、毒草、群芳、果、木12类,对于近现代考求植物品种有着较高的价值。天文学家王锡阐撰《晓庵新法》一书,发明了计算金星、水星凌日的方法,并在著作中指出一些西方天文学理论的缺点和错误。

二、文学创作方面

除了诗歌、辞赋、散文继续发展外,明清时期不同于其他时代的文学成就表现在长篇小说和戏曲两个方面。明代文人创作了《水浒传》《三国演义》《西游记》《封神演义》《金瓶梅》等长篇小说,清代文人创作了《红楼梦》《儒林外史》《醒世姻缘传》《隋唐演义》《说岳全传》《三侠五义》《镜花缘》等长篇小说。明清戏曲出现了昆曲、京剧、越剧、豫剧、评剧、黄梅戏等许多我们今天耳熟能详的剧种,创作出著名的《临川四梦》《长生殿》《桃花扇》等一大批优秀的文学剧本。

三、图书纂修方面

明清两代皇帝调动巨大的人力物力,对中国浩如烟海的典籍进行了整理汇编。明成祖永乐年间(1403—1424年)编纂了大型类书《永乐大典》。全书22 877卷、11 095册、约3.7亿字,汇集了古今图书七八千种,保存了大量古代文化典籍,被公认为世界上最早、最大的一部百科全书。清康熙时期(1662—1722年)陈梦雷编纂的大型类书《古今图书集成》共10 000卷。该书采撷广博,内容丰富,上至天文、下至地理,其中有人类、禽兽、昆虫,乃至文学、乐律,等等,是现存规模最大、资料最丰富的类书。清代乾隆时期由纪昀为总纂官编修的大型丛书《四库全书》共收录3 462种图书,共计79 338卷、36 000余册、约8亿字,是中国古代最大的文化工程,对中国古典文化进行了一次最系统、最全面的总结,堪称中华传统文化最丰富、最完备的集成之作,全面呈现出了中国古典文化的知识体系。

第四章
黄河文化的表征系统

　　世界各大文明都有自己的符号表征,说起古巴比伦文明,我们就会想到楔形文字和《汉谟拉比法典》,以及美轮美奂的空中花园;说起古埃及文明,我们就会想到圣书文、大金字塔、狮身人面像、尼罗河以及河边出产的莎草纸;说起古印度文明,我们就会想到印章文字、四部《吠陀》,以及佛教、婆罗门教;说起古希腊古罗马文明,我们就会想到古希腊神话、雅典卫城、古罗马的大斗兽场以及罗马法等。作为中华文明主干的黄河文化也是如此,在漫长的历史演进中形成了独一无二的文化符号表征系统,兹略作阐释。

第一节　图腾表征:龙凤麟龟

　　龙、凤、麟、龟在我国古代被称为"四灵"。《礼记·礼运》载:"何谓四灵?麟、凤、龟、龙谓之四灵。故龙以为畜,故鱼鲔不淰;凤以为畜,故鸟不獝;麟以为畜,故兽不狘;龟以为畜,故人情不失。"[①] 意思是说,什么是四灵?四灵就是麒麟、凤、龟、龙。如果把龙驯养为家畜,那么鱼类就不会惊走;如果把凤驯养为家畜,那么鸟类就不会惊飞;如果把麒麟驯养为家畜,那么野兽就不会惊跑;如果把龟

---

① （清）孙希旦. 礼记集解 [M]. 沈啸寰,王星贤,点校. 北京:中华书局,1989:614.

驯养为家畜,用以占卜就可以预知人事的结果。四种灵兽在历史发展的过程中,逐渐成为祥瑞的标志,这是人们以之为图腾崇拜的必然结果。北宋学者方悫曰:"麟体信厚,凤知治乱,龟兆吉凶,龙解变化。"①古人认为麒麟德行诚信厚道,是太平盛世的象征;凤凰能知天下治乱兴衰,是中国王道仁政的象征;乌龟能预知未来,是吉祥和长寿的象征;龙能呼风唤雨又神秘莫测,是权势和尊荣的象征。

一、龙崇拜

龙是中国的象征,是中华民族的象征,也是中国文明特有的标志。对龙的崇拜或是源于人类对地球上灭绝的侏罗纪巨型恐龙的追忆,或是源于人类对生命初始状态——动物胚胎神奇性的认识,就考古学资料来看,龙的形象可追溯到距今五六千年前的红山文化。辽宁和内蒙古红山文化遗址中层先后出土 10 多件猪首玉龙及蜷体玉龙,说明早在新石器时代中华先民就萌生了崇拜龙的观念。《左传·昭公十七年》载:"太皞氏以龙纪,故为龙师而龙名。"又载:"陈,太皞之墟也。"杜预注:"太皞,伏羲氏,风姓之祖也,有龙瑞,故以龙命官。"②史籍记载伏羲为"三皇之首""百王之先",陈地约在今河南淮阳一带,可见黄河文明中最古老的崇拜就有对龙的崇拜。三皇之后,五帝时期的龙崇拜现象更为突出。《史记·封禅书》记载:"黄帝采首山铜,铸鼎于荆山下。鼎既成,有龙垂胡髯下迎黄帝。黄帝上骑,群臣后宫从上者七十余人,龙乃上去。余小臣不得上,乃悉持龙髯,龙髯拔,堕,堕黄帝之弓。"③黄帝骑龙上天的传说,说明华夏族群已经将龙奉为神圣之物。商周之际,周文王创作《易经》六十四卦,首卦乾卦用龙的发展变化过程反映天道和人事的规律,说明周代关于龙的崇拜已经取得独尊地位。战国秦汉时期,龙的形象又有进一步的跃升。马王堆帛书《二三子问》载:

> 二三子问曰:"《易》屡称于龙,龙之德何如?"孔子曰:"龙大矣。龙刑迁,假宾于帝,见神圣之德也。高尚齐乎星辰日月而不眺,能阳也。下纶穷深渊之渊而不沫,能阴也……龙既能云变,有能蛇变,有能鱼变,飞鸟正虫,唯所欲化,而不失本形,神能之至也……龙之驯德也,日称□□□其易□□□□,爵之曰君

---

① 孙希旦. 礼记集解 [M]. 沈啸寰,王星贤,点校. 北京:中华书局,1989:614.

② 杨伯峻. 春秋左传注 [M]. 2 版. 北京:中华书局,1990:1386-1391.

③ 司马迁. 史记 [M]. 2 版. 北京:中华书局,1982:1394.

子。戒事用命,精白柔和,而不讳贤,爵之曰夫子。"①

儒家自孔子即开创了不讨论怪力乱神的学术传统,但《二三子问》所记载的孔子与其弟子讨论《易经》卦爻辞的对话,与鲁哀公十四年(前481年)孔子见西狩之麟的感慨,以及哀叹"河不出图,洛不出书"之言相契合,表明了儒家对华夏先民渊源有自的神秘文化并不是完全排斥的。《二三子问》中对龙的德性的阐述,表明了儒家学者把先民的神秘崇拜物"龙"抬升为天道、帝位、人道的象征,最终完成了龙由原始图腾向神圣德性的转变,从此龙成为中国文化和中华民族的标志。

作为一种虚拟的神奇动物,龙的形象也经历了漫长的演进过程。罗愿《尔雅翼·释龙》载:"角似鹿,头似驼,眼似鬼,项似蛇,腹似蜃,鳞似鱼,爪似鹰,掌似虎,耳似牛。"②可见龙汇集了许多动物的形象于一身,所以龙具有超凡的能力也是自然而然的。封建社会统治者出于巩固自身统治的需要,大搞君权神授,利用人们对龙的崇拜心理,说帝王是"真龙天子",从而赋予龙以政治威权,成了皇家的专用名词。

二、凤崇拜

凤凰,又作"凤皇",亦称凤鸟、丹鸟、威凤等,是中国古代最为祥瑞的鸟。有雌雄之别,雄为"凤",雌为"凰",合称为凤凰。《尚书·益稷》载有"萧韶九成,凤凰来仪"之嘉美,《论语》载有孔子"凤鸟不至"的哀叹,都说明凤鸟在中国文化中占有重要的地位。叶舒宪先生认为,我国的凤凰起源或与红山文化的鸱鸮崇拜有一定联系。③吕富华、杨福瑞等学者认为,红山文化以鸟图腾作为氏族族徽的器物分布得最为广泛,对"鸟目"与"鸟翼"的崇拜构成红山文化鸟图腾崇拜的核心内容,其中的勾云形玉器则是鸟目和鸟翼的抽象化,是鸟的神力与"天"的概念的巧妙结合,应是凤图腾的原型,这反映了红山文化晚期经历了由

---

① 连劭名. 帛书《周易》疏证 [M]. 北京:中华书局,2012:203-207.
② 罗愿. 尔雅翼 [M]. 石云孙,校点. 合肥:黄山书社,2013:329.
③ 叶舒宪. 红山文化鸮神崇拜与龙凤起源——兼评庞进《凤图腾》[J]. 文化学刊,2006(1):25-31.

氏族徽铭图腾向文化图腾的演变。[①]

　　从传世文献的角度看,凤鸟崇拜在东夷文化中表现得特别突出。《左传·昭公十七年》记载郯子曰:"我高祖少皞挚之立也,凤鸟适至,故纪于鸟,为鸟师而鸟名:凤鸟氏,历正也;玄鸟氏,司分者也;伯赵氏,司至者也;青鸟氏,司启者也;丹鸟氏,司闭者也。祝鸠氏,司徒也;鴡鸠氏,司马也;鸤鸠氏,司空也;爽鸠氏,司寇也;鹘鸠氏,司事也。五鸠,鸠民者也。五雉为五工正,利器用、正度量,夷民者也。九扈为九农正,扈民无淫者也。"[②]按《帝王世纪》的说法:"少昊帝名挚,字青阳,姬姓也。母曰女节。黄帝时有大星如虹,下流华渚。女节梦接意感,生少昊,是为玄嚣。"[③]少皞是黄帝的长子,后成为东夷部落集团的领袖。就郯子之言来看,少皞部落因凤鸟崇拜而以鸟为名建立了比较完备的官位体制。刘德增先生认为,此一时期的凤鸟崇拜或是出于物候崇拜,他说:"在远古时期,候鸟就是先民们的'气象预报员',它们正是因此而受到先民们的崇奉。郯子曾明确地指出它们预报气象的职能。如凤鸟氏为'历正',总管历法事务。玄鸟氏为'司分',掌管春分、秋分。伯赵氏为'司至',掌管夏至、冬至。青鸟氏为'司启',掌管立春、立夏。丹鸟氏为'司闭',掌管立秋,立冬。特别是凤鸟氏,为众鸟之首,它总掌历法,表明它属下的众鸟都是分司历法的。各种按季节来去、鸣止的候鸟构成一部'鸟历'。"[④]

　　凤凰形象在漫长的历史演变过程中,最终成为超越现实的、杂糅多种鸟兽形象的神鸟,不但被赋予了象征太平盛世的祥瑞意义,还被赋予了道德仁义的意义,成为至德的象征。《韩诗外传》中曾记录了一个关于"黄帝和凤凰"的传说:

　　黄帝即位,施惠承天,一道修德,唯仁是行,宇内和平,未见凤凰,唯思其象。凤昧晨兴,乃招天老而问之曰:"凤象何如?"天老对曰:"夫凤之象,鸿前而麟后,蛇颈而鱼尾,龙纹而龟身,燕颔而鸡啄。戴德负仁,抱忠挟义。小音金,大音鼓。延颈奋翼,五彩备明,举动八风,气应时雨。食有质,饮有仪。往即文始,来即嘉成。唯凤为能通天祉,应地灵,律五音,览九德。天下有道,得凤象之一,则

①　吕富华,杨福瑞. 红山文化猪龙、凤鸟图腾崇拜原因探析[J]. 赤峰学院学报(汉文哲学社会科学版),2014,35(4):1-3.

②　杨伯峻. 春秋左传注[M]. 2版. 北京:中华书局,1990:1387-1388.

③　皇甫谧. 帝王世纪[M]. 沈阳:辽宁教育出版社,1997:8.

④　刘德增. 鸟图腾、刻画符号与中国文字起源[J]. 齐鲁师范学院学报,2011,26(2):7-15.

凤过之。得凤象之二,则凤翔之。得凤象之三,则凤集之。得凤象之四,则凤春秋下之。得凤象之五,则凤没身居之。"黄帝曰:"于戏,允哉!朕何敢与焉?"于是黄帝乃服黄衣,带黄绅,戴黄冕,致斋于中宫,凤乃蔽日而至。黄帝降于东阶,西面,再拜稽首曰:"皇天降祉,不敢不承命。"凤乃止帝东园,集帝梧桐,食帝竹实,没身不去。①

凤凰的形象被刻画为雁头、鸡喙、蛇颈、燕领、龟背、鱼尾,浑身呈五彩色的神奇飞禽,兼具德、仁、忠、义、礼的德性,并且动作行止与天地人三才之道相应,无怪乎凤凰被封建社会的神学政治利用,与龙一道都成为皇权的象征。

三、麟崇拜

麒麟是古代传说中的一种灵物。关于麟的形象,《尔雅·释兽》载:"麟:麇身,牛尾,一角。"刘向《说苑·辨物》载:"麒麟麇身牛尾,圆顶一角。"②《毛诗正义》引京房《易传》曰:"麟,麇身,牛尾,马蹄,有五彩,腹下黄,高丈二。"③由之可见,麒麟也是古人集合多种动物的形貌特征而创造出来的一种神异动物。

在古人的观念中,麒麟是百兽之长,所有的兽类都是由麒麟生出来的。《大戴礼记·易本命》载:"有毛之虫三百六,而麒麟为之长。"④《淮南子·地形训》载:"毛犊生应龙,应龙生建马,建马生麒麟,麒麟生庶兽。凡毛者,生于庶兽。"麒麟的神性体现在通灵上,《初学记》引《广雅》:"不入陷阱,不罗罦网。"⑤可见,麒麟能够避免陷入人类所设置的陷阱或网罟。麒麟还有查知人类社会治乱情况的神奇功能,每当圣君在位、天下太平的时候,麒麟就会出现;而当帝王失德、天下昏乱时,麒麟则远离人类社会。《初学记》引蔡邕《月令》曰:"天宫五兽,中有大角轩辕麒麟之信。凡麟,生于火,游于土,故修其母,致其子,五行之精也。视明礼修则麒麟臻。"⑥

---

① 韩婴. 韩诗外传集释 [M]. 许维遹,校释. 北京:中华书局,1980:277-279.

② 刘向. 说苑校证 [M]. 向宗鲁,校证. 北京:中华书局,1987:455.

③ 《十三经注疏》整理委员会. 十三经注疏·毛诗正义 [M]. 北京:北京大学出版社,1999:62.

④ 王聘珍. 大戴礼记解诂 [M]. 北京:中华书局,1981:259.

⑤ 徐坚. 初学记 [M]. 北京:中华书局,2004:700.

⑥ 徐坚. 初学记 [M]. 北京:中华书局,2004:700.

与龙凤一样,麒麟形象在演进的过程中,逐渐被赋予了仁兽和瑞兽的意义。刘向《说苑·辨物》载:"(麒麟)含仁怀义,音中律吕,行步中规,折旋中矩,择土而践位乎然后处,不群居,不旅行,纷纷其有质文也,幽闲则循循如也,动则有容仪。"① 赋予了麒麟仁、义、文、质、礼等诸多道德规范,实是古人对君子风范的别样表达。《春秋公羊传·哀公十四年》载:"麟者,仁兽也。有王者则至,无王者则不至。"东汉何休注曰:"状如麕,一角而戴肉,设武备而不为害,所以为仁。"②古代儒家学者把麒麟与圣王政治紧密联系在一起,其实是借上古神兽表达对王道仁政的向往与追求。

四、龟崇拜

中华民族的龟崇拜源远流长。山东泰安大汶口文化遗址的墓葬中曾出土若干随葬龟甲,说明早在四五千年前,已经出现关于龟的图腾崇拜。古人最初的时候崇拜龟,可能源于乌龟本身的自然属性:首先,乌龟是两栖动物,水陆都可以生活,有着较强的环境适应能力;其次,乌龟有坚硬的龟壳,可以防御天敌的进攻,从而保全自己的生命;再次,乌龟平时较少活动,但自身寿命较长,这也为上古人类所羡慕。

龟之所以成为古代动物界的"四灵"之一,与上古时期占卜文化有直接的关系。据《尚书·夏书·禹贡》记载:"……九江纳锡大龟。浮于江、沱、潜、汉,逾于洛,至于南河。"可见早在大禹时代,南方九江一带须向黄河流域的中原政权进贡大龟,而所进贡的大龟,自然是出于占卜之用。《周易·颐卦·初九》载:"舍尔灵龟,观我朵颐,凶。"爻辞中透露出商周时期浓郁的龟占文化氛围。《墨子·耕柱》载:

> 巫马子谓子墨子曰:"鬼神孰与圣人明智?"子墨子曰:"鬼神之明智于圣人,犹聪耳明目之与聋瞽也。昔者夏后开使蜚廉折金于山川,而陶铸之于昆吾;是使翁难雉乙卜于白若之龟,曰:'鼎成三足而方,不炊而自烹,不举而自臧,不迁而自行。以祭于昆吾之虚,上乡!'乙又言兆之由曰:'飨矣!逢逢白云,一南一北,一西一东,九鼎既成,迁于三国。'夏后氏失之,殷人受之;殷人失之,周人受之。"

---

① 刘向. 说苑校证 [M]. 向宗鲁,校证. 北京:中华书局,1987:455.

② 《十三经注疏》整理委员会. 十三经注疏·春秋公羊传注疏 [M]. 北京:北京大学出版社,1999:619-621.

这则对话讲述了夏王启铸造九鼎,并使人用龟占卜吉凶的故事,与《禹贡》所记载的大龟作为宝物进贡到夏王朝相一致,说明夏代已经用龟占卜。

龟崇拜在演进的过程中,逐渐由原初的图腾崇拜转向文化崇拜。《说苑·辨物》载:"灵龟文五色,似金似玉,背阴向阳,上隆象天,下平法地,槃衍象山。四趾转运应四时,文著象二十八宿。蛇头龙翅。左精象日,右精象月。千岁之化,下气上通,能知存亡吉凶之变。"[①]认为龟法象天地、阴阳、日月、四时、二十八宿,从而为龟预知吉凶存亡的功能披上了一件神秘的外衣。

总之,龙凤麟龟四种动物,有虚有实,龙虚而凤实,麟虚而龟实;龙龟为水生之物,麟凤为山野之物,四种动物崇拜伴随着黄河文化的发展壮大而渐渐臻于成型,其背后深蕴的中华文化至今深刻影响着国人的精神和信仰。

第二节　图式表征:河图、洛书

河图、洛书是我国上古时期两幅带有数字符号的神秘图式,是河洛文化的滥觞,也是中华文明的源头。传说伏羲氏王天下时有一匹龙马从黄河出现,背负河图,伏羲依此而演成八卦,以此通神明之德;大禹治水时洛河有一只神龟驮着洛书出现,大禹依此而治水成功,平定天下九州。从中不难看出,河图、洛书具有强烈的圣王自天受命的政治意味。

从传世文献的角度看,《尚书·周书·顾命》记载了河图:"越玉五重,陈宝、赤刀、大训、弘璧、琬琰,在西序。大玉、夷玉、天球、河图,在东序。"这是记述了周成王死后,周康王举行即位大典时殿堂中陈列的器物,河图是其中之一。很明显,河图从它第一次在文献中出现时起,便具有帝王受命的色彩。《尚书》之后,河图一词又出现在《论语·子罕》篇记载孔子之言:"凤鸟不至,河不出图,吾已矣夫!"由孔子的感叹,可知河图和凤鸟一样,被古人视为重要的祥瑞,是天命的象征。《墨子·非攻下》也提到河图:"赤鸟衔珪,降周之岐社,曰:'天命周文王,伐殷有国。'泰颠来宾,河出绿图,地出乘黄。"至战国中后期,于河图之外,又增添了洛书这一祥瑞。《管子·小匡》记载管仲答齐桓公"昔三代之受命者,其异于此乎"之问时说:"夫凤凰之文,前德义,后日昌。昔人之受命者,龙龟假河出

---

① 刘向. 说苑校证[M]. 向宗鲁,校证. 北京:中华书局,1987:456-457.

图,洛出书,地出乘黄。今三祥未见有者,虽曰受命,无乃失诸乎?"此外,《周易·系辞上》亦曰:"是故天生神物,圣人则之。天地变化,圣人效之。天垂象,见吉凶,圣人象之。河出图,洛出书,圣人则之。"下面分别述之。

一、河图

河图的图式,保存在《管子》一书中。兹将《管子·幼官》及《管子·幼官图》中的相关文字引之如下:

春……八举时节,君服青色。味酸味,听角声,治燥气,用八数。
夏……七举时节,君服赤色,味苦味,听羽声,治阳气,用七数。
秋……九和时节,君服白色,味辛味,听商声,治湿气,用九数。
冬……六行时节,君服黑色,味咸味,听徵声,治阴气,用六数。
(中)……五和时节,君服黄色。味甘味,听宫声,治和气,用五数。

黎翔凤指出:"木数三,火数二,金数四,水数一,土数五。《洪范》'五行:一曰水,二曰火,三曰木,四曰金,五曰土',《管子》用其义。土旺于四时,四方之数加五,是为'五和时节'。如东方木,为春,加五为八也。"[①]可见,在《管子》的撰写年代,人们已经把数字进行了五行属性的分类,即水一、火二、木三、金四、土五,此为五行之生数;再加五则水六、火七、木八、金九、土十,此为五行之成数。就《管子·幼官》《管子·幼官图》的叙述来看,玄宫图分东、南、西、北、中五方,五方各有"本图""副图"。图中当有图像、有数字、有文字,但其核心是1~10数的五方架构。《说文解字》载:"十,数之具也。一为东西,丨为南北,则四方中央备矣。"故玄宫图在本质上是以1~10的数字表达宇宙秩序,即天道。我们约略画出"玄宫"图式(图4-1),图中以白点标示五行之生数,以黑点标示五行之成数。

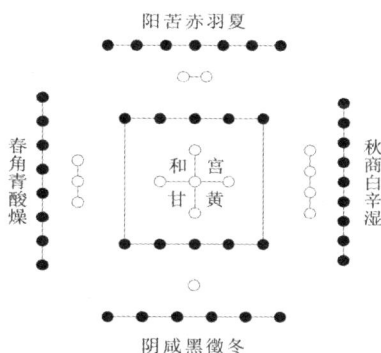

图 4-1 玄宫略图

《管子》中的玄宫图式,《系辞》的作者出于论证天地之数和大衍之数的需要而借

---

① 黎翔凤. 管子校注 [M]. 梁运华,整理. 北京:中华书局,2004:137.

用了过来。《周易·系辞上》载:

> (天一,地二;天三,地四;天五,地六;天七,地八;天九,地十。)天数五,地数五,五位相得而各有合。天数二十有五,地数三十,凡天地之数五十有五,此所以成变化而行鬼神也。

需要我们注意的是"五位相得而各有合"之句,虞翻曰:"五位,谓五行之位也。"[①]韩康伯亦曰:"天地之数各五,五数相配,以合成金、木、水、火、土。"[②]可见《系辞》所谓的天地之数呈五个方位排列,则《系辞》所述 1～10 数的图式,正是玄宫的数字图式。需要我们注意的是,《系辞》基于阴阳的观念,以数的奇偶将 1～10 数分为天数和地数,如此,我们对玄宫图中的黑白点标示略作改动,并去掉相关文字,即图 4-2。

此当是《系辞》作者认定的"河图",其源头则是《管子》"玄宫图"。从易学史的角度看,战国中期直至秦汉时期,易学在阐发《易经》卦爻辞之外,汲汲于新的天道观和新的占术的构建,《系辞》中的"大衍筮法"、《说卦》中的八卦方位,皆是此一时期易学新天道的产物。

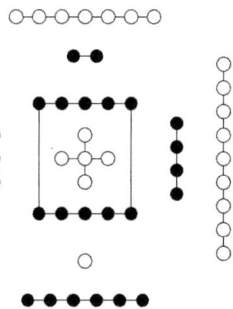

图 4-2　河图

《系辞》将河图、洛书以比较含混的方式引入《易》,并阐发天地之数,目的即在于说明大衍之数来源于河图、洛书所标示的天地之数,从而赋予大衍之数的神圣性。

大衍之数五十,天地之数五十五,如何说明二者的差异性?在此必须说一下数字"五"。《说文解字》载:"五,五行也。从二。阴阳在天地间交午也。"从五行的角度看,天地生物,从一至五而五行以成,故"五"既为天地之生数,又是五行之成数,一至五数再加五而得六、七、八、九、十,这五个数字的五行属性,皆与原数加五相同,故"五"又可称之为五行之衍数,至少在《管子·幼官》《管子·幼官图》中"五"发挥了衍数的作用。《系辞》将易卦筮数五十名之曰"大衍之数":当与其时以"五"为五行之衍数的思想有直接的关系,"五"只能推演

---

① 李鼎祚. 周易集解 [M]. 上海:上海古籍出版社,1989:223.

② 《十三经注疏》整理委员会. 十三经注疏·周易正义 [M]. 北京:北京大学出版社,1999:281.

五行,故为小衍之数;五十则可以推演天地万物,故为大衍之数。大衍之数不取五十五而取五十,既是实际筮法的需要,也是为了取整,即弃天地之数的余数五,取天地之数的整数五十,故大衍之数可视为天地之数。另外,五十又可看作以五乘十而得,五为五行之数,十为数之具,从这个角度亦可将五十视为天地之数。

《系辞》除了以河图论证大衍之数外,还以之论证"四象"之数。"河出图,洛出书,圣人则之"出现在"《易》有太极,是生两仪,两仪生四象,四象生八卦,八卦定吉凶,吉凶生大业"之后。而"《易》有太极"几句既是讲宇宙生成论,又是讲揲扐画卦之法,"四象"虽不是画卦的最终状态,却决定揲扐所得之爻的属性或状态,即由七、八、九、六之数,而得少阳、少阴、老阳、老阴。故《系辞》"圣人则之"之后,紧承以"《易》有四象,所以示之"之语。由于《管子》以"四时春木、夏火、秋金、冬水,土旺于四时,分配在季夏"[①],实际发挥作用的是"八、七、九、六"之数,故从河图的角度看,《易》之四象又与河图四方之数相合。

二、洛书

洛书的形成年代或晚于河图。就《管子·幼官》《幼官图》的叙述来看,其"中方本图"所使用的数字是"五",而不是与"八、七、九、六"相谐的成数"十",这是否说明"十"这个数字存而不用? 故玄宫图可能还有一种由1～9数构成的图式(图4-3)。

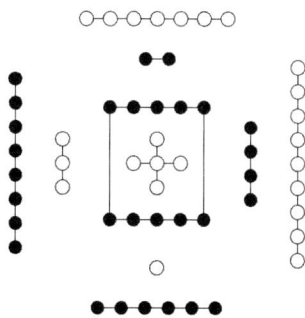

图4-3 1～9数位图

此图或是洛书的雏形。战国中晚期,随着历法的进步,天道的刻度转而为八方风说。从《灵枢·九宫八风》《吕氏春秋·有始览》《淮南子·天文》篇的记载

① 黎翔凤. 管子校注[M]. 梁运华,整理. 北京:中华书局,2004:137.

来看,八方风说在战国秦汉间颇为盛行,先秦时期的明堂之制及太一行九宫理论,皆与八方风说相关。兹转引朱伯崑据《大戴礼记·明堂》等文献所绘明堂图如图4-4所示[1]。

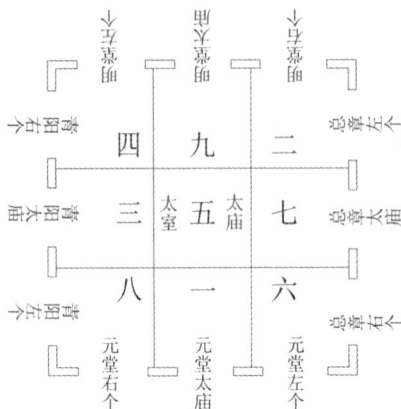

图4-4　明堂九室图

此一图式,对1~9数的方位作了部分变动。朱伯崑指出:"阴阳五行家的代表人物邹衍提出大九州说,明堂九室乃邹衍一派的学说。"[2]再看《灵枢经·九宫八风》。此篇是先图式,后文字,需要结合起来看才能明白其意思,如图4-5所示。

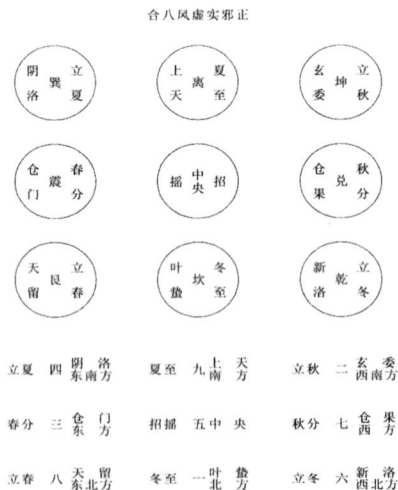

图4-5　合八风虚实邪正图

---

① 朱伯崑. 易学哲学史:第1卷[M]. 北京:华夏出版社,1995:174.

② 朱伯崑. 易学哲学史:第1卷[M]. 北京:华夏出版社,1995:174.

《灵枢经·九宫八风》相关文字摘引如下：

太一常以冬至之日,居叶蛰之宫四十六日,明日居天留四十六日,明日居仓门四十六日,明日居阴洛四十五日,明日居天宫四十六日,明日居玄委四十六日,明日居仓果四十六日,明日居新洛四十五日,明日复居叶蛰之宫,曰冬至矣。太一日游,以冬至之日居叶蛰之宫,数所在日,从一处至九日,复反于一。太一移日,天必应之以风雨,以其日风雨则吉,岁美民安少病矣……因视风所从来而占之,风从其所居之乡来为实风,主生,长养万物;从其冲后来为虚风,伤人者也,主杀,主害者……是故太一入徙立于中宫,乃朝八风,以占吉凶也。风从南方来,名曰大弱风……风从西南方来,名曰谋风……风从西方来,名曰刚风……风从西北方来,名曰折风……风从北方来,名曰大刚风……风从东北方来,名曰凶风……风从东方来,名曰婴儿风……风从东南方来,名曰弱风……此八风,皆从虚之乡来,乃能病人……

文中并未出现八种"实风"（即顺时节发动的风）的名字,却出现了八种虚风的名字,这当是作者从医学视角长期观察八风而作的总结,由之可见时人对八风现象已经研究得非常深入。需要我们注意的是,九宫之下各有九处文字,它们与九宫是相对应的关系,二者的大部分内容重复,可知此图最初本是两个图,上九宫为独立的一个图,下面部分实际也是一个九宫图。上九宫之图,其目的是以八卦配九宫,所依据的八卦方位源于《说卦》"帝出乎震"一节,但出现在《灵枢经·九宫八风》篇则非常可疑,因为该篇正文内容根本未涉及卦名、卦象或八卦方位,《灵枢经》其他各篇中皆无易卦卦名,故"下九宫图"当为该篇的原图。"上九宫图"当是战国晚期易学构建了八卦方位说之后,易卦天道模式与八风天道模式相互融合的结果,其出现在《九宫八风》篇,应是后人掺入的结果。汉代以太一为最高崇拜,汉易据此构建了"太一行九宫八卦"的模式,《易纬·乾凿度》曰:"太一取其数以行九宫。"如图4-6所示。

巽 四	离 九	坤 二
震 三	中 五	兑 七
艮 八	坎 一	乾 六

图4-6　太一行九宫八卦图

无论是"明堂九室图",还是"合八风虚实邪正图",我们抽象出其中数的图式,则是后人所谓的洛书,如图 4-7 所示。

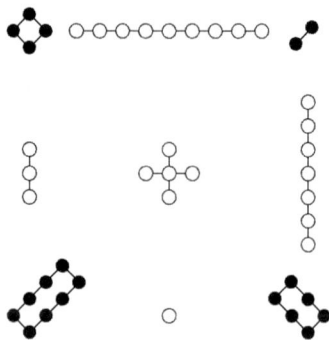

图 4-7 洛书

关于明堂九室与九宫八风之关系,以及洛书图式的得名,笔者之前曾有论述,引之如下:

将九宫八风说与明堂九室说相比较的话,前者将天分为九宫,讲述了自然界八个时节的风与人体健康的关系;后者则是讲天子当随着一年八个时节的变化而选择九所不同方位和朝向的居室。很明显,九宫八风说为明堂九室说奠定了理论基础,其产生的时代要更早。洛书图式的得名,或有九宫八风说有着直接的关系,因为东南宫所标识的节气为立夏,宫名为"阴洛";西北宫所标识的节气为立冬,宫名为"新洛"。阴洛就是洛阴,水之南为阴,洛水之南,故名之阴洛。水之北为阳,从阴阳的角度看,宫名可称"阳洛",但因洛邑位居洛水之北,战国时已称洛阳,如果称"阳洛"的话,与之重复了,天域的划分与地域的划分会发生混淆,故不取。而"新洛",因洛邑西周时又有"新大邑"这一名称,故以之称,亦是指洛水之北的意思。如此看来,九宫八风说的坐标点,就是先秦时期被人们认为天下中心的洛阳。而"阴洛""新洛"之名,或是这种图式称之为"洛书"的最大理由。①

总之,河图、洛书出现之初,当是中华文明肇始的天启说,至商周以后演变为"君权神授"祥瑞说,至战国中后期又演变为天道运行的图式,其对古代社会的帝王政治和中华民族的文化心理,都有着极其深远的影响。

---

① 于成宝. 先秦两汉易学研究 [M]. 北京:中国社会科学出版社,2019:123.

第三节　哲学表征:阴阳、五行

阴阳、五行是我国古代最基本的哲学范畴。阴阳消长、五行生克的思想迷漫于意识的各个领域,深嵌到生活的一切方面。古往今来,人们常用阴阳、五行来解释自然现象、社会现象、人生命运乃至王朝兴衰。我国将近 4 000 年有文字可考的历史中,传统文化与外来文化有着长期的交流,乃至冲突与调和,比如东汉印度佛教的传入、明清之际西洋文化的传入,但都没有动摇中国人的阴阳五行思想。顾颉刚先生在 1930 年曾经说过:"阴阳、五行,是中国人的思想律,是中国人对于宇宙系统的信仰;二千余年来,它有极强固的势力。"[①] 阴阳、五行堪称中国传统哲学思想的核心骨架与鲜明表征。

一、阴阳

阴阳观念,起源于人类对自然界物象的观察,萌芽于史前时期,今天我们可以追溯到商周时期。甲骨文中已见阴、阳二字;金文中可见阴阳二字连用。阴阳最初的意义是指日光的向背:日光照到为阳,日光没照到为阴。引申之,太阳出来的白天为阳,无太阳的白天为阴。再引申之,凡是向日、背日的地理位置都可以用阴阳表示:山之南、水之北为阳,水之南、山之北为阴。《诗经·大雅·公刘》载:"既溥既长,既景乃冈,相其阴阳,观其流泉。"可见周初人已经利用阴阳的观念来发展农业生产。

西周时期对阴阳观念的认识,已将其视为决定事物发展变化的两种属性相反又相成的气。《国语·周语》载:

古者,太史顺时覛土,阳瘅愤盈,土气震发,农祥晨正,日月底于天庙,土乃脉发。先时九日,太史告稷曰:"自今至于初吉,阳气俱蒸,土膏其动。弗震弗渝,脉其满眚,谷乃不殖。"稷以告王曰:"史帅阳官以命我司事曰:'距今九日,土其俱动。王其祇祓,监农不易。'王乃使司徒咸戒公卿、百吏、庶民,司空除坛于籍,命农大夫咸戒农用……是日也,瞽帅音官以风土。廪于籍东南,钟而藏之,而时

---

① 顾颉刚. 五德终始说下的政治和历史 [M]. 上海:上海人民出版社,1982:404.

布之于农。稷则遍诫百姓纪农协功,曰:"阴阳分布,震雷出滞。"土不备垦,辟在司寇。①

　　文中明确提出了"阳气"的概念,认为是阳气的力量促使大地震动,重回生机。而"阴阳分布"一词,其意义是指日夜等长,所指时日显然是"春分",说明了当时人们已经认识到春分、秋分之日,阴阳二气处于均等的状态。《周易·复·大象传》载:"雷在地中,复;先王以至日闭关,商旅不行,后不省方。"《大象传》虽成书于战国初期,但其以"雷在地中"之卦象,与冬至节气相对应,与上引《国语》中以"阴阳分布,震雷出滞"的春分节气正相谐,可知《周易·复·大象传》所述先王之事,当是对西周时期天子顺天时施政的一种追述。说明至迟在西周晚期,人们已经认识到,是阴阳二气的有序运转,形成了春夏秋冬四季轮回的天道;并能准确测定出一年之中阴阳之分、阴阳之极的四个时刻。

　　明确提出阴阳乃天地之气的观点,见于西周末年伯阳父之言。《国语·周语上》载:

　　幽王二年,西周三川皆震。伯阳父曰:"周将亡矣!夫天地之气,不失其序;若过其序,民乱之也。阳伏而不能出,阴迫而不能烝,于是有地震。今三川实震,是阳失其所而镇阴也。阳失而在阴,川源必塞;源塞,国必亡。夫水土演而民用也。水土无所演,民乏财用,不亡何待?昔伊、洛竭而夏亡,河竭而商亡。今周德若二代之季矣,其川源又塞,塞必竭。夫国必依山川,山崩川竭,亡之征也。川竭,山必崩。若国亡不过十年,数之纪也。夫天之所弃,不过其纪。"②

　　伯阳父视"三川皆震"为西周灭亡的先兆,认为天地阴阳二气运转的失序导致地震的发生,又将其与当时周天子德衰的政治形势联系起来,从而将天道的标尺——阴阳与人之德性的联系起来。

　　春秋时期阴阳的观念有了进一步的发展。《左传·昭公元年》载医和之言:

　　天有六气,降生五味,发为五色,徵为五声。淫生六疾。六气曰阴、阳、风、雨、晦、明也。分为四时,序为五节,过则为灾:阴淫寒疾,阳淫热疾,风淫末疾,雨淫腹疾,晦淫惑疾,明淫心疾。③

---

① 徐元诰. 国语集解 [M]. 王树民,沈长云,点校. 北京:中华书局,2002:16-20.
② 徐元诰. 国语集解 [M]. 王树民,沈长云,点校. 北京:中华书局,2002:26-27.
③ 杨伯峻. 春秋左传注(修订版) [M].2版. 北京:中华书局,1990:1222.

我们由医和对"六气病源说"的阐释,可见人们已能够运用阴阳观念解释人体的病理。值得注意的是《国语·越语下》中的范蠡论兵法之言:

> 臣闻古之善用兵者,赢缩以为常,四时以为纪,无过天极,究数而止。天道皇皇,日月以为常,明者以为法,微者则是行。阳至而阴,阴至而阳;日困而还,月盈而匡。古之善用兵者,因天地之常,与之俱行。后则用阴,先则用阳;近则用柔,远则用刚。后无阴蔽,先无阳察,用人无艺,往从其所。刚强以御,阳节不尽,不死其野。彼来从我,固守勿与。若将与之,必因天地之灾,又观其民之饥饱劳逸以参之。尽其阳节,盈吾阴节而夺之。宜为人客,刚强而力疾;阳节不尽,轻而不可取。宜为人主,安徐而重固;阴节不尽,柔而不可迫。凡陈之道,设右以为牝,益左以为牡,蚤晏无失,必顺天道,周旋无究。今其来也,刚强而力疾,王姑待之。①

范蠡论述用兵之道,既使用了"阴阳"范畴,又使用了"刚柔"范畴。"阴阳"从天道阴阳二气的意义,又开始延伸到方法论的意义;正是在方法论的意义上,范蠡以"刚"系于"阳",以"柔"系于"阴",说明了二组概念之间有共通的关系,并且,将"日月""赢缩""明微""先后""远近""左右""主客""轻重""牝牡"等具有对立统一关系的词汇都系属于阴阳的范畴之下,说明了阴阳的范畴至春秋晚期已经发展成为具有普遍意义的哲学范畴。

战国时期,道家和儒家对阴阳思想有了进一步的丰富和提升。《老子·四十二章》:"道生一,一生二,二生三,三生万物。万物负阴而抱阳,冲气以为和。"冯友兰先生认为:"这里说的有三种气:冲气、阴气、阳气。我认为所谓冲气就是一,阴阳是二,三在先秦是多数的意思。二生三就是说,有了阴阳,很多的东西就生出来了。那么冲气究竟是哪一种气呢?照后来《淮南子》所讲的宇宙发生的程序说,在还没有天地的时候,有一种混沌未分的气,后来这种气起了分化,轻清的气上浮为天,重浊的气下沉为地,这就是天地之始。轻清的气就阳气,重浊的气就是阴气。在阴阳二气开始分化而还没有完全分化的时候,在这种情况中的气就叫做冲气。'冲'是道的一种性质,'道冲而用之或不盈'(《老子·四章》)。这种尚未完全分化的气,与道相差不多,所以叫冲气。也叫做一。"②按

---

① 徐元诰. 国语集解 [M]. 王树民,沈长云,点校. 北京:中华书局,2002:584-586.

② 冯友兰. 关于老子的两个问题 [G]// 哲学研究编辑部. 老子哲学讨论集. 北京:中华书局,1959:41.

笔者的理解,"冲气"应当是指阴阳二气之间矛盾冲激的意思,由此生成新的生命体——也即达到"和"的状态。老子之后,庄子继续阐发以阴阳为宇宙本原之气的思想。《庄子·至乐》载:"察其始而本无生,非徒无生也而本无形,非徒无形也而本无气。杂乎芒芴之间,变而有气,气变而有形,形变而有生……"《庄子·田子方》载:"至阴肃肃,至阳赫赫;肃肃出乎天,赫赫发乎地;两者交通成和而物生焉,或为之纪而莫见其形。消息满虚,一晦一明,日改月化,日有所为,而莫见其功。"可见,在老庄哲学中,阴阳二气被认为是万物生成、演化的内在根源,从而将阴阳理论发展为先秦最为深刻的形上学。

儒家对阴阳范畴的理解借鉴了道家理论而又有新的阐发,主要表现在三个方面。第一,明确将阴阳上升为最高的"道"的范畴。《周易·系辞上》载:"一阴一阳之谓道,继之者善也,成之者性也。"张银树先生指出:"从形上的立场来看,道字可以指宇宙的本体,可以指自然变化的原理,也可以指客观事物的道理。"[①]可见"一阴一阳之谓道"的"道",是对宇宙总规律和本根的阐述。"一阴一阳之谓道",意指"道"即"一阴一阳",宇宙一切存在皆在"一阴一阳"的道之下,从而赋予阴阳以形上学的意义。第二,在阴阳对立统一关系的阐发上,更强调统一性。《周易·系辞下》载:"乾,阳物也;坤,阴物也;阴阳合德而刚柔有体,以体天地之撰,以通神明之德。"乾阳坤阴构成宇宙的统一体,"阴阳合德而刚柔有体"的意思是自然万物之所以能产生,在于乾坤的阴阳之德相合,也就是"生生之谓易"之义。可见《周易·系辞下》认为阴阳的统一性才是第一性。"阴阳合德而刚柔有体"的卦爻意义,就是阴中有阳,阳中有阴。《周易·系辞下》载:"阳卦多阴,阴卦多阳,其故何也?阳卦奇,阴卦偶。其德行何也?阳一君而二民,君子之道也。阴二君而一民,小人之道也。"阳卦、阴卦是指乾坤派生的六子卦,"多阴""多阳"可指爻的属性而言,亦可指阴气、阳气等意义。《周易·系辞上》载:"乾道成男,坤道成女。"震、坎、艮为三男,故可称为阳卦,巽、离、兑为三女,故可称为阴卦。但从卦爻的角度看,却是思维认识的飞跃,这意味《系辞》在哲学上承认一切事物阳中有阴,阴中有阳,是阴阳的统一体;由之推衍到其他象征天地间万事万物的六十二卦爻,皆是阴阳的统一体。第三,以阴阳学说论证封建等级制度的合理性。《周易·序卦》载:"有天地然后有万物。有万物,然后有男女,有男女,然后有夫妇。有夫妇,然后有父子。有父子,然后有君臣。有君

① 张银树. 辨析《易传》哲学思想之本旨与衍义[M]. 台北县:辅仁大学出版社,2006:238.

臣,然后有上下。有上下,然后礼仪有所错。夫妇之道,不可以不久也,故受之以《恒》。"作者以自然界中对立统一的阴阳关系类比社会政治生活中的君臣、父子、夫妇等宗法关系,把宗法关系体现的尊卑贵贱也赋予阴阳的属性,形成了双重的阴阳观念,从而把具有自然哲学性质的一元化的阴阳学说发展为朴素的阴阳观念与封建宗法关系相结合的二元化的阴阳学说,深刻影响了之后的封建政治和伦理观念。

二、五行

五行即五行学说,是以金木水火土五种元素解释世界万物的形成及其相互关系的理论。"五行"一词最早见于《尚书•甘誓》:"有扈氏威侮五行,怠弃三正,天用剿绝其命,今予惟恭行天之罚。"但此处"五行"的意思尚不清楚。明确提出五行学说的是《尚书•周书•洪范》:

箕子乃言曰:"……初一曰五行……一,五行:一曰水,二曰火,三曰木,四曰金,五曰土。水曰润下,火曰炎上,木曰曲直,金曰从革,土爱稼穑。润下作咸,炎上作苦,曲直作酸,从革作辛,稼穑作甘。二,五事:一曰貌,二曰言,三曰视,四曰听,五曰思。貌曰恭,言曰从,视曰明,听曰聪,思曰睿。恭作肃,从作乂,明作哲,聪作谋,睿作圣。"

箕子之言,有两点需要我们予以特别地注意。第一,箕子以水、火、木、金、土为五行,此五行已经带有一定的超越五种具体事物的哲学意义。即水是代表具有润下功能的事物,火是代表具有炎上功能的事物,木是代表具有曲直(疏通)功能的事物,金是代表具有从革(肃杀)功能的事物,土是代表具有稼穑(滋生)功能的事物。所以,我们可以说,五行学说是一种基于事物功能属性的分类法。第二,箕子所言的五行,是一个开放的包容性体系。五行与一二三四五之"五数"、咸苦酸辛甘之"五味"、貌言视听思之"五事",缘于人类经验上的相似性而取得了彼此对应的关系。如果照此逻辑推衍出去的话,那么天地间的万事万物和人类自身,都将在五行分类的基础上找到对应的位置,并显现出彼此之间的关系。可以说,五行学说是中华先民最早提出的系统论。

西周晚期和春秋战国时期是五行思想发展的重要阶段,形成了"五行相合以成物""五行相胜相生""五行配五帝、五方、干支"等诸多理论。《国语•郑语》记载西周末年太史伯之言:

夫和实生物,同则不继。以他平他谓之和,故能丰长而物归之;若以同稗同,尽乃弃矣。故先王以土与金、木、水、火杂,以成百物,是以和五味以调口,刚四支以卫体,和六律以聪耳,正七体以役心,平八索以成人,建九纪以立纯德,合十数以训百体,出千品,具万方……夫如是,和之至也。[①]

史伯提出了土行与金木水火四行相合,是万物构成的基本法则。此说与古希腊的土、气、水、火构成万物的"四元素"说,古印度的地、水、火、风构成万物的"四大"说,有一定的相似性;但史伯的理论目的在于解释事物多样性的根由,更带有朴素的唯物主义和辩证法思想。

五行相胜又称五行相克,即金克木,木克土,土克水,水克火,火克金。《左传·昭公三十一年》记载史墨解释赵简子之梦,认为预示着吴伐楚之事:"六年及此月也,吴其入郢乎!终亦弗克。入郢,必以庚辰,日月在辰尾。庚午之日,日始有谪。火胜金,故弗克。"杜预注:"午,南方,楚之位也。午,火;庚,金也。日以庚午有变,故灾在楚。楚之仇敌唯吴,故知入郢必吴。火胜金者,金为火妃,食在辛亥,亥,水也。水数六,故六年也。"[②]五行相生即水生木,木生火,火生土,土生金。清代王引之《经义述闻·春秋名字解诂》中曾列举了多例春秋时人的名字:秦白乙丙、郑石癸甲父、楚公子壬夫子辛、卫夏戊丁等。王氏解释说:"丙,火也,刚日也。乙,木也,柔日也。名丙字乙者,取火生于木,刚柔相济也……癸,水也,柔日也。甲,木也,刚日也。名癸字甲者,取木生于水,又刚柔相济也……壬,水也,刚日也。辛,金也,柔日也。名壬字辛者,取水生于金,又刚柔相济也……戊,土也,刚日也。丁,火也,柔日也。名戊字丁者,取土生于火,又刚柔相济也。"[③]从中可见春秋时期人们对五行相生相克的理论运用得十分熟稔。

以五行配五帝的做法出现于春秋早期。《史记·封禅书》记载,秦襄公"居西陲,自以为主少暤之神,作西畤,祠白帝,其牲用骝驹黄牛羝羊各一云"[④]。《左传·昭公二十九年》记载蔡墨之言:

故有五行之官,是谓五官。实列受氏姓,封为上公,祀为贵神。社稷五祀,

---

① 徐元诰. 国语集解[M]. 王树民,沈长云,点校. 北京:中华书局,2002:470-472.

② 杨伯峻. 春秋左传注(修订本)[M]. 2版. 北京:中华书局,1990:1513-1514.

③ 王引之. 经义述闻[M]. 虞思徵,马涛,徐炜君,校点. 上海:上海古籍出版社,2018:1404-1405.

④ 司马迁. 史记[M]. 2版. 北京:中华书局,1982:1358.

是尊是奉。木正曰句芒,火正曰祝融,金正曰蓐收,水正曰玄冥,土正曰后土。①

春秋晚期已出现五行与五神、五方相配的做法。

五行与干支相配。以十天干与五行相配的例子见于《墨子·贵义》:

子墨子北之齐,遇日者。日者曰:"帝以今日杀黑龙于北方,而先生之色黑,不可以北。"子墨子不听,遂北,至淄水,不遂而反焉。日者曰:"我谓先生不可以北。"子墨子曰:"南之人不得北,北之人不得南,其色有黑者,有白者,何故皆不遂也?且帝以甲乙杀青龙于东方,以丙丁杀赤龙于南方,以庚辛杀白龙于西方,以壬癸杀黑龙于北方,若用子之言,则是禁天下之行者也。是违心而虚天下也,子之言不可用也。"

从中可见,战国初期占候卜筮的人以甲乙配东方木行,以丙丁配南方火行,以庚辛配西方金行,以壬癸配北方水行,所未言及的戊己当以之配中央土行。

地支与五行相配的例子见于《左传·哀公九年》:

晋赵鞅卜救郑,遇水适火……史墨曰:"盈,水名也。子,水位也。名位敌,不可干也。炎帝为火师,姜姓其后也。水胜火,伐姜则可。"②

由史墨之言,可知春秋时人遵循了水为五行之始的观点,故以地支之首"子"与之相配。

用干支与五行相配,说明春秋战国之际人们对五行的认识已经由具象思维跃升到抽象思维的阶段。战国以降,五行学说逐渐发展为一种无所不包的宇宙学说,涵盖天、地、人、万物之道。除了上文所引《管子·幼官》及《幼官图》的自然图式之外,《吕氏春秋》《礼记·月令》等文献进一步丰富了以五行为核心的天道运行图式。《吕氏春秋·十二纪》载:

孟春之月,日在营室,昏参中,旦尾中。其日甲乙。其帝大皞,其神句芒。其虫鳞。其音角,律中大蔟。其数八。其味酸,其臭膻。其祀户,祭先脾。东风解冻,蛰虫始振,鱼上冰,獭祭鱼,鸿雁来。天子居青阳左个。乘鸾路,驾仓龙,载青旗,衣青衣,服仓玉,食麦与羊,其器疏以达。

① 杨伯峻.春秋左传注(修订本)[M].2版.北京:中华书局,1990:1502.

② 杨伯峻.春秋左传注(修订本)[M].2版.北京:中华书局,1990:1652-1653.

‥‥‥‥‥‥

（孟夏之月），其日丙丁，其帝炎帝，其神祝融，其虫羽，其音徵，律中中吕，其
数七。

‥‥‥‥‥‥

中央土，其日戊己，其帝黄帝，其神后土，其虫倮，其音宫，律中黄钟之宫，其
数五。

‥‥‥‥‥‥

（孟秋之月），其日庚辛，其帝少皞，其神蓐收，其虫毛，其音商，律中夷则，其
数九。

‥‥‥‥‥‥

（孟冬之月），其日壬癸，其帝颛顼，其神玄冥，其虫介，其音羽，律中应钟，其
数六……

天道以五行之序运转的思想，也深刻影响了王朝政治，战国末期学者邹衍
因之创立了解释王朝更替的五德终始说。《文选•魏都赋》李善注引《七略》曰：
"邹子有终始五德，从所不胜，（土德后），木德继之，金德次之，火德次之，水德次
之。"[①]《吕氏春秋•有始览•应同》载：

凡帝王者之将兴也，天必先见祥乎下民。黄帝之时，天先见大螾大蝼。黄
帝曰："土气胜。"土气胜，故其色尚黄，其事则土。及禹之时，天先见草木秋冬不
杀。禹曰："木气胜。"木气胜，故其色尚青，其事则木。及汤之时，天先见金刃生
于水。汤曰："金气胜。"金气胜，故其色尚白，其事则金。及文王之时，天先见火
赤鸟衔丹书集于周社。文王曰："火气胜。"火气胜，故其色尚赤，其事则火。代
火者必将水，天且先见水气胜。水气胜，故其色尚黑，其事则水。水气至而不知
数备，将徙于土。

学者一般认为，该篇所述即是邹衍五德终始说的要旨。可见，五德终始说
的本质是把五行相克的思想运用到分析王朝更迭上，这就不免陷入了机械的循
环论和君权神授思想的泥潭。

---

① 萧统. 文选[M]. 上海：上海古籍出版社，1986：287.

三、阴阳、五行的合流

阴阳与五行两大学说的合流,大致发生于战国中晚期。白奚先生认为,《管子》中的《幼官》《四时》《五行》《轻重己》一组文章是较成熟的阴阳五行家作品,它们各自配成了不同的阴阳五行图式,标志着阴阳与五行合流的实现。[①] 阴阳五行思想至汉代蔚为大观。董仲舒《春秋繁露·五行相生》载:

> 天地之气,合二为一,分为阴阳,判为四时,列为五行。行者行也,其行不同,故谓之五行。五行者,五官也,比相生而间相胜。故为治,逆之则乱,顺之则治。

从中可见,董仲舒从宇宙生成论的角度,将阴阳、五行统一于天地的演化过程,将其视为元气发展的不同阶段,都是天地化生万物的工具,从而将阴阳、五行都提升到天道表征的高度。由之,人类可以循着阴阳、五行之度数来察知天道或天志,《春秋繁露·如天之为》载:

> 天志难见也,其道难理。是故明阴阳之出入、虚实之处,所以观天之志;辩五行之本末、顺逆、小大、广狭,所以观天道也。

董仲舒认为,天人之关系凭借阴阳、五行之工具而得以紧密联系起来,从而使天人感应在理论上成为可能。《春秋繁露·同类相动》载:

> 天有阴阳,人亦有阴阳。天地之阴气起,而人之阴气应之而起,人之阴气起,而天地之阴气亦宜应之而起,其道一也。

由于天与人在阴阳、五行上具有共通性,所以人性也不过是天道在人身上的投射,《春秋繁露·深察名号》载:

> 天两有阴阳之施,身亦有贪仁之性。天有阴禁,身有情欲栣,与天道一也。是以阴之情不得干春夏,而月之魄常压于日光,乍全乍伤。天之禁阴如此,安得不损其欲而辍其情以应天?

由天地阴阳之道,证明人有善恶之性。而人类社会的三纲五常之道,缘此也可以找到天道的依据,《春秋繁露·基义》载:

---

① 白奚. 中国古代阴阳与五行说的合流——《管子》阴阳五行思想新探 [M]. 中国社会科学,1997(5):27.

是故仁义制度之数,尽取之天。天为君而覆露之,地为臣而持载之;阳为夫而生之,阴为妇而助之;春为父而生之,夏为子而养之,秋为死而棺之,冬为痛而丧之。王道之三纲,可求于天。

由之推演人间之政治,亦当谨循天道阴阳之理,"天之任阳不任阴",故人君当任德不任刑。如果人君能施王道、行德政,则祥瑞出、符命现;反之,如果人君行暴政、残百姓,则怪孽出、灾异生。中国大一统的皇权政治,从此深受董仲舒天人感应的神学目的论的影响。应该看到,董仲舒以阴阳五行为手段所构建的天人关系学说,有一定机械论思想和迷信思想,但从其构建的目的而言,是为了把儒家以三纲五常为主要内容的道德理想和伦理秩序置于终极天道的高度,所以在本质上仍是一种人文理性的体现。有学者指出:"董仲舒的阴阳五行学说具有两大突出特色和重大贡献:一是为无言之天地创立了一个'人之"仁"心';二是为杂乱之宇宙确立了一个终极法则。即'为天地立心,为宇宙立法'。"[①]

如果说董仲舒完成了阴阳五行的天道观的构建,那么,关于阴阳五行的推知天道之"术"的构建,则是由西汉易学家京房完成的。兹将《京氏易传》对"乾"卦的解释引之如下:

纯阳用事。象配天,属金,与坤为飞伏,居世。《易》云:"用九,见群龙无首,吉。"九三三公为应,肖乾乾夕惕之忧。甲壬配外内二象。积算起己巳火至戊辰土,周而复始。五星从位起镇星,参宿从位起壬戌。建子起潜龙。建巳至极主亢位。配于人事为首,为君父;于类为马,为龙。降五行,颁六位。居西北之分野,阴阳相战之地。《易》云:"战于乾"。天六位,地六气,六象六包,四象分万物,阴阳无差,升降有等。人事吉凶见乎其象,造化分乎有无。六位纯阳,阴象在中。阳为君,阴为臣;阳为民,阴为事。阳实阴虚,明暗之象,阴阳可知。水配位为福德,木入金乡居宝贝,土临内象为父母,火来四上嫌相敌,金入金乡木渐微。宗庙上建戌亥,乾本位。阳极阴生,八卦例诸。[②]

从中不难发现,京房在《易经》的系统内,采用卦爻纳干支、五行的方式,搭建起了融合阴阳、五行、干支、卦爻、星宿、万物、人事为一体的易卦体系,通过卦爻察知阴阳消长、推演五行迭运、论断人事吉凶,从而使《周易》真正成为推天

---

① 李丰琼. 董仲舒阴阳五行哲学思想研究:摘要 [D]. 重庆:西南大学,2010:2.

② 郭彧. 《京氏易传》导读 [M]. 济南:齐鲁书社,2002:65.

道明人事的工具,由之也形成了"《易》为经首"的学术格局。

第四节　政治表征:圣王、道统

圣王和道统在一定程度上昭示了中国传统社会的社会秩序和道德规范。所谓"圣王",可用《庄子·天下》"内圣外王"一词诠释。即内在修养上达到圣人的境界,成为天下人的道德表率;外在事功上又能实行王道,为人类开创太平美满的生活。所谓"道统",是指儒家学者所构建的圣人对天下大道的传承系统。圣王和道统,是几千年来国人一直萦绕在心中的政治情结,不熟悉我国古代的圣王和道统思想,就不能真正理解中国传统文化的精神。

一、圣王

《说文解字》云:"圣,通也。从耳,呈声"。应劭《风俗通义》云:"圣者,声也,通也,言其闻声知情,通于天地,条畅万物,故曰圣。"[①]圣的初始含义当指耳口官能敏锐的王,即善于聆听又善于表达的王。商周之际逐渐扩展到对上天意志的认知上,《尚书·多方》记载周公训诫各诸侯国君以及殷商旧臣之言:"惟圣罔念作狂,惟狂克念作圣。"意思是说,圣人若不心中常念天命则会成为狂人,狂人若能心中常念天命则为圣人。《尚书·周书·君陈》载周成王之言:"我闻曰:'至治馨香,感于神明。黍稷非馨,明德惟馨尔。'尚式时周公之猷训,惟日孜孜,无敢逸豫。凡人未见圣,若不克见;既见圣,亦不克由圣,尔其戒哉!"可见当时已尊周公为圣人,并赋予了圣人"明德"的内涵。

"圣王"一词见于春秋时期的文献,《左传·桓公六年》载季梁之言:"夫民,神之主也,是以圣王先成民而后致力于神。"[②]《国语·鲁语下》载:"昔圣王之处民也,择瘠土而处,劳其民而用之,故长王天下。"[③]可见圣王的主要职责是治理好百姓,这与儒家"保民而王"的观念是一致的。先秦时期,圣人和圣王在大

---

① 应劭. 风俗通义[M]. 王利器,校注. 北京:中华书局,2010:618.

② 杨伯峻. 春秋左传注(修订本)[M]. 2版. 北京:中华书局,1990:111.

③ 徐元诰. 国语集解[M]. 王树民,沈长云,点校. 北京:中华书局,2002:194.

多数语境下意义是相通的,如孔子曰:"君子有三畏:畏天命,畏大人,畏圣人之言。"(《论语•季氏》)此处的圣人也就是指圣王。《论语》中提到的圣王有尧、舜、禹、周文王、武王和周公等,《中庸》也说孔子"祖述尧舜,宪章文武",在孔子眼中,这些圣王是仁德和道义的化身,是修齐治平的典范。

孔子之后,对历史上圣王之治进行系统梳理的是墨子,墨子曾求学于儒家之门,故在圣王观的构建上与儒家相近。首先,墨子从普通劳动者的立场出发,认为:"古者圣王之为政,列德而尚贤。虽在农与工肆之人,有能则举之。高予之爵,重予之禄,任之以事,断予之令。"(《墨子•尚贤上》)墨子之言,实质上是对当时社会政治层面上基于血缘宗法的世袭制的批判,意在为平民阶层谋求进阶的路径。其次,墨子还充分运用他丰富的历史知识,列举了一系列古代帝王尚贤的事例:"故古者尧举舜于服泽之阳,授之政,天下平。禹举益于阴方之中,授之政,九州成。汤举伊尹于庖厨之中,授之政,其谋得。文王举闳夭、泰颠于罝罔之中,授之政,西土服。"(《墨子•尚贤上》)再次,对于官员的考核,墨子提出以道德、才能、功劳评价官员的主张:"故当是时,以德就列,以官服事,以劳殿赏,量功而分禄。故官无常贵而民无终贱。有能则举之,无能则下之。举公义,辟私怨,此若言之谓也。"(《墨子•尚贤上》)最后,墨子提出,圣王不论尊卑亲疏而尚贤使能的做法,是天道与天志的体现,这也是帝王成就"圣王"之名的原因所在。《墨子•尚贤中》载:

> 故古圣王以审以尚贤使能为政,而取法于天。虽天亦不辩贫富、贵贱、远迩、亲疏,贤者举而尚之,不肖者抑而废之。然则富贵为贤以得其赏者谁也?曰:若昔者三代圣王尧舜禹汤文武者是也。所以得其赏何也?曰:其为政乎天下也,兼而爱之,从而利之,又率天下之万民,以尚尊天事鬼,爱利万民。是故天、鬼赏之,立为天子,以为民父母,万民从而誉之"圣王",至今不已。则此富贵为贤以得其赏者也。

> 然则富贵为暴以得其罚者谁也?曰:若昔者三代暴王桀纣幽厉者是也。何以知其然也?曰:其为政乎天下也,兼而憎之,从而贼之,又率天下之民以诟天侮鬼,贼傲万民。是故天、鬼罚之,使身死而为刑戮,子孙离散,室家丧灭,绝无后嗣,万民从而非之曰"暴王",至今不已。则此富贵为暴而以得其罚者也。

从中可见,墨子所梳理的圣王谱系是尧舜禹汤文武,而与之相反的暴王的谱系则是桀纣幽厉,圣王都是天志的代言人,暴王都是反天志的代言人。

孔、墨的圣王观对战国中期的孟子有一定影响。就孔子对孟子的影响看,主要在以仁心和保民作为衡量圣王的标准。孟子的圣王观,以施仁心为本,以行王道为基。孟子曰:"先王有不忍人之心,斯有不忍人之政矣。以不忍人之心,行不忍人之政,治天下可运之掌上。"(《孟子·公孙丑上》)这"不忍人之心"即是仁心,国君具备了仁爱之心,扩而充之,推己及人,施行保民而王之道,则可无敌于天下。就墨子对孟子的影响来看,主要是平等和尚贤的思想。孟子在一定程度上突破了专制权力文化和专制等级观念的束缚,倡导了一种朴素的道德人格平等的理念。孟子曰:"有天爵者,有人爵者。仁义忠信,乐善不倦,此天爵也;公卿大夫,此人爵也。古之人修其天爵,而人爵从之。今之人修其天爵,以要人爵;既得人爵,而弃其天爵,则惑之甚者也,终亦必亡而已矣。"(《孟子·告子上》)孟子认为,以仁义忠信为内核的天爵比公卿大夫的人爵更加可贵,从而能够不惧权势之威,不为权势所压,不以权势为大,任何时候都保持自身人格上的完整与独立,成为儒家学者理想中的"大丈夫"。孟子认为,"人皆可以为尧舜"。他解释说:"尧舜之道,孝弟而已矣。子服尧之服,诵尧之言,行尧之行,是尧而已矣。"(《孟子·告子下》)意思是人人都可以学习尧舜之道,但这句话显然隐含着另一层意思:人人皆有通过不懈努力成为尧舜那样圣王的可能性,在于为与不为而已。如此可见,孟子的圣王观,还是接近基于平民立场的墨子的圣王观的。

孟子之后,《易传》及《韩非子》从历史发展的角度对圣王观多有补充,如《系辞》提出了伏羲氏、神农氏、黄帝、尧、舜等圣王教民利民的事迹,《韩非子·五蠹》记述了有巢氏、燧人氏、鲧、禹、汤、武等圣王带领百姓战胜艰难险阻的故事。

总之,先秦时期以儒家、墨家为代表的学者,在旧的政治秩序分崩离析、新的政治秩序尚未建立之际,基于对上古历史的总结和理想政治的追求,提出了以保民、仁政、王道为主要内容的圣王观,构建了以圣王之治为标杆的政统体系,对我国封建社会的皇权政治产生了深远影响。

二、道统

道统思想的产生,既缘于先秦儒家学者弘道的情怀和用世的主张,也缘于春秋战国时期人们政治权利意识的觉醒。从表面上看,道统问题是一个至为宏大甚至有点务虚的话题,但确实是先秦两汉儒家学者学术思想的着力点之一,个中缘由值得我们予以探析。

　　我们知道,西周时期的官学体系以"礼、乐、射、御、书、数"六艺为教育内容,以培养道德高尚、兼具治国理政之才的君子为目的,贵族子弟在小学、大学中所学之道,即是将来参与国家治理之用,在这种政教一元的体制之下,学统、道统与政统是浑然一体的。《左传·襄公三十一年》记载子产之言:"侨闻学而后入政,未闻以政学者也。"①《左传·昭公十八年》记载周大夫原伯鲁不悦学,闵子马曰:"夫学,殖也,不学将落,原氏其亡乎!"②此皆是对西周政教一元思想的反映。至春秋战国,一统的政治秩序不复存在,王官之学逐渐转为诸子百家之学。对于这一政治、教育、学术变迁的大势,成书于战国晚期的《庄子·天下》曾进行过系统的总结。《天下》开篇曰:"圣有所生,王有所成,皆原于一。"这个"一"就是未分的"道术",即下文所阐述的"《诗》以道志,《书》以道事,《礼》以道行,《乐》以道和,《易》以道阴阳,《春秋》以道名分"的王官之学的内容体系。但春秋时期"天子失官,学在四夷",战国时期更是"天下大乱,贤圣不明,道德不一",从而出现《天下》所谓"道术将为天下裂"的状况,原先传承有序的"道术"因为一统的政治秩序崩溃而处于各执一端、分崩离析、分道扬镳的状态。不论是学统、道统还是政统,都面临着一个重新建构的时代课题。

　　那么,问题在于:为什么偏偏是儒家在旧的"权力话语"走向消亡之际,新的"权力话语"尚未确立之际,率先有意识地开始了道统思想的构建?笔者认为,这毋宁说儒家要构建新的权力话语体系,不如说儒家要重新找回失去的旧的权力话语体系。《汉书·艺文志》云:"儒家者流,盖出于司徒之官,助人君顺阴阳明教化者也。游文于六经之中,留意于仁义之际,祖述尧舜,宪章文武,宗师仲尼,以重其言,于道最为高。"③儒家源于司徒之官,而司徒是主管政治教育的官职,所以儒家自孔子始就重视政治教化,甚至我们可以说,道统本来就是儒家应有之义,但我们仍要高度重视孔子何以能成为儒家道统标杆的原因所在。就孔子终其一生的努力而言,他所要为弟子及后人垂范的,是为学的标杆、为道的标杆和为政的标杆。为学是手段,通过《论语》一书,我们不难发现孔子在教导弟子为学之法上的开创意义,而其本质精神在于学与习的统一、习与用的统一。为道是根本,孔子构建了以"仁"为旨归的道德体系,对王官之学的政教准则予以改造,按照《论语》中孔子的说法,为道即是为政。为政是目的,孔子为政的

---

① 杨伯峻. 春秋左传注(修订本)[M]. 2版. 北京:中华书局,1990:1193.

② 杨伯峻. 春秋左传注(修订本)[M]. 2版. 北京:中华书局,1990:1398.

③ 班固. 汉书[M]. 北京:中华书局,1962:1728.

总纲,可用"德治"一词涵盖之,是其为学、为道思想的自然流延;所谓"大德必得其位(《中庸》)",孔子短期的为政生涯也验证了其德治主义的有效性,故总是谆谆劝导为政者要以德治国。由之可见,孔子虽然身处春秋晚期,但他在学、道、政三者的构建上却是紧紧承接了西周以降的王官之学浑然未分的态势,缘此孔子也成为古代道统的开创者。

但孔子也表达了对其所创立的儒家之道传承的担忧。孔子曰:"道不行,乘桴浮于海"(《论语·公冶长》),说明孔子之道在当时并不容易被统治者接受。孔子又谆谆告诫子夏曰:"汝为君子儒,无为小人儒"(《论语·雍也》),说明同为儒者,在思想旨归及社会实践上已经呈现分化的态势。孔子曰:"攻乎异端,斯害也已"(《论语·为政》),说明当时社会上与孔子所倡导的仁义德治思想相悖的言论也是很多的。

孔子之后,对孔子之道统及其谱系予以系统阐述的是孟子。孔子作为儒家之宗,孟子将孔子列入道统是自然的。但孟子之尊孔子,除了道德学术的因素外,更有一种精神和情感的认同因素在内。孟子借孔子弟子之言极力赞誉孔子:

> 宰我曰:"以予观于夫子,贤于尧舜远矣。"子贡曰:"见其礼而知其政,闻其乐而知其德,由百世之后,等百世之王,莫之能违也。自生民以来,未有夫子也。"有若曰:"岂惟民哉?麒麟之于走兽,凤凰之于飞鸟,太山之于丘垤,河海之于行潦,类也。圣人之于民,亦类也。出于其类,拔乎其萃,自生民以来,未有盛于孔子也。"(《孟子·公孙丑上》)

孟子将孔子推崇为自有人类以来最伟大的人。其中子贡所言的"闻而知之"和"见而知之"两种才能,大概由子思学派发展为区别圣与贤的标准,郭店楚简《五行》篇:

> 见而知之,智也。闻而知之,圣也。明明,智也。赫赫,圣也。"明明在下,赫赫在上",此之谓也。闻君子道,聪也。闻而知之,圣也。圣人知天道也。[①]

孟子在构建儒家道统时,显然借用了《五行》篇的资源,孟子曰:

> 由尧舜至于汤,五百有余岁,若禹、皋陶,则见而知之;若汤,则闻而知之。由汤至于文王,五百有余岁,若伊尹、莱朱,则见而知之;若文王,则闻而知之。

---

① 李零. 郭店楚简校读记[M]. 北京:北京大学出版社,2002:79.

由文王至于孔子,五百有余岁,若太公望、散宜生,则见而知之;若孔子,则闻而知之。由孔子而来至于今,百有余岁,去圣人之世,若此其未远也;近圣人之居,若此其甚也,然而无有乎尔,则亦无有乎尔!(《孟子·尽心下》)

孟子认为,儒家道统的序列由尧、舜、汤、文王而至孔子。其对道统的构建、特别是将孔子纳入道统序列之中,是经过一番精心的设计的。一是对帝王和孔子予以神化,他们是闻而知之的圣人,并且能够知天道,可谓是天道在人间的代言人。二是孔子与历代圣王相并列,孔子俨然是圣王的化身,从而无形中赋予了孔子如圣王一样权威的地位,而且孟子总结出"五百年必有圣人出"的历史周期,又从天命的角度论证了孔子作为圣王继承者的必然性。三是孟子从"德"与"政"的角度将孔子抬升到无以复加的至高地位,所谓"圣人设教,为万世不易之法",在"瞻后式"思维的影响下,认为孔子堪为百世帝王之师。孟子的这番论述,其实质在于以道统的形式确立儒家所主张的德治、仁政、王道具有超越现实政治的地位,从而建立儒家权力话语的优先地位。有学者指出:"孟子把有德无位的孔子尊为圣人,这就意味着一个人是否为圣人,和他是否有位没有关系。这实际上是以一种思想建构的方式确定了道统与政统的分离,而不仅仅是被动地承认这种分离。只要道统与政统相分离,就有谁主谁次、谁领导谁的问题。在道统具有独立性的基础上,孟子才有可能论证道统的至上性,更大程度地提高孔子之道的地位,孔学对世俗政权的指导才有更坚实的合法性基础。"①

孟子之后,战国末期荀子,西汉扬雄,唐代韩愈,南宋朱熹、陆九渊,等学者,不断对儒家道统思想进行补充和完善,形成了"立足于四书五经等基本经典,以经学传统为学统,以经典义理的核心价值为道,以圣王(人)人格为依归的三位一体之道统"②。

第五节　科技表征:四大发明

中华文明源远流长,古代科学技术在很多领域遥遥领先世界,为全人类的

---

① 余进江. 矛盾、妥协与进取——孔子尊圣与孟子的道统建构[J]. 现代哲学,2017(2):125.

② 韩星,张铁诚. 中国文化的道统重建——以牟宗三为例[J]. 哲学动态,2021(5):52.

文明发展作出了巨大贡献。英国科学史学家李约瑟博士说："中国的这些发明和发现往往远远超过同时代的欧洲，特别是 15 世纪之前更是如此。"① 据《自然科学大事年表》的统计，中国古代重大的科技项目在世界所占的比例是：公元前 6 世纪以前占 57%；公元前 6 世纪至公元前 1 年占 50%；公元前 1 年至 400 年占 62%；401 年至 1000 年占 71%；1001 年至 1500 年占 58%。中国古代科技对世界产生重要影响的，莫过于造纸术、印刷术、火药和指南针四大发明。②

早在 1550 年，意大利数学家杰罗姆·卡丹就将磁罗盘、印刷术和火药并列为"三大发明"，并认为它们是"整个古代没有能与之相匹敌的发明"。③ 1621 年，英国哲学家培根也曾在《新工具》一书中谈到了影响人类文明进程的"三种发明"："……那就是印刷、火药和磁石。这三种发明已经在世界范围内把事物的全部面貌和情况都改变了：第一种是在学术方面，第二种是在战事方面，第三种是在航行方面；并由此又引起难以数计的变化来；竟至于任何帝国、任何教派、任何星辰对人类事务的力量和影响都仿佛无过于这些机械性的发现了。"④

英国学者 F. H. 巴尔福在其于 1876 年出版的《远东漫游——中国事务系列》中认为中国人享有火药、印刷术和罗盘的发明权，还说"他们在四千年的历史中，获得了我们称之为四大发明的胜利"，⑤ 这里已经出现了"四大发明"一词。1925 年，美国哥伦比亚大学 T. F. 卡特教授在其《中国印刷术的发明和它的西传》开篇就将造纸、印刷术、火药和指南针称为"四大发明"，认为发明权应当归属于中国，他说："欧洲文艺复兴初期四种伟大发明的传入流播，对现代世界的形成，曾起了重大的作用。造纸和印刷术，替宗教改革开了先路，并使推广民众教育成为可能。火药的发明，消除了封建制度，创立了国民军制。指南针的发明，导致发现美洲，因而使全世界、而不再是欧洲成为历史的舞台。这四种以及其他的发明，中国人都居重要的地位。"⑥

国外学者对中国"三大发明"或"四大发明"的说法，在中华民国建立后出

---

① 李约瑟. 中国科学技术史：第一卷总论（第一、二分册）[M]. 北京：科学出版社，1975：3.

② 转引自：马明中. 中国四大发明及其对世界历史的影响 [J]. 绥化师专学报，2001（1）：101.

③ 华觉明. 中国的"四大发明"和"二十四大发明"[J]. 发明与创新，2008（12）：4.

④ 培根. 新工具 [M]. 许宝骙，译. 北京：商务印书馆，2005：112-113.

⑤ 巴尔福. 远东漫游——中国事务系列 [M]. 王玉括，綦亮，沈春蕾，译. 南京：南京出版社，2006：116.

⑥ 卡特. 中国印刷术的发明和它的西传：序论 [M]. 吴泽炎，译. 北京：商务印书馆，1957：9.

现于各种历史教科书中。1913 年傅运森先生编纂的《共和国教科书新历史》中提到"三大发明":

> 中国技术有功世界者三事:一为罗盘。黄帝周公造指南车,为罗盘所自起。唐宋之世,海上贸易极盛,置市舶司于广杭诸州,华人航海日多,罗盘更为航海之用。二为印版术。三代文字,或刻字竹木,或写于缣帛,汉时始有纸,然抄录费工,得书不易,至五代而印版之术试行。三为火药。我国古来,以弓弩炮石,为射远之利器,宋时炮仗烟火火药之属始盛兴,并已用于战事。此三者旋皆输入欧洲,遂开欧美今日之文化。①

1933 年陈登原先生编著的《陈氏高中本国史》中提及"四大发明":

> 在近代中华民族似不曾对于世界有所贡献。然而在过去,确曾建立不少的丰功伟业,即以"四大发明"而论,中国人不知道帮助了多少全人类的忙!纸与印刷,固为近代文明所必需的物件,即军事上用的火药,航海时用的罗针,何尝效力稀小?然而这四者,都是在中国史上发现得最早呢!②

四大发明,对我国古代的政治、经济、文化的发展产生了巨大的推动作用,对世界文明发展史产生巨大的影响力,至今仍在人类的生产和生活中发挥作用,它是我们中华儿女永远的骄傲。

第六节　建筑表征:长城、故宫

一、长城

长城,又称万里长城,是中国古代的军事防御工事,是以城墙为主体,同大量的城、障、亭、标相结合的防御体系。从"启蒙运动"的时代开始,长城就在西方世界享有盛誉,并逐渐成为中国文明的标志。1765 年狄德罗编纂的《百科全书》将长城与金字塔相提并论;伏尔泰在《风俗论》中认为长城是超过埃及金字

---

① 傅运森. 共和国教科书新历史:第 6 册 [M]. 上海:商务印书馆,1913:7.

② 陈登原. 陈氏高中本国史:绪论 [M]. 上海:世界书局,1933:5.

塔的伟大建筑。2007 年"世界新七大奇迹"评选,长城与约旦佩特拉古城、巴西里约热内卢基督像、秘鲁马丘比丘遗址、墨西哥奇琴伊查库库尔坎金字塔、意大利罗马斗兽场、印度泰姬陵一起入选,位居新七大奇迹之首。

　　长城修筑的历史可上溯到西周时期,《诗经·小雅·出车》云:"王命南仲,往城于方。出车彭彭,旂旐央央。天子命我,城彼朔方。赫赫南仲,玁狁于襄。""城彼朔方"所筑之城,或为最初的长城。《史记·周本纪》载:"褒姒不好笑,幽王欲其笑万方,故不笑。幽王为烽燧大鼓,有寇至则举烽火。诸侯悉至,至而无寇,褒姒乃大笑。幽王说之,为数举烽火。其后不信,诸侯益亦不至。"[①] 周幽王"烽火戏诸侯"的"烽燧"即是城楼上的烽火台。我们联系《诗经》和《史记》的相关记述来看,西周时期已有长城的雏形。

　　春秋战国时期,各国或是出于防备少数民族侵扰的需要,或是出于相互防范的需要,开始大规模修筑长城。《史记·秦本纪》载:"孝公元年(前 361 年),河山以东强国六,与齐威、楚宣、魏惠、燕悼、韩哀、赵成侯并。淮泗之间小国十余。楚、魏与秦接界,魏筑长城,自郑滨洛以北,有上郡。"[②]《史记·匈奴列传》载:"秦昭王时……于是秦有陇西、北地、上郡,筑长城以拒胡。而赵武灵王亦变俗胡服,习骑射,北破林胡、楼烦。筑长城,自代并阴山下,至高阙为塞……燕亦筑长城,自造阳至襄平。"[③] 张守节《史记正义·楚世家》引《齐记》云:"齐宣王乘山岭之上筑长城,东至海,西至济州千余里,以备楚。"[④] 可以说,战国时期诸侯国修筑长城达到了一个高潮。

　　秦统一六国后,为了防范匈奴等北方游牧民族的侵略,动员大规模的人力物力,将原先秦、燕、赵、魏等国修筑的长城联结在一起,始有万里长城之说。《史记·匈奴列传》:"后秦灭六国,而始皇帝使蒙恬将十万之众北击胡,悉收河南地。因河为塞,筑四十四县城临河,徙适戍以充之。而通直道,自九原至云阳,因边山险巇溪谷可缮者治之,起临洮至辽东万余里。"[⑤]

　　秦以后,汉朝修筑的西起今新疆,东止辽东的内外长城和烽燧亭障,全长 2 万多里。明朝修筑的西起嘉峪关,东到鸭绿江,全长 14 700 多里的长城,今天人

---

① 司马迁. 史记 [M]. 2 版. 北京:中华书局,1982:148.

② 司马迁. 史记 [M]. 2 版. 北京:中华书局,1982:202.

③ 司马迁. 史记 [M]. 2 版. 北京:中华书局,1982:2885-2886.

④ 司马迁. 史记 [M]. 2 版. 北京:中华书局,1982:1732.

⑤ 司马迁. 史记 [M]. 2 版. 北京:中华书局,1982:2886.

们所看到的长城多是此时修筑的。若把我国各个时期修筑的长城总计起来,大约在 10 万里以上。[①]

长城有着深厚的历史文化内涵,从军事防卫的角度看,它是我国古代封建王朝保卫国家安全和人民生产生活安全的防线;从文明冲突的角度看,它是农耕文明抗击游牧文明的防线。中华文明自其诞生以来,就因地理环境的多样性而呈现出文化的多元状态,从北向南依次是北方草原游牧文化、中原定居农业文化、南方山地游耕文化。这其中的主要矛盾是北方游牧与中原农耕之间的矛盾——二者的生产活动范围,大致以 400 毫米等降水线为边际线。秦汉时的匈奴,六朝时的鲜卑,唐时的突厥,宋时的契丹、女真、党项、蒙古,明时的满洲,都是以游牧或半游牧为生。他们在文化上不如汉族先进,但居无定所的游牧生活方式、军民合一的体制、善于骑射又勇猛彪悍的民族素质、善于攻战侵伐的民族特性,使游牧民族成为安土重迁、遵守礼仪、崇尚以德服人的农耕民族的严重威胁。万里长城的修建,正是为了弥补中原农耕民族与北方游牧民族对垒中的不能机动灵活而又无险可守的劣势,不但形成了一种易守难攻、首尾相应、连绵不断的防御态势,而且成为主动出击游牧势力的据点,从而彻底扭转了中原农耕民族在对抗北方游牧民族中的劣势。有学者指出,明长城的线路走向,几乎与400 毫米等降水线相重合,说明长城是中华文化圈内农耕与游牧两大文明形态的分界线,是农耕人护卫先进农耕文明,使其不致在游牧人无止境的袭击中归于毁灭的防线。[②]

二、故宫

北京故宫于明成祖永乐四年(1406 年)开始建设,最初由蔡信、阮安等设计,荆祥、陆祥等施工建造,到永乐十八年(1420 年)建成,成为明清两朝 24 位皇帝的皇宫。故宫是现在世界上保存最完整、规模最大的木质结构建筑,作为我国古代宫殿建筑的集大成者,它不但在建筑技术和建筑艺术上代表了我国古代建筑的最高成就,而且以其博厚的文化底蕴和极高的审美价值映射出古代东方文明的熠熠光辉——故宫与法国凡尔赛宫、英国白金汉宫、美国白宫和俄罗斯克

[①] 罗哲文. 关于长城的答问 [J]. 寻根,2001(6):66.

[②] 张岱年,方克立. 中国文化概论(修订版)[M]. 2 版. 北京:北京师范大学出版社,2004:88.

里姆林宫被誉为世界五大宫殿。

故宫旧称紫禁城,其名称系借喻紫微垣而来。古代天文学家通过观察星象,认为紫微垣居于中天,位置永恒不变,紫微星即北极星位于紫微垣中,满天星斗都是围绕着北极星在运转,因而紫微星也被视为最高天神的化身,代表了宇宙最高的"道"。《淮南子·天文训》载:"太微者,太一之庭。紫宫者,太一之居"。《史记·封禅书》载:"天神贵者太一,太一佐曰五帝。"[1]《汉书·天文志》载:"中宫天极星,其一明者,太一常居也。"[2]古代中国相信"君权神授",崇尚"天人合一",用天上的星辰与都城规划相对应,以突出政权的合法性和皇权的至高性。《后汉书·霍谞传》注:"天有紫微宫,是上帝之所居也,王者立宫,象而为之。"[3]

故宫建筑的设计理念,体现了深厚的传统文化意蕴。首先是崇尚"中道"的思想。《荀子·大略》云:"王者必居天下之中,礼也。"《吕氏春秋·审分览·慎势》云:"择天下之中而立国,择国之中而立宫。"故宫的"尚中"理念集中体现在对中轴线意识的强化和运用上。"从最南端的永定门始,至景山向北的地安门,南北有一条约长7公里的中轴线。它既是故宫宫殿的中轴线,也是当时整个北京城的中轴线"[4]。故宫总体布局即以中轴线为主而呈现出左右对称的特点,古代皇帝上朝理政的三大殿太和殿、中和殿、保和殿和日常起居的三大宫乾清宫、交泰殿、坤宁宫均建在中轴线上,这昭示了封建帝王居于天下之正中、皇权至尊无上的地位,也体现了古代帝王"惟精惟一,允执厥中"的治理天下的理念。

其次是阴阳相合的思想。《道德经》载:"道生一,一生二,二生三,三生万物。万物负阴而抱阳,冲气以为和。"《周易·系辞下》载:"一阴一阳之谓道。"故宫以外朝为阳,内廷为阴。按《周易》奇为阳、偶为阴的说法,外朝的主要建筑太和殿、中和殿、保和殿三大殿,取《周易·说卦》"参天两地而倚数,观变于阴阳而立卦"的"天三"之阳数,依次为乾之长男、中男、少男,构成一个三画卦的乾卦。太和殿俗称"金銮殿",其面阔(长度方向)九间、进深(宽度方向)五间。阳数(奇数)中"九"最大、"五"居中。《周易·乾卦》云:"九五,飞龙在天,利见大人。"九五为阳中之阳,以此表达了天子为"九五之尊"之义。三殿之名皆有"和"字,

① 司马迁. 史记[M]. 2 版. 北京:中华书局,1982:1386.

② 班固. 汉书[M]. 北京:中华书局,1962:1274.

③ 范晔. 后汉书[M]. 北京:中华书局,1965:1617.

④ 富丹江. 故宫建筑与传统中和思想[J]. 安徽大学学报(哲学社会科学版),2004,28(5):43.

又寓意阴阳相合之义。此外,太和门两侧的武英殿、文华殿,也是寄寓一阴一阳、一文一武、张弛有道之义。内廷处于中轴线上的建筑是乾清宫、交泰殿、坤宁宫,乾清宫为皇帝的寝宫,坤宁宫是皇后的住所,两宫之间的交泰殿,名字取《周易·泰卦》"天地交泰、阴阳相合"之义。内廷三宫与外廷三宫又构成一个六画的乾卦,其两侧的东六宫和西六宫形成一个六画的坤卦,寓意天尊地卑、阳主阴辅之义。又可将东西十二宫视为"十二辰",处于乾清宫、坤宁宫的外围以拱卫"乾坤",以此昭示皇帝、皇后在后宫不可撼动的地位。六宫之北是格局相同、东西并列的五个院落,被称为乾东、乾西五所,五为阳数,六为阴数,取《周易》"阴中有阳,阳中有阴"之义;而东西五所合起来象征"十天干",又与东西六宫象征的"十二地支"相应,这都体现了阴阳思想对故宫总体格局的影响。

最后是五行的思想。从故宫的整体布局来看,外朝处南,五行为火,为施政之所;内廷处北,五行属水,为寝居之所;文华殿、文渊阁处东,五行属木,象征文治;武英殿处西,五行属金,象征武功。明清太后、太妃所居住的慈宁宫、寿安宫、寿康宫等都设在紫禁城的西侧,因其生命的过程处于物老、秋收的状态,故处于西方之"金"地;而皇子的生命过程处于物始、春长的状态,故处于东方之"木"地。乾清宫作建筑规模为内廷之首,明代自永乐帝朱棣至崇祯帝朱由检,共有14位皇帝曾在此居住;清朝入关之后,依照明朝的旧例,顺治帝和康熙帝都将乾清宫作为居住和处理朝政的主要场地,雍正帝即位之后始移居养心殿。乾清宫处于外朝内廷宫殿之中,五行属土。另外,故宫在色彩应用上,它反映了五行学说的思想。有学者指出:"黄色属土,五行居中央,代表国家。因此,紫禁城宫殿顶屋多用黄瓦。又按相生的理论,火生土,为赤色,所以宫殿门窗、宫墙多用红色,寓有滋生助长之意,以示兴旺发达。而皇子所居之宫,位于东,属木,相应颜色应为绿,故均用绿琉璃瓦。文渊阁用于藏书,黑属水,水能克火,故而用黑瓦,寓以保护书籍。对于流经紫禁城内外的金水河,命名也以五行学说为指导。因河流是从皇城及宫中的西方流入,西方属金,金生水,所以称此河为内、外金水河。"[①]

总之,长城、故宫作为我国古代建筑的表征,充分展现出中华文化追求大一统的民族气派和民族精神,它们不仅是值得我们今天去瞻仰、去欣赏的古代建筑,更是值得我们去研究、去挖掘的文化宝库。

---

① 孟福霞. 北京故宫空间布局构思探源——论中国古代宫殿建筑的美学精神 [J]. 大众文艺,2012(21):73.

第五章
黄河文化的主干思想和基本理念

第一节 黄河文化的主干思想

黄河流域是我国农耕文明最发达的地区,五千多年来绵延不绝的中华文明使黄河文化成为一种内容广泛而又内涵深厚的文化复合体。作为黄河全流域的广大劳动人民在生产、生活实践中所创造的物质财富和精神财富的总和——黄河文化涵盖了哲学思想、经济模式、政治制度、社会伦理、文学艺术等方方面面,这其中总有一些具有根本性的思想元素作为黄河文化的支点、主干和标识,在黄河文化的各个层级发挥着主导作用,也使得黄河文化在世界文化之林中彰显出中华民族的独特风采。

一、敬天保民

敬天保民是我国发源甚早的思想观念,也是古代社会治国理政的基本精神之一。大约在五帝时期,由于自然崇拜的心理以及生产活动的需要,催生了敬天的观念。《尚书·虞书·尧典》载:"(尧)乃命羲和,钦若昊天,历象日月星辰,敬授人时。"在上古万物有灵的时代,由于天最为神秘博大,而认为其上有神灵统御——上帝,并将其视为人类社会和宇宙万物命运的最高主宰。《尚书·虞书·舜典》记载舜继尧为帝后,"肆类于上帝,禋于六宗,望于山川,遍于群神"。

祭祀上帝及各种神灵,说明上天在人们思想中居于至高的地位。《尚书·虞书·皋陶谟》记载舜帝时大臣皋陶之言曰:

> 天叙有典,敕我五典五惇哉! 天秩有礼,自我五礼有庸哉! 同寅协恭和衷哉! 天命有德,五服五章哉! 天讨有罪,五刑五用哉! 政事懋哉懋哉!

五典是指父义、母慈、兄友、弟恭、子孝五种伦理,五礼五服是指天子、诸侯、卿、大夫、士五个等级的礼仪及其服饰,五刑是指墨、劓、剕、宫、大辟五种刑罚。皋陶认为,人间一切社会制度、道德伦理的设立,都是出于上天的安排,这说明了当时人们有着浓重的敬天思想。尤其值得注意的是,皋陶将上天的权威与民心联系在一起,皋陶曰:

> 天聪明,自我民聪明。天明畏,自我民明威。达于上下,敬哉有土!

意思是说:"上天的视听依从臣民的视听。上天的赏罚依从臣民的赏罚。天意和民意是相通的,要谨慎啊,有国土的君王!"可见,上古时期杰出的政治家已将天命的观念和保民的观念联系起来,说明当时社会已经初步萌生了敬天保民的思想。

商周之际是中国人文主义思想的勃发期,王朝的更替促使当时的统治者对天命与民心进行更深层次的思考。以周文王、周公旦为代表政治家,一方面有鉴于商纣王的残暴、贪敛、酗酒、荒淫等行为而导致民怨沸腾、王朝覆灭的社会现实,认识到把王朝的命运完全寄托于上帝,冀望厚祭上帝就能保佑国祚绵长的观念是错误的,必须总结殷商失去天命的经验教训;另一方面又认为周代替商建立王朝是新的天命,就必须阐释周的统治何以赢得新天命的原因所在。周初的统治者正是在一种复杂的天命体验和深沉的忧患意识下探讨人的德性作用和人自身行为的意义。这反映在当时的文献上,如《尚书·周书·召诰》载:"我不可不监于有夏……我不敢知曰:有夏服天命,惟有历年;我不敢知曰:不其延。惟不敬厥德,乃早坠厥命。"《左传·僖公五年》引《周书》云:"皇天无亲,惟德是辅。"[①]《诗经·大雅·文王》载:"无念尔祖,聿修厥德。永言配命,自求多福。"可见,周初的统治者一方面服膺天命,另一方面提出"敬德配命"的观念,认为人自身的道德建设,与天命的福佑有着直接的、根本的联系,这就在一定程度上消解了笼罩在人们思想中浓重的天命观念与宗教意识。而敬德的目的又在于治

---

① 杨伯峻. 春秋左传注(修订本)[M]. 2 版. 北京:中华书局,1990:309.

国理民,民心是评判统治者德行的根本标准。《尚书·周书·康诰》载:"惟乃丕显考文王,克明德慎罚,不敢侮鳏寡,庸庸,祗祗,威威,显民……"认为文王对百姓做到"明德慎罚",才获得上天的嘉许。《尚书·周书·酒诰》载:"古人有言曰:'人无监于水,当于民监。'今惟殷坠厥命,我其可不大监,抚于时!"《尚书·周书·康诰》:"小子封,恫瘝乃身,敬哉! 天畏棐忱;民情大可见,小人难保。往尽乃心,无康好逸,乃其乂民……汝惟小子,乃服惟弘王应保殷民,亦惟助王宅天命,作新民。"其认为上天的旨意是通过民心民情传达出来,这就在"夏鉴""殷鉴"之外提出"民鉴"的观念,并将其上升为查知天命的根本依据,从而形成修德以保民、保民以配天的治国理念,赋予了敬天保民的道德内涵。

可以说,西周时期敬天保民的思想,闪耀着人文主义的光芒,它体现了统治阶层自我道德的觉醒,实现了由旧的"重天命、轻人事"思想向新的"轻天命、重人事"思想的转型。这一转型,也集中体现在周初设立王官之学以教化国子和百姓上。而接受王官之学的"君子",需通过自身不断的努力而习成一种具有道德示范意义的人格。从这个意义上说,敬天保民的思想意义,不仅是一种治国方略,还在于第一次在我国历史演进上提出了"立人极"的思想,其意义是深远而广泛。徐复观在评论周初宗教中的人文精神时说:"周初所强调的敬的观念,与宗教的虔敬,近似而实不同。宗教的虔诚,是人把自己的主体性消解掉,将自己投掷于神的面前而彻底皈归于神的心理状态。周初所强调的敬,是人的精神,由散漫而集中,并消解自己的官能欲望于自己所负的责任之前,凸显出自己主体的积极性与理性作用。"[①]可以说,正是周初赋予敬天保民以新的思想内涵,才形成了中国历史上的德治、王道的政统思想。

二、仁本善原

所谓"仁本善原",意指在中国传统的思想观念中,以仁为道德之本,以善为人性之原。仁本善原的思想,昭示了中国文化的优良基质和德性之光。迄今为止,人们从现存的甲骨文残片中尚无找到"仁"字的存在,"仁"字大约出现在商周之际。《尚书·金縢》记载周公之言曰:"予仁若考,能多材多艺,能事鬼神。"《诗经·郑风·叔于田》:"岂无居人? 不如叔也,洵美且仁。"《周礼·地官·大

---

① 徐复观. 中国人性论史(先秦篇)[M]. 上海:上海三联书店,2001:20.

司徒》："以乡三物教万民而宾兴之，一曰六德：知、仁、圣、义、忠、和。"①可见仁的基本意义是人的一种美好的德性。《国语·晋语一》载："为仁者，爱亲之谓仁；为国者，利国之谓仁。"②可见仁的原始意义是关爱自己的亲人，由之推衍到利他的意义上。"仁"在儒家思想中居于至关重要的地位。孔子以"仁"为最高的道德范畴，以"爱人"作为"仁"的内涵。孔子曰："弟子入则孝，出则弟，谨而信，泛爱众而亲仁。"（《论语·学而》）孔子的弟子有子亦曰："其为人也孝弟，而好犯上者，鲜矣；不好犯上，而好作乱者，未之有也。君子务本，本立而道生。孝弟也者，其为仁之本与！"（《论语·学而》）从中可见儒家"仁"的思想，正是基于人类最为根本的血缘亲情。

先秦儒家以"孝悌"为仁之本，又在此基础上将"仁"定义为一种普遍的、根本的人性。孟子曰："恻隐之心，人皆有之；羞恶之心，人皆有之；恭敬之心，人皆有之；是非之心，人皆有之。恻隐之心，仁也；羞恶之心，义也；恭敬之心，礼也；是非之心，智也。仁义礼智，非由外铄我也，我固有之也，弗思耳矣。"（《孟子·告子上》）孟子认为，恻隐、羞恶、辞让、是非四种情感是人心所固有的，分别对应人的仁、义、礼、智的四种德性，所以证明了仁、义、礼、智"四端"是人性中先天固有的"天爵"，也正是在这个意义上，孟子提出了性善论。为了论证人性之善是人本身所固有而不假诸外物的理论，孟子提出了著名的"孺子入井"之说："所以谓人皆有不忍人之心者，今人乍见孺子将入于井，皆有怵惕恻隐之心；非所以内交于孺子之父母也，非所以要誉于乡党朋友也，非恶其声而然也。"（《孟子·公孙丑上》）可见，恻隐的本质上是人类具有的一种普遍意义的道德情感，仁和善这两种德行由人心的情感体验而得到确证并紧密联系在一起，几千年来一直被人们视作道德修养的基石。

在孔孟的思想中，仁、善不仅仅是一种道德指向，还是为政者的施政方略。"颜渊问仁。子曰：'克己复礼为仁。一日克己复礼，天下归仁焉。为仁由己，而由人乎哉？'"（《论语·颜渊》）孔子认为，对于统治者而言，能够克制自己的私欲，谨遵礼仪而行，便具有一种使天下人都归于"仁"的力量；而能否践行"仁"完全在于个体是否达到道德的自觉，也就是对自我的重新发现与肯定。从中可见，孔子的仁政思想，是以对"仁"的自我发现、自我追求的情感体验为特征的，

① 《十三经注疏》整理委员会. 十三经注疏·周礼注疏 [M]. 北京：北京大学出版社，1999：266.

② 徐元诰. 国语集解 [M]. 王树民，沈长云，点校. 北京：中华书局，2002：264.

并不是消极的、被动的拘泥于礼仪的要求,由为人(仁)自然推及为政(礼)。正如吴光先生所论:"孔子的'仁学'以人为中心,关心生命的根本意义,强调道德的权威、人格的完善、家庭与社会的伦理秩序以及社会群体的共同利益,其核心观念是'仁本礼用',其思维方式和实践程式是'内圣外王''推己及人'而后及于社会。"[①]孟子在儒学史上最先提出了"行王道、施仁政"的思想。孟子曰:"尧舜之道,不以仁政,不能平治天下"(《孟子·离娄上》);又曰:"以德行仁者王"(《孟子·公孙丑上》)。孟子认为,古代圣王治理天下的根本在于施行"仁政",从而将"王道"与"仁政"统一起来。孟子在总结三代"废兴存亡"的历史教训时指出:"三代之得天下也以仁,其失天下也以不仁。国之所以废兴存亡者亦然。天子不仁,不保四海;诸侯不仁,不保社稷;卿大夫不仁,不保宗庙;士庶人不仁,不保四体。"(《孟子·离娄上》)由之可见,孟子在政治哲学上以"仁"作为施政的最高价值原则和最高道德准则。通过《孟子》一书不难看出,孟子的仁政思想是保民而王,人民是王道仁政的根本指归,所谓"治民之产"、"不违农时"、"薄税敛"、"治礼义"、保护农商行贾、司法公正等内容,皆在孟子仁政思想的范围之内,从中也为后人擘画了儒家王道仁政的基本愿景。

关于人性善恶的问题,先秦儒家学者也有不同的声音,荀子曾提出"性恶论"。荀子曰:"人之性恶,其善者伪也。今人之性,生而有好利焉,顺是,故争夺生而辞让亡焉;生而有疾恶焉,顺是,故残贼生而忠信亡焉;生而有耳目之欲,有好声色焉,顺是,故淫乱生而礼义文理亡焉。然则从人之性,顺人之情,必出于争夺,合于犯分乱理,而归于暴。故必将有师法之化,礼义之道,然后出于辞让,合于文理,而归于治。用此观之,人之性恶明矣,其善者伪也。"(《荀子·性恶》)我们结合《荀子·正名》"生之所以然者谓之性""不事而自然谓之性""性之好恶、喜怒、哀乐谓之情"等语句来看,荀子是以"人未经教化的先天本能"为人性的内容,认为人若只是顺着自然本能发展的话,则所表现的争夺、残贼、淫乱等行为体现了性情"恶"的一面。所以从实质上看,荀子的"性恶论"其实并不是严格地定义人性是恶的,他所强调的是对自然本性可能发展为"恶"的预防。荀子曰:"情然而心为之择谓之虑。心虑而能为之动谓之伪;虑积焉,能习焉,而后成谓之伪。"(《荀子·正名》)他认为人必须发挥"心"的能动判断作用,通过后天的努力以改变自然的本能,从而使人达到善的境界。由之,我们可以看出,孟子言"性善",不是从自然的本能上讲,而是从人区别于动物的社会属性上来

---

① 吴光. 仁本礼用——儒家人学的核心观念 [J]. 文史哲,1999(3):80.

讲的;荀子言"性恶",则恰恰是从人与动物相同的自然本能上讲的。所以,荀子的人性思想,实际上是不完整的;而以"善"作为整个社会的道德指向,孟子、荀子在思想上并无二致。

关于人性"善"的来源,战国时期的《易传》曾予以探讨。《文言》在阐述乾卦卦辞"元亨利贞"曰:"元者,善之长也;亨者,嘉之会也;利者,义之和也;贞者,事之干也",以乾元之气为众善之源。《易传·系辞上》亦曰:"一阴一阳之谓道,继之者善也,成之者性也",认为阴阳相生相成、对待互补的天道是众善的本体。《文言》《系辞》关于"善"的本原的阐述,与前述古人的"敬天"观念在理路上是一致的,都是以"天"为善的终极本原,以之论证人的思想行为的应然指向。

汉代儒者董仲舒发展了先秦儒家以仁为本思想,在其天人感应的神学目的论的体系中,提出了"仁,天心"的观点,认为天道意志的本质即是"仁",天通过自然界的变化发展及人类社会的运行所展现的意志即为仁爱,从而以"仁"作为天人共同的本质,将儒家道德范畴中的"仁"上升到天道的高度。

仁本思想至宋明理学发展为形而上的本体论。宋代程颢在《识仁篇》中提出"万物一体论",认为仁是全德,宇宙的生生之理即是仁,人与天地宇宙万物以仁贯通为一体——此是以"仁"为天理。明代王阳明高扬心本体论,认为宇宙法则即是仁,本体的心即良知,只要完全归复了仁之心体就可以达到万物一体,万物一体之仁是心体良知的本然面目——此是以"仁"为良知。明清之际的王夫之则提出仁是天人共同本体的思想。王氏曰:"人物同受太和之气以生,本一也;而资生于父母、根荄,则草木鸟兽之与人,其生别矣。人之有君臣、父子、昆弟、夫妇、朋友,亲疏上下各从其类者分矣。于其同而见万物一体之仁,于其异而见亲亲、仁民、爱物之义,明察及此,则由仁义行者皆天理之自然,不待思勉矣。"[①] 又曰:"盖仁义者,在阴阳为其必效之良能,在变合为其至善之条理,元有纹理机芽在。"[②]"思为人道,即为道心,乃天之宝命而性之良能。"[③] 此是以"仁"为宇宙元气、天理和天人共有的良能,体现了融合理学派、心学派的学术倾向。

---

① 王夫之. 张子正蒙注 [M]. 长沙:岳麓书社,2011:221.

② 王夫之. 读四书大全说 [M]. 长沙:岳麓书社,2011:1093.

③ 王夫之. 读四书大全说 [M]. 长沙:岳麓书社,2011:1098.

三、经世致用

所谓"经世致用"，就是学术须为解决社会问题和促进社会发展服务，以求达到国治民安的实效。经世致用的思想，体现了中国传统知识分子求真务实的思想特点和以天下为己任的家国情怀。

经世致用的思想，与华夏文明的起源同步。按《周易·系辞下》的说法，伏羲氏王天下时创作八卦，"以通神明之德，以类万物之情。作结绳而为网罟，以佃以渔，盖取诸《离》"。伏羲氏生活在渔猎时代，其创作八卦并由之发明了捕鱼及捕鸟兽的工具，以此满足了当时人们生产活动的需要。农耕时代的神农氏则发明耒耜等农业工具，并设立集市以便人们相互交换所需的货物。黄帝、尧、舜统治时期，文字、舟楫、门柝、杵臼、弧矢的发明、牛马的驯服、房屋的营建、棺椁的使用等，一切文化的创立，无不是着眼于人类社会生产与生活的需要。可以说，中国文化的发源之初就着眼于人类社会的生活实际，具有浓郁的现实主义精神，正是这种与生俱来的现实主义传统，使得经世致用思想成为中国传统社会的主流思想。

降至春秋晚期，西周的灭亡、东周的衰微，促使当时天下的知识分子更多地转向对天下兴亡的思考，并由之在战国时期开创了百家争鸣的学术局面。西汉《淮南子·要略》认为，诸子之学皆起于救世之弊，将诸子学术思想的产生与特定的社会生活条件、特定的政治需要联系起来。就班固《汉书·艺文志》中所记载的儒、道、阴阳、法、名、墨、纵横、杂、农、小说十家来看，除了小说家之外，其他各家都有自己的救世主张。道家主张顺应自然，无为而治。阴阳家注重从阴阳五行的关系推究自然现象及人类社会的法则。法家主张加强君主集权，严刑峻法，奖励耕战。名家讨论了名与实即概念与事实的关系，主张在社会治理上做到"循名责实"，实现"名实相符"。墨家在思想上贴近贫苦大众，主张兼爱非攻，追求和平正义。纵横家主张"合纵连横"，崇尚以外交手段解决国与国之间的政治问题。杂家注重采集各家言论以贯彻其政治意图和学术主张。农家主张君民同耕，反对不劳而获。此皆可见当时知识分子经世致用的情怀。

最具有经世致用精神的，莫过于儒家。孔子终其一生为实现天下有道、礼乐有序的社会奔走呼号。孔子曰："天下有道，丘不与易也。"（《论语·微子》）但因为天下无道，所以孔子曰："士不可以不弘毅，任重而道远。"（《论语·泰伯》）在当时礼坏乐崩已不可逆转的社会大环境下，孔子"知其不可为而为之"，传承以《诗》《书》《礼》《乐》《易》《春秋》六经为载体的先王之教，并提出了"为政以德"的治国方略,体现了一个儒者的使命和担当。尤其值得我们注意的,与古代西方哲学家执着于形而上的抽象思辨的学术倾向不同,孔子一切学术的出发点与落脚点都是为了解决现实的社会政治问题。当子路问他鬼神之事,孔子曰:"未能事人,焉能事鬼?"问关于死后的问题,孔子曰:"未知生,焉知死?"(《论语·先进》)孔子的回答,巧妙地把鬼神与死亡等空而大、玄远幽冥的问题转移到了人生现实上。孔子曰:"我欲载之空言,不如见之于行事之深切著明也。"[①] 更是体现了孔子积极入世的精神和重视实践的经世思想。孔子的这个态度,使儒家学说最终形成了一门重视现实、关注民生、聚焦现世今生的理性学说,对中国古代哲学和传统文化产生了深远而巨大的影响。

成书于先秦时期的《礼记·大学》云:"大学之道,在明明德,在亲民,在止于至善……物格而后知至,知至而后意诚,意诚而后心正,心正而后身修,身修而后家齐,家齐而后国治,国治而后天下平。"其系统提出了儒家"三纲"与"八目"的修养理论。"三纲"指的是明明德、亲民、止于至善,这是儒家修身的终极目标;"八目"指的是格物、致知、诚意、正心、修身、齐家、治国、平天下,这是儒家为实现这一目标而设计的具体步骤和方法。《大学》的这一设计,堪称儒家经世致用思想的总括和行动的指南,孔子"修己安人""立己达人"的仁学思想至此发展为一种具有宏阔精神与至高境界的政治哲学。

随着时代的发展和文化的演进,经世致用思想至宋代再度成为重要的时代思潮。程朱理学主张"格物致知",陆王心学主张"发明本心",尽管修养所侧重的角度不同,但都聚焦在内圣的工夫上,经世的步骤是沿着由内圣而致外王的路径。值得我们注意的是,以南宋薛季宣、陈傅良和叶适等为代表的"永嘉学派",该学派又称"事功学派""功利学派",反对"尊性贱欲""义利分离",主张"经世致用""以利和义",提出了一系列轻赋税、宽管制、通商惠工、保民求富等社会治理措施,以求挽救岌岌可危的南宋王朝。

明末清初,鉴于科举制度所造成的学术研究、学术关怀与社会实践相背离,导致国家有难时无以济世的惨痛教训,一些有见地的学者如黄宗羲、顾炎武、王夫之等掀起了一股"经世致用""力行致知"的学风。黄宗羲曰:"儒者之学,经纬天地,而后世乃以语录为究竟,仅附答问一二条于伊洛门下,便厕儒者之列,假其名以欺世。"[②] 顾炎武《与友人书三》曰:"孔子之删述六经,即伊尹、太公救

---

① 司马迁. 史记 [M]. 2 版. 北京:中华书局,1982:3297.

② 黄宗羲. 南雷文定:三 [M]. 上海:商务印书馆,1936:31.

民于水火之心,而今之注虫鱼、命草木者,皆不足以语此也。故曰:'载诸空言,不如见诸行事。'夫《春秋》之作,言焉而已,而谓之行事者,天下后世用以治人之书,将欲谓之空言而不可也。愚不揣,有见于此,故凡文之不关于六经之指、当世之务者,一切不为。"①《清史稿·顾炎武传》评价他说:"凡国家典制、郡邑掌故、天文仪象、河漕兵农之属,莫不穷原究委,考正得失。"②王夫之主张"言必征实""义必切理""即事穷理",强调学术研究要有现实关怀,理论探讨应该致力于社会问题的解决,关注国家治理、社会秩序、民生幸福等社会实际问题,他在对程朱理学和陆王心学加以批判性总结的基础上,创立了一个"欲尽废古今虚妙之说而返之实"的思想体系。梁启超先生对此评论说:"这些学者,虽生长在阳明学派空气之下,因为时势突变,他们的思想也像蚕蛾一般,经蜕化而得一新生命。他们对于明朝之亡,认为是学者社会的大耻辱大罪责,于是抛弃明心见性的空谈,专讲经世致用的实务。他们不是为学问而做学问,是为政治而做学问。"③

总之,经世致用作为我们传统社会中的主干思想,有着丰富的哲学内涵和历史传承,其中浸润着民本、求实、爱国、济世等优秀文化的因子,仍值得我们今天继承并弘扬下去。

四、崇德尚礼

中华五千年的文明史,一直秉承着崇德尚礼的优良传统。按《史记·五帝本纪》的记载,轩辕当政的时候,诸侯之间互相攻战,用暴力虐待百姓,作为天下共主的神农氏已经无力控制局面。特别是蚩尤暴虐,炎帝侵凌诸侯,诸侯都把希望寄托在轩辕身上。于是,轩辕"修德振兵,治五气,艺五种,抚万民,度四方",通过阪泉之战和涿鹿之战分别降服炎帝和蚩尤,最终被尊为黄帝,成为五帝之首。可见黄帝得天下的一个重要原因在修德。《尚书·虞书·尧典》说尧"克明俊德",《尚书·虞书·舜典》说"舜让于德",《尚书·虞书·大禹谟》载禹之言"德惟善政",《尚书·虞书·皋陶谟》载皋陶之言曰"行有九德",虽属后人追记,但亦可见古人以德作为衡量帝王的首要标准。

---

① 顾炎武. 顾亭林诗文集 [M]. 华忱之,点校. 北京:中华书局,1959:91.

② 赵尔巽,等. 清史稿 [M]. 北京:中华书局,1977:13167.

③ 梁启超. 中国近三百年学术史 [M]. 夏晓虹,陆胤,校勘. 北京:商务印书馆,2011:16.

"德"字，在甲骨文中像人一边走一边用眼睛向前看，其时还没有出现"心"符，含有人行事之意。在西周时期的金文中，德增加了"心"符，这表明"德"字已具有了精神性的涵义，体现了人心的思维与实际行动的结合与统一，由之，德字逐渐衍生出人们共同生活及行为的准则、规范以及人的品行、品质之义。成书于商周之际的《易经》有多条卦爻辞使用"德"字，如《讼·六三》云："食旧德，贞厉，终吉。"《恒·九三》云："不恒其德，或承之羞，贞吝。"《益·九五》云："有孚惠心，勿问，元吉。有孚惠我德。"

其中的"德"字都具有德性的意味，说明周初人们对于德性已有比较深刻的思考。并且，《易经》中特别多地强调"敬"与"孚"两种德性，如《需·上六》云："入于穴，有不速之客三人来。敬之，终吉。"《离·初九》云："履错然，敬之，无咎。"《升·九二》云："孚乃利用禴，无咎。"《损》卦辞云："有孚，元吉，无咎，可贞，利有攸往。曷之用？二簋可用享。"

《易经》作者肯定"敬"德在处事活动中的意义，肯定"孚"德在祭祀活动中的意义，说明已经有细分人的德性的意识。

周初以周公旦为代表的有识之士，一方面提出了"以德配天"的思想，告诫统治集团要以一颗虔诚惕惧之心进行个人的道德建设；一方面制礼作乐，在血缘宗法的范围内以"礼"为最高的行为规范，从而实现"德"与"礼"的统一，也因之奠定了中国社会崇德尚礼的文化范式。

春秋晚期的孔子在继承西周文化的基础上，提出了"内仁外礼"或"仁本礼用"的道德模式。其以仁为总德，尤其重视智、仁、勇三德，认为"仁者不忧，知者不惑，勇者不惧"，提出了礼、孝、忠、悌、恭、宽、敏、信、惠、温、良、恭、俭、让、诚、敬、慈、刚、毅、直、廉等一系列道德范畴，从而初步构建起中国道德规范的体系。

战国时期的孟子，以"仁义礼智"为四基德，并将其扩充为"五伦十教"，即君惠臣忠、父慈子孝、兄友弟恭、夫义妇顺、朋友有信。成书于战国时期的法家著作《管子》提出了"四维七体"，四维即礼、义、廉、耻，七体即孝悌慈惠、恭敬忠信、中正比宜、整齐樽诎、纤啬省用、敦懞纯固、和协辑睦。这都体现了崇德尚礼的思想特色。

汉代儒者董仲舒为维护大一统的封建秩序，提出了三纲五常的道德，"三纲"即君为臣纲、父为子纲、夫为妻纲，"五常"即仁、义、礼、智、信，并成为之后中国两千年封建社会不可动摇的金科玉律，究其本质，还是在于"德"与"礼"两端。

五、忧乐圆融

"忧乐圆融"作为一种中国传统人文精神和主干思想,是由当代学者庞朴先生在总结前人学说的基础上提出的。[①] 顾名思义,忧乐圆融是指忧患的思想和情感与快乐的思想和情感,相互交融而畅达无碍,它既反映了中国人思想的特质,又反映了中国人情感的特质。

中华先民的忧患意识可追溯至上古时期,洪水、野兽、瘟疫随时威胁着人类的生命,在人类与大自然抗争的过程中,忧患意识由之萌生。一个典型的事例就是鲧禹父子治水。按《尚书·虞书·尧典》的记载,尧帝时"汤汤洪水方割,荡荡怀山襄陵,浩浩滔天",黄河水患使人们流离失所,生活困苦。鲧作为中国修筑城郭技术的发明者,在四方诸侯的推荐下受命治理黄河水患,结果治水九年不成而被杀死,落下一个悲惨的命运。鲧的儿子禹长大成人后继承其父之志业治水。按《史记·夏本纪》记载:"禹伤先人父鲧功之不成受诛,乃劳身焦思,居外十三年,过家门不敢入。薄衣食,致孝于鬼神。卑宫室,致费于沟淢。"[②] 所谓"过家门而不敢入",其蕴含的正是一种深深的忧患意识,这种忧患意识,既是为大家,也是为小家、为个人,体现了中华先民在改造与征服大自然过程中的一种自觉意识、奉献精神和责任观念。《尚书·虞书·大禹谟》舜告诫禹之言:"人心惟危,道心惟微,惟精惟一,允执厥中……四海困穷,天禄永终。"意思是人心是危险难安的,天道也是微妙难明的,惟有精心体察,专心守住,才能坚持一条不偏不倚的正确路线……如果天下百姓都穷困不堪,那么作为君主的天禄也就永远终结了。"虽有后人修饰的成分,但其与大禹"劳身焦思,居外十三年,过家门不敢入"的忧患意识是一致的。

商周之际,由于人的主体意识的觉醒和理性思维能力的提升,忧患意识已经上升为周统治集团的共同思想。《尚书·周书·召告》记载召公告诫成王曰:"惟王受命,无疆惟休,亦无疆惟恤。呜呼!曷其奈何弗敬?"其认为周王接受了新的天命,美好固然无穷无尽,但忧患也无穷无尽,以此劝谕周王要谨慎行事。商周之际文王、周公在文化上的一大贡献是《周易》的创作,这部披着占筮外衣的书将当时人类对天地自然的认识及生产生活通过八个卦象组合而成的六十四

---

① 庞朴. 忧乐圆融:中国的人文精神 [M]. 冯建国,编. 上海:上海教育出版社,2020:265-291.

② 司马迁. 史记 [M]. 2 版. 北京:中华书局,1982:51.

卦表现了出来,人们既可以用来占卜、通过一整套象数思维模式推演天道人事的吉凶,又可以从卦爻辞中获得涵盖天地人各个方面的文化思想,从而使人们从纯粹的窥探天地鬼神意旨的鬼占等巫术中解放出来。《周易》这部书恰恰是西伯姬昌被商纣王囚禁在羑里牢中七年朝夕"忧患"的产物,所以《周易·系辞下》云:"《易》之兴也,其于中古乎?作《易》者,其有忧患乎?……《易》之兴也,其当殷之末世,周之盛德耶?当文王与纣之事耶?是故其辞危。危者使平,易者使倾。其道甚大,百物不废。惧以终始,其要无咎,此之谓《易》之道也。"其指出《易经》这部书最核心的精神,其实是卦爻辞中流淌着的忧患意识。

春秋战国时期,礼坏乐崩、诸侯征战的社会现实使忧患意识发展成为一种普遍的社会意识。孔子曰:"人无远虑,必有近忧。";"君子忧道不忧贫。"(《论语·卫灵公》)又曰:"德之不修,学之不讲,闻义不能徙,不善不能改,是吾忧也。"(《论语·述而》)孟子进一步发展了孔子的忧患意识,深化了忧患意识的内涵,形成了比较完整的忧患意识的理论。孟子曰:"故天将降大任于是人也,必先苦其心志,劳其筋骨,饿其体肤,空乏其身,行拂乱其所为,所以动心忍性,增益其所不能。人恒过,然后能改;困于心,衡于虑,而后作;征于色,发于声,而后喻。入则无法家拂士,出则无敌国外患者,国恒亡。然后知生于忧患而死于安乐也。"(《孟子·告子下》)其充分肯定了忧患意识的巨大价值,认为其关涉个体生命意义的实现,关涉国家的兴衰存亡。更为重要的是,孟子还把民本思想引到忧患意识中,孟子曰:"乐民之乐者,民亦乐其乐;忧民之忧者,民亦忧其忧。乐以天下,忧以天下,然而不王者,未之有也。"(《孟子·梁惠王下》)儒家的忧患思想,在《大象传》《系辞》等解《易》文献中也有鲜明地体现,如《大象传》认为君子在治国理政上当做到"作事谋始""俭德辟难""教思无穷,容保民无疆""明庶政,无敢折狱""慎言语,节饮食""惩忿窒欲""见善则迁,有过则改""恐惧修省""永终知敝""思患而豫防之""以慎辨物居方"等,说明正是中华民族一以贯之的忧患意识催生了古人修齐治平的政治智慧。正如《周易·系辞下》所阐发的:"危者,安其位者也;亡者,保其存者也;乱者,有其治者也。是故君子安而不忘危,存而不忘亡,治而不忘乱,是以身安而国家可保也。"正是这种居安思危的思想意识,使中华民族在历史的长河中始终保持着清醒的头脑,推动着中华文明不断走向辉煌。

下面说一下"忧乐圆融"中"乐"的一面。李泽厚先生认为,中国人与生俱来的"实践理性"或"实用理性"的倾向促使中国文化成为一种"乐感"文化。中国人对人生和世界持有一种肯定和执着态度,人们在为生命和生活而奋斗的过程中保持人际的和谐、人与自然的和谐,既不使情感越出人际界限而去追求灵魂的超升,也不使理智越出经验界限而去探索抽象思辨的奥秘,而是注重在现实的世俗生活中取得精神的平宁和幸福,即在人世快乐中求得超越,在此生有限中去得到无限。[①]庞朴先生说:"中国人更惯于快慰地把握现在,乐观地眺望未来,在感性生活中积淀着理性精神,于人生快乐中获得神志超越。因而,审美境界是中国人生的最高境界,审美主题是中国哲学与文化的最高标的。而'乐感',这一为审美所必备的心态,则是中国人的心理本体所在。"[②]

　　以上两位学者从不同的角度阐述了中国文化为乐感文化的原因所在。如果我们从历史的角度探究中华先民为什么乐?乐什么?怎么乐?似乎更能探究中国传统文化的本质。中国的地理环境决定了中国文化的"乐天"属性。作为发源于黄河流域的文明——华夏文明,与其他世界各大古文明——古巴比伦、古埃及、古印度、古希腊文明相比,在其地理环境上具有相对的封闭性和独立性,较少受到其他文明的剧烈冲击。古代中国虽有北狄、南蛮、西戎、东夷之患,但华夏族始终占据着主体民族的地位,在文化上保持着压倒性的优势,并在之后的历史发展中不断与少数民族相融合,最终形成泱泱华夏从未间断的 5 000 多年文明史。在这一中华民族的发展历程中,中国地大物博的自然地理环境使勤劳善良的中华人民树立了坚不可摧的民族自信和文化自信,成为中国"乐感"文化的源泉。据传是帝尧时期的《击壤歌》曰:"日出而作,日入而息。凿井而饮,耕田而食。帝力于我何哉?"这首远古先民的歌谣用口语化的表达方式,描绘出了一幅生动祥和的农家田园生活画面:"太阳出来就劳动,太阳下山就休息。凿出井泉供饮水,种出五谷供吃饭。谁去稀罕当帝王?"诗中流淌着中华先民心无旁骛的自由安闲和自给自足的简单快乐,不正是中华发达的农耕文明的写照吗?进入封建社会以后,中国古代农耕文明的特点被概括为"男耕女织""自给自足",这种生活方式固然辛苦,却是古人理想的生活。无论是"牛郎织女"的传说,还是"董永卖身葬父"的故事,其温暖人心的无不是男耕女织的生活场景。正是这种以家庭为生产单位,男耕女织,自给自足的经济形式,使国人在享受衣食无忧的自足生活时,同时享受着家庭夫妻生活的和美和祖孙三代的天伦之乐,从而产生了一种心理的自足和精神的自足,这是中国"乐感"文化产生的主因之一。

---

① 李泽厚. 中国古代思想史论:第 1 册[M]. 合肥:安徽文艺出版社,1999:310.
② 庞朴. 忧乐圆融:中国的人文精神[M]. 冯建国,编. 上海:上海教育出版社,2020:272.

"乐感"文化形成的另一因素,在于中国文化以"道"为人生的最高价值取向上。无论道家还是儒家,都执着追求天下最高的"道"。老子以"无为"为天地自然、人类社会之至道。《道德经》第五十七章云:"我无为而民自化,我好静而民自正,我无事而民自富,我无欲而民自朴";认为统治者秉持无为之道,则百姓"自化、自正、自富、自朴"——这不正是老子使天下人快乐之道吗?庄子是最早在哲学境界上论述快乐问题的哲学家。对于什么是"乐"?《庄子·缮性》云:"中纯实而反乎情,乐也",认为内心淳朴并回归真情实感就是乐。庄子提出快乐分"天乐"和"人乐"两类,"以虚静推于天地通于万物,此之谓天乐";至于"人乐",则是指人与自然的无为之道相谐,庄子曰:"至乐活身,唯无为几存"(《庄子·至乐》)。而人作为生命个体的至乐,在于人精神世界的自由与逍遥,从而达到"独与天地精神往来"的境界。老庄哲学对快乐的论述,对中国古代美学思想和艺术观念的形成有着重要影响。

与道家主张"无为"相反,儒家主张"有为",对天下道义的追求一直是儒家社会实践的主线。孔子曰:"饭疏食饮水,曲肱而枕之,乐亦在其中矣。不义而富且贵,于我如浮云。"(《论语·述而》)孔子曰:"不仁者,不可以久处约,不可以长处乐。仁者安仁,知者利仁。"(《论语·里仁》)其认为快乐源于对仁义之道的认识与追求,所以孔子赞叹颜回曰:"贤哉,回也!一箪食,一瓢饮,在陋巷,人不堪其忧,回也不改其乐。贤哉,回也!"(《论语·雍也》)孔子认为,快乐不在于物质享受,而在于精神境界的追求。宋代学者把孔子、颜回的这种安贫乐道的精神,合而称之为"孔颜乐处"。孟子对快乐问题也比较关注,他说:"君子有三乐,而王天下不与存焉。父母俱存,兄弟无故,一乐也;仰不愧于天,俯不怍于人,二乐也;得天下英才而教育之,三乐也。"(《孟子·尽心上》)所谓"父母俱存,兄弟无故"之乐,是指农耕经济背景下的家庭天伦之乐;所谓"仰不愧于天,俯不怍于人"之乐,是指践行"仁义礼智"之乐,"穷则独善其身,达则兼济天下"之乐;所谓"得天下英才而教育之"之乐,是指师者的传道之乐。可见孟子所言的快乐,是侧重于社会层面的,这与孟子"行王道,施仁政"的政治主张、"与民同乐"的社会愿景是一致的。

我们通过对忧患意识、乐感文化的历史梳理可以看出,这两种思想观念诞生于中华文明的起步阶段,并且在漫长的历史长河中有机地交融在一起,它使得中华民族有着悠远而深沉的忧患意识,但这种忧患意识并没有压垮中国人对美好前景的信念。相反,它成为一种激发人们艰苦奋斗、百折不挠的精神力量,它使得中华民族有着先天自足而快乐的生活志趣。但这种快乐不是一种骄奢淫逸,不是为快乐而快乐,而是保持在理性的、中庸的法则之下的快乐,指引着人们"乐天知命,故不忧;安土敦乎仁,故能爱"(《周易·系辞上》),以一颗仁爱之心参与到构建"与民同乐"的理想社会中去。从这个角度看,中华文化确实是一种忧乐圆融的文化。

第二节　黄河文化的基本理念

文化是一个包罗万象的复合体,涵盖了物态文化、制度文化、行为文化和心态文化等各个层面。在上述诸文化层面中,文化的基本理念是影响或制约文化发展态势与走向的内在动力和主导性因素,也是一种文化区别于另一种文化最鲜明的标识所在。黄河文化作为黄河全流域人民在生产与生活实践中所创造的物质财富和精神财富的总和,在漫长的历史长河中形成了天人合一、刚柔相济、尚中贵和、知行合一、兼容并包等基本理念,作为文化中的主导性因素推动黄河文化逐步走向璀璨和辉煌。

一、天人合一

所谓"天人合一",简而言之,是一种关于天人关系的观点,认为人与天之间应当是完全相合的关系,即合而为一。但古代关于天的涵义是多重的,冯友兰先生认为天有五重涵义,即物质之天、主宰之天、运命之天、自然之天和义理之天。[①]任继愈先生又增之以"人格之天"[②]。可见,天人合一在其思维的指向上也是多重的。

天人合一的理念,源于古人的畏天、敬天和渴望知天的思想观念,我们从商代龟卜的巫术中不难看出这一点。《礼记·表记》载:"殷人尊神,率民以事神,先鬼而后礼……"[③]殷人把上天的主宰"帝"作为天地万物的绝对主宰,把生产生活的支配权完全交给天帝,凡战争、田猎、生育、疾病、天气等事项都要以龟卜的

---

①　冯友兰. 中国哲学史[M]. 上海:华东师范大学出版社,2011:27.

②　任继愈. 试论"天人合一"[J]. 传统文化与现代化,1996(1):4.

③　胡平生,张萌,译注. 礼记[M]. 北京:中华书局,2017:1056.

方式预测吉凶祸福,以此实现人的行为与天帝旨意的相合——这是人凭借外物媒介而实现的天人合一。西周时期,天仍为有人格意志的主宰之天,但上天又被赋予了"敬德保民"的道德属性,所谓"皇天无亲,惟德是辅"(《左传·僖公五年》),上天保佑的是能够"以德配天"的统治者。所以对于周天子而言,必须要有一颗敬天修德、保民安民之心,通过施行德治而获得上天的护佑。这说明天人合一的论题,逐渐落实到人的道德建设这一重心上。

降至春秋,孔子不语"怪力乱神",但却"与命与仁",天命的观念在孔子的思想中仍占有重要的地位。孔子曰:"获罪于天,无所祷也。"(《论语·八佾》)又曰:"天生德于予,桓魋其如予何?"(《论语·述而》)可见,孔子思想中的"天",兼有主宰之天、运命之天和德性之天多重意蕴。孔子曰:"不知命,无以为君子也。"(《论语·尧曰》)又曰:"不怨天,不尤人,下学而上达。知我者其天乎!"(《论语·宪问》)可见孔子所主张的,就是通过学习完善自己的道德,把上天赋予人的"德"完全地展现出来,并为自己在人类社会所应当承担的使命努力奋斗,这样就可以达到知天命的境界,实现天人在理性与情感双重意义上的合一。孔子的天命思想对战国时期思孟学派的天人合一思想有着直接的影响。除了孔子秉持传统的天命观外,春秋时期一些知识分子对天命持怀疑态度,如《左传·庄公三十二年》载史嚚曰:"国将兴,听于民;将亡,听于神。"[①]《左传·昭公十八年》载子产曰:"天道远,人道迩,非所及也,何以知之?"[②] 张世英先生指出:"大体上从春秋时期起,天人关系的重心已不是讲人与有意志的人格神之间的关系,'天'已经开始从超验的神的地位下降到了现实世界。"[③] 这对道家的天人合一思想产生了直接的影响。

就思孟学派的天人合一思想来看,子思《中庸》中的"天"有物质之天的意味,更是指义理之天。《中庸》开篇倡言:"天命之谓性,率性之谓道,修道之谓教……喜怒哀乐之未发,谓之中;发而皆中节,谓之和。中也者,天下之大本也;和也者,天下之达道也。致中和,天地位焉,万物育焉。"其认为天命与人性两端由道德教化的手段可以沟通,道德教化使人的性情达于中和的境地,如此则可以使天地各得其位,万物生长繁育。那么,道德教化启发人性情的着力点在哪?子思认为关键在于启发人性之"诚"。《中庸》曰:"诚者,天之道也;诚之者,人

---

① 杨伯峻. 春秋左传注(修订本)[M]. 2版. 北京:中华书局,1990:252.

② 杨伯峻. 春秋左传注(修订本)[M]. 2版. 北京:中华书局,1990:1395.

③ 张世英. 中国古代的"天人合一"思想[J]. 求是,2007(7):34.

之道也。"又曰:"诚者,非自成己而已也。所以成物也。成己仁也。成物知也。性之德也,合外内之道也。故时措之宜也。"可见,子思所谓的"诚",既是道德主体的最高境界(性之德),又是贯通天人的绝对精神,故一个人完全达到"诚"的境地,就可以合内外之道,也就是天人合一。《中庸》曰:"唯天下至诚,为能尽其性;能尽其性,则能尽人之性;能尽人之性,则能尽物之性;能尽物之性,则可以赞天地之化育;可以赞天地之化育,则可以与天地参矣。"若能由至诚而尽己之性,由尽己之性而尽人之性,由尽人之性而尽物之性,则可以达到天地化育万物般的境地,意即天人合一。

孟子的天人合一思想继承了子思的思想,主要是讲人与义理之天的合一。孟子曰:"尽其心者,知其性也;知其性,则知天矣。"(《孟子·尽心上》)与子思"至诚尽己、尽人物性"说不同,孟子在天人合一的实践上更简易也更具可操作性。而所谓的尽心知性,就是知晓并最大限度地扩充一个人的恻隐、羞恶、辞让、是非之心,而这"四心"合起来,即是人的仁义礼智之性,所以孟子说仁义礼智之性是人生而有之。孟子又认为,人心思考的官能是"此天之所与我者"(《孟子·告子上》)。就是说人的善性是上天所给的,此即发挥《中庸》"天命之谓性"之义,故天与人在道德精神上是融通的,故知性也即知天。一个人若能完全尽心知性,那么就会达到一种神化的境界,所谓"君子所过者化,所存者神,上下与天地同流"(《孟子·尽心上》),即可以与天地的德业、精神相匹配。这种境界,孟子又描述为:"万物皆备于我矣。反身而诚,乐莫大焉。"(《孟子·尽心上》)这是说万事万物的本性都与我心相通,人与天地万物都处于一种真实不妄的生命状态,这是一种极其愉悦的精神享受,从而又把天人合一的道德体验引向了神秘化的方向。

下面谈谈老庄的天人合一思想。老子、庄子思想中的天,指的宇宙自然本身或事物的自然状态。老子认为,"道"是宇宙的总体、本源,天地万物都是由道派生出来的,老子曰:"道生一,一生二,二生三,三生万物。"(《道德经》第四十二章)人虽为万物之一,但也是自然界有机的组成部分,人与自然是一个不可分割的统一整体。在这样一个统一整体中,道是天地万物共同的终极规定性,这是天人合一得以实现的理论前提。老子曰:"道生之,德畜之,物形之,势成之。是以万物莫不尊道而贵德。道之尊,德之贵,夫莫之命而常自然。故道生之,德畜之;长之育之,亭之毒之,养之覆之。生而不有,为而不恃,长而不宰,是谓'玄德'。"(《道德经》第五十一章)其阐述了道的根本属性及运行法则——自然,即自然而然,所以天人合一就是人对天地自然之道的认识与体悟的过程,这个过程被老子表述为："人法地,地法天,天法道,道法自然。"(《道德经》第二十五章)老子的天人合一观,落实到人性上,即是认为人"自然而然"的纯朴天性为人的根本属性;落实到实践上,即是由人的纯朴天性践行自然无为之道,从而达到人与自然的浑然一体,实现天人相谐的理想境界。

庄子在继承老子道论的基础上,其天人合一思想更多地讲人的精神境界。庄子曰:"天地者,万物之父母也。"(庄子·达生)"有人,天也;有天,亦天也。"(《庄子·山木》)天人本来就是合一的,所以,要实现天人合一,就是要"绝圣弃智",将人性从仁义礼智的道德说教中解放出来,使之重新复归于自然,从而领悟"天地与我并生,而万物与我为一(《庄子·齐物论》)""独与天地精神往来(《庄子·天下》)"的境界。

《易传》哲学的核心思想也是天人合一。《易传》分《彖传》上下篇、《象传》上下篇、《文言传》、《系辞传》上下篇、《说卦传》、《序卦传》和《杂卦传》,其成书年代大概从战国前期至战国后期,思想特色则是以儒家思想为主而又兼采道家、法家和阴阳家的思想。《易传》中的天具有多重涵义,其以自然之天的意义为主,又兼具义理之天的内容。如《乾·大象传》云:"天行健,君子以自强不息",《坤·大象传》云:"地势坤,君子以厚德载物",赋予天地以人的品格。按《说卦传》的说法,《周易》的创作是圣人幽赞神明、参验天地、观察阴阳、发挥刚柔的结果,其目的在于"和顺于道德而理于义,穷理尽性以至于命",最终实现人道与天道的合一。《说卦传》云:"昔者圣人之作易也,将以顺性命之理。是以立天之道,曰阴与阳;立地之道,曰柔与刚;立人之道,曰仁与义。兼三才而两之,故易六画而成卦。分阴分阳,迭用柔刚,故易六位而成章。"作为自然属性的天道"阴阳"、地道"刚柔"与作为道德属性的人道"仁义"被完美地统系于易卦六位中,说明《周易》哲学的精髓在于统摄天地人三才之道。《系辞上传》云:"《易》与天地准,故能弥纶天地之道",也是指出《周易》之道与天地之道是完全契合的关系。所以,《系辞》作者赞美作《易》的圣人:"圣人以此洗心,退藏于密,吉凶与民同患。神以知来,知以藏往,其孰能与于此哉!古之聪明睿知,神武而不杀者夫",认为其达到了神化莫测的境界。《乾·文言传》赞美臻于天人合一之境的帝王:"夫大人者与天地合其德,与日月合其明,与四时合其序,与鬼神合其吉凶",认为其与天地生育万物之德、日月光照万物之明、四时生长万物之序、鬼神感知吉凶之能等一一相合,这是先秦时期关于天人合一境界最高的阐述。

天人合一作为我国传统的思维方式,是黄河文化对人类社会的一大贡献,它讲求天与人之间的内在联系,要求人们认识和顺应自然规律,尊重和保护生态环境。习近平总书记指出："绿水青山就是金山银山。"今天建设人与自然和谐相处的美好社会,需要我们从天人合一的理念中进一步汲取营养和能量。

二、尚中贵和

"尚中贵和"是我国传统文化的基本理念之一,它深刻影响了中国人的思维方式和处世观念。所谓尚中,就是把"中"奉为最高行为准则,强调处世行事一定要符合"中"的标准;所谓贵和,就是以和为贵,强调天、地、人、物、我之间关系的和谐。

甲骨文已出现"中"字,卜辞中有用"中"测日影、测风的记载:"癸酉卜,宾贞,翌丙子,其立中,亡风?"又如:"壬申卜,贞:王立中?"《说文解字》载:"中,内也。从口。丨,上下通。"唐兰认为"中"的本义是徽帜,他说:"盖古者有大事聚众于旷地,先建中焉,群众望见中而趋附,群众来自四方,则建中之地为中央矣。列众为陈,建中之酋长或贵族恒居中央,而群众左之右之,望见中之所在,即知为中央矣。然则中本徽帜,而其所立之地,恒为中央,遂引申为一切之中。"[1]可见"中"由徽帜之义而指中央之地,即位置居中;而"中国"得名的由来,即指天下之中央。西周早期青铜器何尊的铭文中记述周成王继承武王遗志,营建成周(今洛阳)之事,铭文曰:

唯王初迁宅于成周,复禀武王礼,福自天。在四月丙戌,王诰宗小子于京室,曰:"昔在尔考公氏,克弼文王,肆文王受兹大命。唯武王既克大邑商,则廷告于天,曰:'余其宅兹中国,自之乂民。'呜呼!尔有唯小子亡识,视于公氏有爵于天,彻命。敬享哉!"唯王恭德裕天,训我不敏,王咸诰,何赐贝卅朋,用作囗公宝尊彝。惟王五祀。[2]

"宅兹中国"的"中国"指的是位于天下中心的国都洛邑,后来指中原地带,最终成为以华夏文明为源泉、以中华文化为基础、以汉族为主体的多民族国家的国名。

我们由"中"及"中国"之义,可见古人对很早就推崇中位,并逐渐产生了适中、时中、执中、中庸等观念。《易经》作者崇尚中位,一卦六爻,往往以二、五

---

① 唐兰. 殷墟文字记 [M]. 北京:中华书局,1981:52—53.

② 王红. 何缘"中国":何尊 [N]. 人民日报,2014-2-24(12).

中位为吉,如《乾·九二》曰:"见龙在田,利见大人。"《乾·九五》曰:"飞龙在天,利见大人。"《周易·夬卦》曰:"中行,无咎。"《易经》以中位为吉的倾向性,至战国时期的《易传》则形成了崇尚中爻的解《易》原则,如《蒙·彖传》曰:"'蒙'亨,以亨行时中也。"《大有·彖传》曰:"大有,柔得尊位大中而上下应之,曰'大有'。"《论语·尧曰》记载:"尧曰:'咨!尔舜!天之历数在尔躬,允执其中。四海困穷,天禄永终。'舜亦以命禹。"可见古人把"允执其中"作为治理天下的理念。孔子将尚中观念发展为儒家的一种修身方法和处世原则。孔子曰:"过犹不及"(《论语·先进》),主张不偏不倚、不走极端。《论语·雍也》载孔子之言曰:"中庸之为德也,其至矣乎!民鲜之矣。"孔子所谓的"中庸"即强调对过犹不及的"中道"的把握,也就是在为人处世、治国理政上要"允执其中"。

关于"和",《说文解字》曰:"相应也"。《国语·郑语》载史伯之言曰:"夫和实生物,同则不继。以他平他谓之和,故能丰长而物归之。若以同裨同,尽乃弃矣。故先王以土与金、木、水、火杂,以成百物。"[①] 所谓"和实生物",是指阴阳相合而生万物,认为阴阳两种不同性质之气相合才化成万物,这是站在宇宙生成论的高度上论"和"的意义;所谓"以他平他谓之和",是指用一种事物去协调另一种事物,以促使两种不同事物达到矛盾的统一、融合状态,这是站在事物之间相互联系、相辅相成的角度上论"和"的意义。可见,"和"既是事物产生、存在与发展的深层原因,也是事物的外在形态。儒家重视人类社会的和谐,孔子将"和"视为君子才具备的德性。《论语·子路》曰:"君子和而不同,小人同而不和。"意思是君子讲求和谐而不同流合污,小人只求完全一致而不讲求协调。儒家认为,无论是德治还是礼治,最终的目标都应使社会和谐。《论语·学而》载有子之言曰:"礼之用,和为贵。"孔子曰:"均无贫,和无寡,安无倾"(《论语·季氏》)。孟子曰:"天时不如地利,地利不如人和。"(《孟子·公孙丑下》)此皆指出"和"在国家政治和社会治理中的重要意义。

把尚中与贵和思想统一起来的是子思。《中庸》曰:"中也者,天下之大本也;和也者,天下之达道也。"子思把"中"视为人人都有的本性,把"和"视为天下都要遵循的原则,强调君子的使命就是"致中和",从而实现天、地、人、物、我诸要素的和谐。

"尚中贵和"理念要求我们践行中正之道,坚持和而不同,努力实现人与人的和谐、各民族之间的和谐、整个国家的和谐和整个国际社会的和谐。2015 年

---

① 徐元诰. 国语集解 [M]. 王树民,沈长云,点校. 北京:中华书局,2002:470.

9月，国家主席习近平在联合国总部发表重要讲话中指出："构建以合作共赢为核心的新型国际关系，打造人类命运共同体。"习主席的讲话鲜明体现了尚中贵和理念的巨大价值，它将个体人的自由全面发展（中）与全球人民共同利益（和）结合起来，将各个国家谋求发展的多样性（中）与全球国家共同利益（和）结合起来，赢得了世界绝大多数国家和人民的一致认同和高度赞誉。

三、刚柔相济

刚柔相济是我国古人在长期的生产与生活实践中形成的一种哲学智慧，它既是一种世界观，也是一种方法论。刚柔的本义是指事物坚硬或柔软的性质。关于"刚"，《说文解字》云："刚，强断也。从刀，冈声。"关于"柔"，《说文解字》云："柔，木曲直也。从木，矛声。"《诗经·大雅·烝民》云："人亦有言，柔则茹之，刚则吐之。"此处的刚柔是指食物的软硬，即是用其本义。"刚柔"由表示事物坚硬或柔软属性的意义，又引申到人的德性上来。《尚书·虞书·皋陶谟》载："宽而栗，柔而立，愿而恭，乱而敬，扰而毅，直而温，简而廉，刚而塞，强而义。"皋陶所述人之九德，包括刚柔在内。柔指温和，刚指刚正，皆是指人的德性。《尚书·周书·洪范》载："三德：一曰正直，二曰刚克，三曰柔克。平康正直，强弗友刚克，燮友柔克。沉潜刚克，高明柔克。"《洪范》篇所记乃箕子传授周武王之治国大法，刚克是指以刚强取胜，柔克是指以柔和取胜，可见其将"刚""柔"视为两种可以相互补充的处世方法。

春秋时期刚柔概念有较大发展。《道德经》一书以道为宇宙的本原，提出了一系列矛盾概念，如有与无、阴与阳、刚与柔、雌与雄、强与弱、奇与正等，认为矛盾双方是对立统一的关系。对于矛盾的双方，老子思想中显然更倾向于无、阴、柔、雌、弱、奇的一方。《道德经》二十八章载："知其雄，守其雌，为天下溪……知其白，守其黑，为天下式……知其荣，守其辱，为天下谷。"《道德经》第七十八章载："天下莫柔弱于水，而攻坚强者莫之能胜，其无以易之。弱之胜强，柔之胜刚，天下莫不知，莫能行"，反映了道家"贵柔轻刚"的思想倾向。孔子则表现出"重刚恶柔"的思想倾向。《论语·子路》载："子曰：'刚、毅、木、讷近仁。'"《论语·季氏》载："子曰：'友便辟，友善柔，友便佞，损矣。'"可见，孔子视刚为仁的内涵之一，而对柔则是极为排斥的。

但就春秋战国时期刚柔范畴发展的整体趋势来看，逐渐形成了刚柔相济的方法论。如《国语·越语下》载范蠡之言曰：

古之善用兵者,因天地之常,与之俱行。后则用阴,先则用阳;近则用柔,远则用刚……宜为人客,刚强而力疾,阳节不尽,轻而不可取。宜为人主,安徐而重固;阴节不尽,柔而不可迫。凡陈之道,设右以为牝,益左以为牡,蚤晏无失,必顺天道,周旋无究。①

范蠡论述用兵之道,以"刚"系于"阳",以"柔"系于"阴",说明刚柔二者皆不可偏废,须相济为用,标志着刚柔相济思想的成熟。

范蠡之后,对刚柔相济思想阐述较多的是战国时期的《易传》,如《象传·恒卦》曰:"刚柔皆应"。《象传·既济卦》曰:"刚柔正而位当。"《系辞上》曰:"刚柔者,立本者也。"又曰:"刚柔相推,变在其中矣。"《说卦传》曰:"分阴分阳,迭用柔刚。"大约成书于战国晚期的帛书《易之义》亦曰:"万物之义,不刚则不能动,不动则无功,恒动而弗中则亡,此刚之失也。不柔则不静,不静则不安,久静不动则沉,此柔之失也。"② 这说明刚柔相济的理念在先秦时期已经成熟。

刚柔相济的理念,启示人们在处理问题时要刚柔相间,不可执于一端,做到亦刚亦柔,才是上策。

四、知行合一

"知行合一"是指知识和行动的统一。它是我国古代哲学中认识论和实践论的命题,而侧重于道德修养和道德实践。正如汤一介先生所指出的:"关于'知行'问题,我国近世学者往往从认识论的角度去分析它,但在儒家哲学中,它更是一个伦理道德问题。认识问题如果不与道德修养问题相结合,就很难成为儒家哲学的一个部分而流传下来,因此认识问题往往与伦理道德是同一问题,故儒家主张在社会生活中不仅应'知'(认识),而且应'行'(实践,身体力行)。"③

我国第一个比较系统地论述知行关系的人当属孔子。就《论语》所记载孔子相关言论来看,他倡导言行一致、知行合一,而尤重力行。孔子曰:"君子耻其言而过其行。"(《论语·宪问》)"君子欲讷于言而敏于行。"(《论语·里仁》)意思是一个人说得比做得多是可耻的,君子最好少说话,多做事。《论语·为政》载:

---

① 徐元诰. 国语集解[M]. 王树民,沈长云,点校. 北京:中华书局,2002:584-586.

② 连劭名. 帛书《周易》疏证[M]. 北京:中华书局,2012:346.

③ 汤一介. 论"知行合一"[M]// 汤一介. 汤一介哲学精华编. 北京:北京联合出版公司,2015:370.

"子贡问君子。子曰:'先行其言,而后从之。'"意思是作为君子,不能只说不做,而应该先做后说。并且,孔子以一个人是否言行一致作为考量道德的标准。《论语·公冶长》记载孔子之言曰:"始吾于人也,听其言而信其行;今吾于人也,听其言而观其行。"而言行关系的问题,也就是知行关系的问题,孔子要求言行一致,也就是要求知行统一。《论语·子路》载孔子曰:"诵诗三百,授之以政,不达;使于四方,不能专对;虽多,亦奚以为?"孔子此番言论触及知行关系的关键所在,即"知"必须能指导"行",一个人仅有知识而不能将其运用到实践之中,就会导致知与行的背离,所以君子要学以致用、知行合一。

孔子之后,《中庸》与《大学》也都对知行关系予以论述。《中庸》载:"博学之,审问之,慎思之,明辨之,笃行之。有弗学,学之弗能,弗措也;有弗问,问之弗知,弗措也;有弗思,思之弗得,弗措也;有弗辨,辨之弗明,弗措也;有弗行,行之弗笃,弗措也。"子思提出了博学、审问、慎思、明辨、笃行等五个环环相扣的治学过程,不难发现其思想内核正是学以致用、知行结合。子思还将"知"与"行"各分为三个层次,《中庸》二十章载:"或生而知之,或学而知之,或困而知之,及其知之,一也。或安而行之,或利而行之,或勉强而行之,及其成功,一也。"从中可见子思对知、行有着多维度的思考。《大学》中提出"三纲领""八条目",从认识论与实践论的角度看,也是讲知与行如何达到完美统一的过程。

战国末期的荀子对知行关系做了较多探讨。一方面,荀子肯定"知",认为知识对实践有重要的指导作用。《荀子·劝学》载:"君子博学而日参省乎己,则知明而行无过矣。"另一方面,荀子重视"行",认为知识只有落实到实践的层面,才能实现其价值。《荀子·儒效》载:"不闻不若闻之,闻之不若见之,见之不若知之,知之不若行之,学至于行之而止矣。行之,明也;明之,为圣人。"荀子认为,不听不如听到,听到不如亲眼看到,看到不如知道,知道了不如亲自实践,做到知行合一才算达到极致。而只有通过实践,才算真正明白事理,才能成为圣人。荀子还从反面论述了知行不能合一的危害性,他说:"故闻之而不见,虽博必谬;见之而不知,虽识必妄;知之而不行,虽敦必困。不闻不见,则虽当,非仁也。其道百举而百陷也。"(《荀子·儒效》)意思是说,听到而没有亲眼看到,即使听到的很多,也必定会出现错误;看见了却不理解,虽然记住了,也必有错误;知道了却不付诸实践,即使知识很多,也将会陷入困境。没有听见,也没有看见,即使做对了,也不是仁,把偶然当作根本方法来做事。这样做 100 次就会失败 100 次。荀子对知行关系的论述,堪称先秦学者中对知行合一命题阐述得最为系统、最为深刻的。

知行关系的问题,至宋明时期成为理学家思考的一个重要论题。北宋程颐对于知行两端更重"知"这一端,他提出了"知先行后"的命题。程颐曰:"到底,须是知了方行得""故人力行,先须要知"。(《二程遗书·伊川先生语四》)可见,程颐重在强调知识对于实践的指导作用。程颐曰:"君子以识为本,行次之。"(《二程遗书·伊川先生语十一》)"知之深,则行之必至,无有知而不能行者。知而不能行,只是知得浅。"(《二程遗书·伊川先生语一》)可见,程颐虽认为知行两端要相互结合,但仍透露出以"知"为本的倾向性。程颐的知行思想对朱熹有一定的影响。朱熹曰:"知行常相须,如目无足不行,足无目不见。论先后,知为先;论轻重,行为重。""致知、力行,用功不可偏。偏过一边,则一边受病。"[①]不难看出,朱熹的知行观较程颐更为辩证,所谓"知行常相须",是说知和行是相互联结和相互依赖的关系。他一方面接受了程颐的知先行后说,认为"知为先";一方面又对程颐以知为本的思想做了修正,认为"行为重",更注重"行"的重要意义。朱熹曰:"既致知,又须力行。若致知而不力行,与不知同。"[②]"学之之博,未若知之之要;知之之要,未若行之之实。"[③]朱熹认为,一个人若是不能亲身践履所得之知的话,那么与不知没什么两样;只有把知识落实到实践上,才是求知的最终目的和意义。朱熹曰:"方其知之而行未及之,则知尚浅。既亲历其域,则知之益明,非前日意味"。[④]朱熹认为只有经过亲身实践过的"知"才是真知,践行所知才是为学之道,可见他秉持的是知行互有侧重又合二为一的知行观。

对"知行合一"论述最为系统而深刻的是明代理学心学派的代表人物王守仁,他批驳了程朱的"知先行后"说:

问:"自来先儒皆以学问思辩属知,而以笃行属行,分明是两截事,今先生独谓知行合一,不能无疑。"

曰:此事吾已言之屡屡。凡谓之行者,只是着实去做这件事,若着实做学问思辩的工夫,则学问思辩亦便是行矣。学是学做这件事,问是问做这件事,思辩是思辩做这件事,则行亦便是学问思辨矣。若谓学问思辩之,然后去行,却如何悬空先去学问思辩得?行时又如何去得个学问思辩的事?行之明觉精察处,便是知;知之真切笃实处,便是行。若行而不能精察明觉,便是冥行,便是"学而不

---

① 黎靖德. 朱子语类 [M]. 北京:中华书局,1986:148.

② 黎靖德. 朱子语类 [M]. 北京:中华书局,1986:2777.

③ 黎靖德. 朱子语类 [M]. 北京:中华书局,1986:222.

④ 黎靖德. 朱子语类 [M]. 北京:中华书局,1986:148.

思则罔"。所以必须说个知;知而不能真切笃实,便是妄想,便是"思而不学则殆",所以必须说个行;元来只是一个工夫。凡古人说知行,皆是就一个工夫上补偏救弊说,不似今人截然分作两件事做。某今说知行合一,虽亦是就今时补偏救弊说,然知行体段亦本来如是。[1]

王守仁认为,知和行"元来只是一个工夫",行即是知,知即是行。正如他后来所总结的:"知是行的主意,行是知的功夫;知是行之始,行是知之成。"[2]吴光先生指出:"王阳明的'知行合一'说有三个要点:第一,知行只是一个工夫,不能割裂。而所谓'工夫',就是认知与实践的过程。第二,知行关系是辩证的统一:知是行的出发点,是指导行的,而真正的知不但能行,而且是已在行了;行是知的归宿,是实现知的,而真切笃实的行已自有明觉精察的知在起作用了。第三,知行工夫中'行'的根本目的,是要彻底克服那'不善的念'达于至善,这实质上是个道德修养与实践的过程。"[3]

知行合一的理念,在中华民族精神和民族性格的形成过程中曾产生过重要影响;对于当今社会主义文明与道德建设,也有着重要的借鉴意义。

五、兼容并包

黄河文化的一个基本理念或特征就是兼容并包。这种兼容并包的特质,是由多种因素促成的。

首先是地理的因素。中国雄踞东亚大陆,幅员辽阔,地理环境多样。按照考古学界一般的观点,早在新石器时代晚期,中国存在六大文化区系,即北方新石器文化、中原新石器文化、东方新石器文化、东南地区新石器文化、西南地区新石器文化、南方新石器文化。其中的中原新石器文化,即被视为中国母体文化的黄河流域文化圈,区域内的仰韶文化被认为是中国新时期文化的主流文化,可见中华文明在发源上有着多元一体的特征。春秋战国时期,我国各地域又形成了中原文化圈、秦文化圈、北方文化圈、齐鲁文化圈、巴蜀文化圈、楚文化圈和吴越文

① 王守仁. 王阳明全集:卷6[M]. 吴光,钱明,董平,等,编校. 上海:上海古籍出版社,
2012:176.

② 王守仁. 阳明传习录[M]. 杨国荣,导读. 上海:上海古籍出版社,2000:171.

③ 吴光. 王阳明"知行合一"论的内涵及其现实意义[J]. 贵州大学学报(社会科学版),
2015,33(1):30.

化圈等七大文化圈,其中影响比较大的有齐鲁文化、中原文化和楚文化等。这些地域文化同中有异,异中见同,在相互交流与融合中形成了各自的独特风格,成为中华文明不可或缺的组成部分,也促成了中华文化兼容并包的特质。

其次是民族的因素。梁启超在《历史上中国民族之观察》一文中从历史演变的角度分析了中国民族的多元性与混合性,指出:"现今中华民族自始本非一族,实由多数民族混合而成。"[①]我们结合神话传说及考古发现来看,上古时期存在三大部落集团:活动于黄河中游中原地区的华夏部落,活动于辽东半岛、山东半岛到淮河流域一带的东夷部落,活动于长江中下游的苗蛮部落。按"黄帝擒蚩尤"的传说,最终华夏部落在涿鹿之战打败东夷部落,华夏族势力扩大东部滨海,逐渐将东夷部族融合。在这一战争过程中,处于良渚文化圈的一个以"女魃"为首领的苗蛮部落应黄帝的邀请加入了对抗蚩尤的战斗,在战斗胜利后并没有返回故地,而是迁往西北之地。[②]可见上古三大部落集团是形成中华民族的主要来源。至夏王朝建立,其民自称为夏或诸夏,这一方面说明夏王朝以华夏集团的正统后裔自居,另一方面也说明了华夏族成为当时中国的主要民族。就商周至秦统一前的民族情况来看,华夏族始终与当时被称为戎狄蛮夷的少数民族有着矛盾斗争,但至战国时期七雄的确立,基本完成了各少数民族华夏化的历史进程。从秦汉至明清,作为民族主体的汉民族与其他少数民族始终进行着民族的交流与融合,最终熔铸成"多元一体"的中华民族。中华民族多元一体的格局决定了它最大的特征就是兼容并包,也因此使中华文化呈现出同一性和多样性相结合的发展态势,是中华文化始终保持着强大同化力和顽强生命力的原因所在。

再次是文化自身的因素。中国文化自诞生之初就有一种"天下"的意识和胸襟。古人眼中的"天下",是天底下所有的土地、所有的人民和所有的文明。自古以来,历代君王皆以统一天下为目标,正如《诗经·小雅·北山》所说:"溥天之下,莫非王土。率土之滨,莫非王臣。"中华文明有着"为天下苍生计"的博大胸襟。《礼记·礼运》载:"大道之行,天下为公。"[③]《吕氏春秋·孟春纪·贵公》载:

---

① 梁启超. 历史上中国民族之观察 [M]// 饮冰室合集·饮冰室专集:41. 北京:中华书局,1989:4.

② 于成宝,曹丙燕. 从"精卫填海"与"黄帝擒蚩尤"看上古部落的冲突与融合 [J]. 中国海洋大学学报(社会科学版),2015(1):68-69.

③ 胡平生,张萌,译注. 礼记 [M]. 北京:中华书局,2017:419.

"天下非一人之天下,天下之天下也。"《论语·颜渊》载:"四海之内,皆兄弟也。"可以说,中华文化中的"天下观"与世界其他古老文明的天下观的不同之处,就在于其超越了国家和民族,展现出一种雍容博大、海纳百川的气度和胸襟。

就西周至秦统一天下的发展大势而言,一统的王官之学变为诸子百家之学,其中儒道两家基本奠定了中国文化的发展形态和精神气质。陈来先生指出:"儒家思想是中华文明初期以来文化自身发展的产物,体现了三代传衍下来的传统及其养育的精神气质。"[1] 儒家文化作为上古文化尤其是周文化的继承者,展现出多元开放的文化理念。儒家创始人孔子倡导"君子和而不同",不仅是君子的一种修身处世原则,更是一种对于不同思想文化的包容态度。战国中期的儒家文献《系辞》:"天下一致而百虑,同归而殊途",亦可见其对当时各种学术持肯定的观点。战国时期儒学天道观的构建,是不断地吸收和融合道家、阴阳家及数术思想的结果,这也从一个侧面反映了儒家思想对其他诸子各家持兼容并包的态度。道家对儒家虽时有抨击,但道家文化的特质,正在于其虚怀若谷的精神。老子曰:"江海所以能为百谷王者,以其善下之,故能为百谷王。"(《道德经》第六十六章)又曰:"圣人常无心,以百姓心为心。"(《道德经》第四十九章)可见道家文化兼容并包、有容乃大的特质。庄子更是持相对主义的认识论,认为人类在知识、思想和境界上存在很大的主客观局限性,决不能以占有全部真理者自居,这本身就反映了庄子思想兼容并包的一面。作于庄子后学的《天下》篇,对于战国晚期的学术思想评价说"道术将为天下裂",认为儒、墨、道、名等诸家各执"道"之一端,也是反映了道家文化开放兼容的特色。

中华文化的这种兼容并包的特质,还反映在与外来文化的交流与融合上。梁启超曰:"中国智识线与外国智识线相接触,晋唐间的佛学为第一次,明末的历算便是第二次。"[2] 第一次中外文化相接触,奠定了中国封建社会儒释道三教并重的文化格局;第二次中外文化相接触,在一定程度上促进了中国传统文化与西方先进文化的会通,促进了中国科学文化的发展。实际上,中国文化在与外部世界的接触中,先后接纳了中亚游牧文化、波斯文化、印度佛教文化、阿拉伯文化和欧洲文化,这些文化都为中华文化带来了新的营养,使中华文化因吸取、融会、贯通外来优秀文化成分而焕发出新的生机和活力,并推动中华文化不断走向博大和创新。

---

[1]　陈来. 周文化与儒家思想的根源 [J]. 现代哲学,2019(3):126.

[2]　梁启超. 中国近三百年学术史 [M]. 夏晓虹,陆胤,校勘. 北京:商务印书馆,2011:10.

第六章
黄河文化的传承与创新

第一节　全面梳理黄河文化资源

　　黄河发源于青藏高原的巴颜喀拉山脉,自西向东流经青海、四川、甘肃、宁夏、内蒙古、陕西、山西、河南、山东9个省区,最终注入渤海。黄河干流全长约5 464千米,干流多弯曲且支流众多,组成了庞大的黄河水系,整个流域面积约79.5万平方千米(含内流区面积4.2万平方千米)。[①]伴随着黄河的历史变迁,黄河流域孕育了古老而伟大的中华文明,为中华民族留下了珍贵的文化资源。党的十八大以来,中国特色社会主义进入新时代,以习近平同志为核心的党中央在经济建设、政治建设、文化建设、社会建设、生态文明建设等方面提出一系列新理念、新思想、新战略,特别是2019年9月,国家提出实施黄河流域生态保护和高质量发展重大国家战略,为黄河文化振兴与繁荣提供了机遇。

　　黄河文化源远流长、博大精深,在时间上穿越漫长地质年代,在空间上横跨黄河流域。要推动黄河文化传承与创新,首先要梳理黄河文化资源,构建黄河流域文化脉络。依据黄河流域文化资源的表现形式,可以从自然资源、物质文化与非物质文化三个层面(图7-1)对黄河文化进行全面梳理。

---

①　佚名. 黄河概述[EB/OL]. [2011-08-14]. http://www.yrcc.gov.cn/hhyl/hhgk/zs/201108/t20110814_103443.html.

```
                    ┌──────────────────────────────────────────┐
               ┌────┤      由物质和生物结构群组成的自然面貌        │
               │    └──────────────────────────────────────────┘
        ┌──────┤    ┌──────────────────────────────────────────┐
        │自然资源├────┤地址和自然地理结构以及明确划分为受威胁的动物和植物生境区│
        │      │    └──────────────────────────────────────────┘
        │      │    ┌──────────────────────────────────────────┐
        │      └────┤      天然名胜或明确划分的自然区域            │
        │           └──────────────────────────────────────────┘
        │           ┌──────────┐
        │      ┌────┤   文物   │
        │      │    └──────────┘
┌──────┐│      │    ┌──────────┐
│文化资源├┤物质文化├────┤   建筑   │
└──────┘│      │    └──────────┘
        │      │    ┌──────────┐
        │      └────┤   遗址   │
        │           └──────────┘
        │            ┌──────────────────────────────────────────┐
        └──非物质文化─┤民间文学、传统音乐、传统舞蹈、传统戏剧、曲艺、传统体育、│
                     │游艺与杂技、传统美术、传统技艺、传统医药和民俗        │
                     └──────────────────────────────────────────┘
```

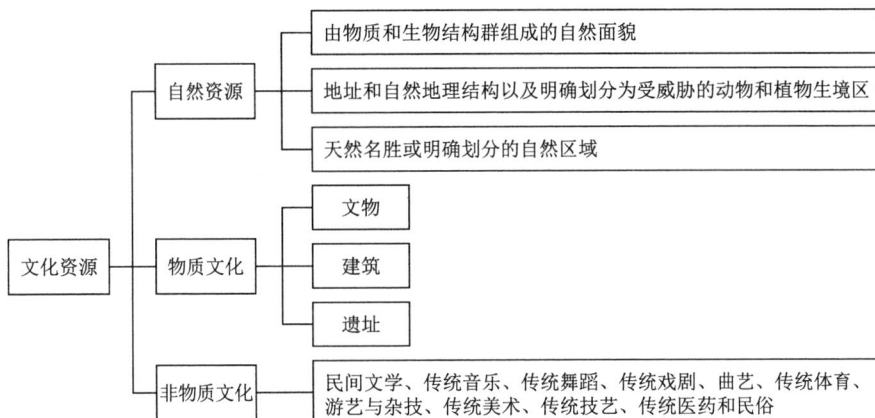

图 7-1　文化资源分类

一、自然资源

几千年来,黄河流域及其生态环境为黄河文化的孕育产生提供了物质基础。许多重要的地质、地貌以及自然地理特征构成了黄河文化中的自然要素。就地貌特征而言,黄河流域内地势西高东低,高差悬殊,形成自西而东、由高及低三级阶梯。第一级阶梯位于著名的"世界屋脊"——青藏高原,平均海拔4 000米以上,黄河在群山之间蜿蜒,呈"S"形大弯道。第二级阶梯地势较平缓,包括黄河河套平原、鄂尔多斯高原和黄土高原等典型区域,海拔1 000～2 000米。既有绵延不断的风沙地貌,也有沟壑纵横的黄土地貌,还有物产丰富的平原地貌。第三级阶梯地势低平,绝大部分海拔低于1 000米,包括下游冲积平原、鲁中丘陵和河口三角洲。黄河流入冲积平原后,河道宽阔平坦,泥沙沿途沉降,形成了举世闻名的"地上河"。丰富的地貌类型造就了黄河流域独特的自然格局和多样的生态环境系统,拥有三江源国家公园、祁连山国家公园、张掖丹霞国家地质公园、壶口瀑布国家级风景名胜区、黄河三角洲国家级自然保护区等天然名胜。

二、物质文化

中华民族为生存和发展治理黄河、兴利除害,在治理、开发与管理过程中实现人与自然协调、平衡发展,创造了巨大的物质财富,为黄河文化赋予了丰富的人文要素。从文化资源的赋存空间特征可以分为历史文化名城名镇名村、水利工程、文物古迹、建筑遗迹等。

据统计,流域内分布国家历史文化名城 16 处,中国历史文化名镇 29 处,中国历史文化名村 91 处,中国传统村落 678 处。城市凝聚了文明,保存了文化遗产,文化为城市的繁荣发展提供动力。沿黄省会城市文化各具特色,西安的唐文化、太原的三晋文化、郑州的中原文化、济南的泉水文化、西宁的河湟文化、兰州的黄河文化主题、银川的西夏和回乡文化以及呼和浩特的草原文化,源远流长的古都文化与城市发展相融合,文化资源优势不断转化为发展优势,引领城市建设高质量发展。

治理黄河伴随着中华文明发展的始终。中华民族的治黄史,也是民族的奋斗史、智慧史。黄河是世界上泥沙含量最多的河流,历史上黄河频繁决口、多次改道,影响范围覆盖中国东部广阔面积。历史水利工程遗产和现代大型水利设施成为黄河流域兴利除害的文化见证。流域内郑国渠、宁夏引黄古灌区、内蒙古河套灌区已经被列入世界灌溉工程遗产名录,黄河大堤也正在推动申报世界文化遗产工作。[①] 中华人民共和国成立至今,为实现防洪、防凌、减淤等任务,黄河流域兴建了小浪底水利枢纽、三门峡水利枢纽、万家寨水利枢纽、龙羊峡水电站等著名水利工程,向世界展示了中国的科技实力,在世界水利工程史上书写了辉煌的篇章。

文物是文化的组成部分,是人类文化遗产的物证。文物分为可移动文物和不可移动文物两大类别,具体包含历史上各时代重要实物、艺术品、文献、手稿、图书资料、代表性实物等可移动文物,以及古文化遗址、古墓葬、古建筑、石窟寺、石刻、壁画、近代现代重要史迹和代表性建筑等不可移动文物。黄河流域文物承载历史久远、分布地域广阔、数量种类众多。根据第三次全国文物普查,黄河流域 9 个省(区)共有不可移动文物 30 余万处,占全国的 39.73%。目前,黄河干支流所流经的 69 个市(州)共有不可移动文物约 16.8 万处,包括全国重点文物保护单位 1 451 处,省级文物保护单位 4 221 处,市县级文物保护单位 26 476 处。[②] 依托黄河文物,可实证我国万年文化史和 5000 多年文明史发展历程。

---

① 李云鹏. 对黄河水利文化及黄河国家文化公园建设的思考[J]. 中国文化遗产,2021(5):59-60.

② 国家文物局,文化和旅游部,发展改革委,等. 黄河文物保护利用规划 [N]. 中国文物报 2022-07-19(3).

三、非物质文化

非物质文化遗产是各族人民世代相承、与群众生活密切相关的各种传统文化表现形式和文化空间,是智慧与文明的结晶,是优秀传统文化的重要组成部分。黄河流域地域广阔,不同地域风俗习惯有很大差异,民族地区风俗习惯也有所差别,这些不同的风俗习惯,在漫长的历史长河中孕育了丰富多彩的非遗文化。截至 2021 年底,国务院先后公布的五批国家级非遗项目名录中,黄河流域国家级非遗项目共计 560 项。在省域分布上,山西非遗数量最多,达 149 项,占比 26.61%;陕西、青海、山东、甘肃、河南等 5 个省份非遗较多,数量差距不大,占比 10%～15%;内蒙古、宁夏两地的非遗较少,占比 5%～8%;四川的非遗最少,只有 6 项,占比也最低,仅有 1.07%（图 7-2、图 7-3）。类别包括民间文学、传统音乐、传统舞蹈、传统戏剧、曲艺、传统体育、游艺与杂技、传统美术、传统技艺、传统医药和民俗共 10 大类。蒙古族长调民歌、蒙古族呼麦歌唱艺术、太极拳等 8 项被列入联合国教科文组织非物质文化遗产名录,占全国的 1/5。[①]

民俗文化、民族文化、饮食文化和服饰文化,在黄河文化中是具有典型地域特色的文化存在。大力保护黄河流域戏曲、武术、民俗、传统技艺等非物质文化遗产,将为挖掘黄河文化价值、保护黄河文化遗产、发展黄河文化旅游奠定坚实基础。

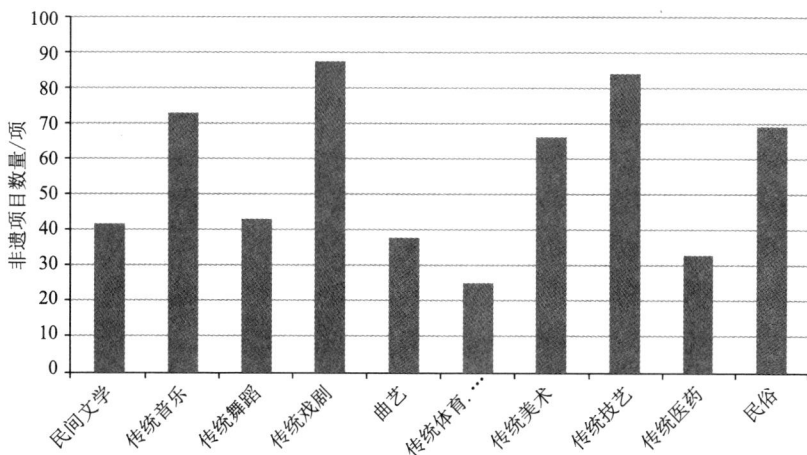

图 7-2　黄河流域国家级非遗类别数量统计

---

① 范周,祁吟墨.国家文化公园建设导向下的黄河文化旅游发展研究[J].理论月刊,2022（8）:71-77.

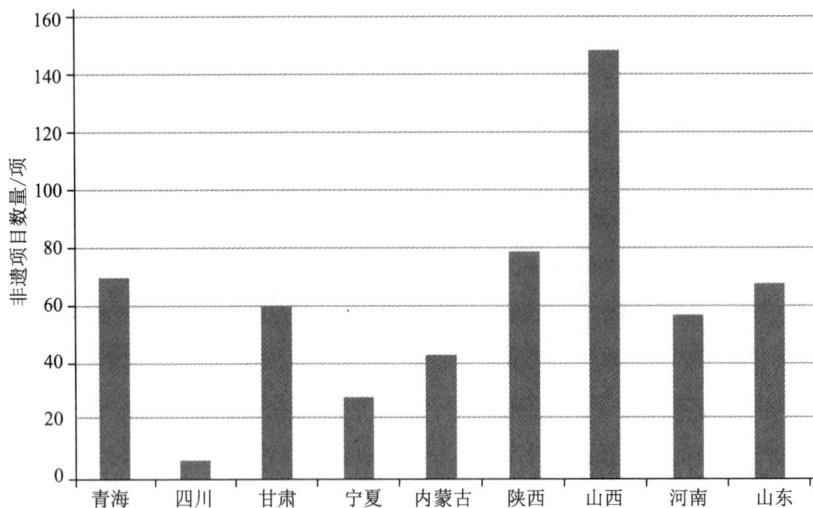

图 7-3　黄河流域各省区国家级非遗数量统计

第二节　系统保护黄河文化遗产

　　黄河文化是一个时空交织的多层次、多维度的文化共同体,内涵十分丰富,造就了独特的黄河文化系统。在新时代的历史条件下,人们又提炼出"团结、拼搏、奉献、开拓、务实、创新"的黄河精神,进一步丰富了黄河文化的精神内涵,成为中华民族优秀传统文化的重要组成部分。保护、传承和弘扬黄河文化是我们当代人义不容辞的职责。然而,黄河流域文化保护的系统性、整体性和协同性不强,具体表现为:文化保护力度不够,跨区域政策衔接不足;各地区之间发展不平衡,保护与开发建设的矛盾依然存在,融入当代经济社会高质量发展和社会效益发挥等方面尚不充分;文化保护与展示利用整体水平不高,公众参与程度不足,难以形成对黄河文化保护传承弘扬的有效支撑。

　　党的十九大以来,习近平总书记对保护传承弘扬黄河文化作出重要指示,要保护、传承、弘扬黄河文化。中央财经委员会第六次会议强调要实施黄河文化遗产系统保护工程,打造具有国际影响力的黄河文化旅游带,开展黄河文化宣传,大力弘扬黄河文化。各级政府主动作为、多措并举,引导社会各界关注、了解黄河文化,保护传承弘扬黄河文化的经验不断丰富、手段不断创新,为保护传承弘扬黄河文化提供了新的时代机遇。

一、推进全流域统筹规划,维护生态安全

2019 年 9 月,习近平总书记主持召开黄河流域生态保护和高质量发展座谈会,提出:"要坚持绿水青山就是金山银山的理念,坚持生态优先,绿色发展,以水而定、量水而行、因地制宜、分类施策,上下游、干支流、左右岸统筹谋划,共同抓好大保护,协同推进大治理,着力加强生态保护、保障黄河长治久安、促进全流域高质量发展,改善人民群众生活,保护传承弘扬黄河文化,让黄河成为造福人民的幸福河。"系统保护黄河流域文化遗产,以筑牢生态安全屏障为前提。立足黄河流域的整体和长远利益,以维护黄河生态安全为目标,以解决流域上中下游突出生态环境问题为重点,统筹"山水林田湖草沙"系统生态保护修复。

首先,上下游联动,科学制定分区分类保护和治理措施。抓住上游水源涵养、中游水土保持和污染治理、下游湿地保护修复的重点:上游筑牢三江源中华水科学塔,提升水源地水源涵养能力;中游水土流失治理,重点对黄土高原地区进行水土流失治理,减少泥沙入河量;下游强化黄河三角洲湿地保护修复,扩大自然湿地面积,提高生物多样性,维护滩区湿地生态系统健康。

其次,三水统筹,实现人与自然和谐共生。以人水关系为主线,认真研究探索水规律,坚持保护水资源、改善水环境、修复水生态,加强全流域水资源统一调度。科学配置全流域水资源,实施深度节水控水行动,不断提高水资源的利用效率;深化水污染治理,确保工业、农业、城镇生活污水达标排放;维护干支流重要水体水生态系统,提升生态系统稳定性,维护黄河生态健康。

最后,加强区域协作,筑牢流域生态安全屏障。深化黄河流域跨区域合作,源头防治、综合施策,完善省际协同治理,效防范重大环境风险。实施大气污染综合治理,改善城市空气质量,有序推动二氧化碳排放达峰;加强土壤地下水污染协同防治,实施土壤与地下水污染治理工程,确保如让地下水安全利用;以黄河干流和主要河湖为骨架,连通青藏高原、黄土高原、北方防沙带和黄河口海岸带,修复重要生态系统,强化生态保护监管。

黄河是与人类密不可分的生态自然系统,良好生态环境是社会发展的基础条件,是黄河文化孕育产生的物质基础。而黄河流域的生态、经济建设同样离不开黄河文化的制约。对于流域文化资源的系统保护,需要立足于生态优先、绿色发展的理念,探索文化遗产与自然生态的整体保护策略及可行措施,实现

自然与文化高度融合统一。

二、加强黄河文化全面研究,挖掘时代意义

黄河文化作为黄河流域时代精神的精华,是整个黄河流域内生产实践的成果,在经久不息的变迁中见证了历史的发展变化。习近平总书记曾多次强调,要切实保护好历史文化遗产,体现时代精神和当代价值。保护好、传承好、弘扬好黄河文化,需要将黄河文化蕴含的传统智慧与时代精神有机融合,为黄河全流域高质量发展提供文化引领。

第一,全面调查摸清黄河流域文化遗产资源。

黄河流域文物古迹众多,具有丰富的物质和非物质文化遗产。要系统保护黄河流域文化遗产,首先要摸清家底,深度挖掘整理黄河文化资源,理清黄河文化脉络体系。

以地理分布为主线,黄河文化涵盖了上游的河湟文化、陇右文化,中游的河套文化、泾渭文化、三晋文化、关中文化、河汾文化、河洛文化、河内文化,下游的河济文化、中原文化、黄淮文化、汶泗文化等。以时间发展为主线,黄河文化涵盖史前生物化石到远古人类活动遗存,从旧石器时代到新石器时代,再到奴隶制社会、封建制社会及近现代,以及新中国成立后,经济社会文化持续繁荣发展阶段。以民族文化为主线,黄河不但哺育了作为中华民族主体的汉民族,而且哺育了多姿多彩的其他民族。早在距今约 3 400~3 100 年前,作为羌人祖先的辛店人、寺洼人就已经在黄河流域生存繁衍。进入人类社会后,戎、羌、氐、匈奴、鲜卑、回纥、党项等古代少数民族的政权也建在黄河上游一带。黄河流域各民族融合发展,铸牢中华民族共同体意识。以文化表现形式为主线,黄河流域文化载体既包括旱作农业和彩陶瓷器等物质文化,也有语言、饮食、建筑等生活方式、风俗习惯、宗教信仰、社会制度等非物质文化,更有地形地貌、天然名胜等自然遗产。黄河文化以黄河水系为纽带不断继承发展,最终演变为中华文化的代表和象征。系统保护黄河文化,要从时间、空间、表现形式等方面挖掘区域文化遗产的整体价值,做好遗产摸底工作,丰富完善黄河文物体系。

第二,加大黄河流域文化资源研究力度。

黄河流域有着深厚的文化底蕴,如爱国主义精神、红色革命精神、改革创新精神、艰苦奋斗精神、开放包容的精神等。以黄河流域的文化遗址和文物、历史资料为依托,系统研究梳理黄河文化发展脉络。整合黄河文化研究力量,夯实

研究基础,建设跨学科、交叉型、多元化创新研究平台,积极开展史料和学术研究,形成高水平研究成果。一是围绕人类起源、农业起源、文明起源等核心问题,规划与黄河文化有关的重点课题项目,并提供必要的经费保障,科学揭示黄河文明的核心价值。二是依托国家研究机构和高等院校,培育黄河文化高水平综合性研究团队,充分发挥地方高校及科研院所在黄河流域地域文化研究中的作用,推出多学科、跨领域的协同创新研究平台。定期举办黄河文化论坛,打造学术交流平台。三是加强研究成果发布与转化,定期向社会发布重要研究成果与发现,推动研究成果向文化产品转化,传播承载中华文化、中国精神的黄河文化价值符号,让国内外游客特别是广大青少年体验中华文明的悠久历史、丰富内涵和灿烂成就,坚定中华民族的文化自信。

第三,实施文化保护传承利用重大工程。

实施黄河文化遗产系统保护工程,支持沿黄九省区黄河国家文化公园博物馆、重要遗址遗迹、特色公园、非物质遗产、历史文化名城名镇名村和街区等项目建设,确保黄河相关重要文化遗产得到有效保护利用。

黄河文化经历数千年的风雨洗礼,首先要加大黄河文化遗产保护力度,对濒危遗产、遗迹、遗存实施抢救性保护。保护和修复陕西石峁、山西陶寺、河南二里头、河南双槐树、山东大汶口等重要遗址,宫殿、帝王陵等大遗址,农耕文化遗产,古灌区、古渡口等水文化遗产,古栈道等交通遗迹遗存,从严打击盗掘、盗窃、非法交易文物等犯罪行为。其次要支持西安、洛阳、开封、大同等城市保护和完善历史风貌特色。推动文物保护与城市更新相结合,强化本体保护和风貌管控,提升城市历史文化遗产保护管理水平,保护传承城市文脉。此外,还要完善黄河流域非物质文化遗产保护名录体系,大力保护黄河流域戏曲、武术、民俗、传统技艺等非物质文化遗产。

三、创新黄河文化保护路径,实现全民共享

党的十九大报告中明确指出:"发展中国特色社会主义文化,就是以马克思主义为指导,坚守中华文化立场,立足当代中国现实,结合当今时代条件,发展面向现代化、面向世界、面向未来的,民族的科学的大众的社会主义文化,推动社会主义精神文明和物质文明协调发展。要坚持为人民服务、为社会主义服务,坚持百花齐放、百家争鸣,坚持创造性转化、创新性发展,不断铸就中华文化新辉煌。"在新时代条件下,黄河文化需要与时俱进,转化创新,为实现中华民族伟

大复兴注入强大精神力量。

一方面,创新文化传播理念与手段,让静止的历史文物讲述生动的"黄河故事",让厚重的黄河文化焕发生机活力。基于黄河流域文化特色、资源和环境特质,对空间范围、发展定位、总体形象、重点任务等进行系统谋划,打造形成黄河流域具有代表性的文化旅游品牌形象。利用文化和自然遗产日、中国旅游年、传统节日等重要节点集中展示推介黄河文化整体形象,营造全社会共同参与黄河文化保护传承的良好氛围。开展黄河文化普及教育,将黄河文化保护知识纳入国民教育体系。综合运用现代信息和传媒技术手段,利用"互联网+"、全景交互、数字成像等技术,建立黄河文化数据库,搭建黄河文化的数字化展示平台,加强黄河文化遗产数字化保护与传承弘扬。依托互联网、数字电视、移动终端等新媒体技术,采取线上线下宣传,利用微信、微博、短视频、视频直播等宣传平台,实现资源共享。

另一方面,深化文明交流互鉴,向国际社会全面展示真实、立体、发展的黄河流域,提升黄河文化国际影响力。加强同尼罗河流域、恒河与印度河流域、两河流域等相关国家的文物交流合作,加强与相关国家在文物保护、考古、学术交流、博物馆、人才培训等领域合作。支持黄河流域现有世界文化遗产提升保护管理水平,推进黄河流域重要文物申报世界遗产。响应"一带一路"倡议,与"一带一路"沿线国家深入开展多种形式人文合作,促进民心相通和文化认同。深化文学艺术、新闻出版、影视等领域对外交流合作,实施黄河文化海外推广工程,广泛翻译、传播优秀黄河文化作品,推动中华文化走出去。

第三节　协调构建黄河文化载体

金开诚先生《文化的定义及其载体》一文指出:"狭义的文化是不可能孤立存在的,它必然寓于多种多样的载体之中,成为广义的文化,这才是看得见、听得到、摸得着的文化现实。"① 黄河文化资源丰富,恢宏的历史文化、灿烂的民间艺术、不屈的治黄精神、辉煌的改革成就这些黄河文化中的生动内容,借助于水

---

① 金开诚. 文化的定义及其载体[M]// 金开诚. 当代学者自选文库:金开诚卷. 合肥:安徽教育出版社,1998:601.

利工程遗产、文物古迹、文化典籍、风土人情以及非物质文化遗产等文化载体，渗透到了生活的方方面面，向世人传播着黄河文化的深厚底蕴。黄河文化载体是黄河文化的物质基础，是联结黄河文化与社会大众的桥梁，更是黄河文化保护体系的重要内容。

一、黄河文化载体的典型样式

黄河文化载体是承载黄河文化中包含的社会规范、生活习惯、生活方式、价值观念等物质和精神财富的客观实在和实践活动。可以将其分为文学艺术、建筑遗迹、文化人物、传统节日等类型。

文学艺术是人类社会实践活动的生动反映，也是人类精神创造活动的重要表现。在培育和弘扬文化精神方面，文艺发挥着独特的重要作用。黄河流域的文化艺术体现在文学、音乐、舞蹈、戏曲、绘画、雕塑等文化符号中，也反映在彩陶、青铜器、玉器、工艺美术品等日常生活器具上。文学有《诗经》、诸子散文、汉赋、唐诗、宋词等典型样式，生动诠释了"一代有一代之文学"的理论；音乐舞蹈有人们喜闻乐见的高原上多民族放歌的"花儿"、黄土高原上的信天游以及用生命呐喊的黄河号子等，有宫廷典雅富丽的太平乐舞、破阵乐舞、剑器舞、胡旋舞、胡腾舞、绿腰舞、春莺啭、霓裳羽衣舞等；书画艺术有《熹平石经》《兰亭集序》《女史箴图》《步辇图》《清明上河图》等诸多旷世名作；雕塑艺术有麦积山石窟、敦煌石窟、龙门石窟、云冈石窟、龙门山石窟等众多经典佛教美术石雕彩塑……各个门类的艺术珍品不胜枚举，它们都诠释了黄河文化的悠久与辉煌。

黄河流域作为华夏文明的发源地，留存的若干遗迹见证了黄河的变迁与历史的兴衰。从史前文明开始，从白垩纪到晚新生代的恐龙、黄河象以及其他古生物化石均有分布。再到远古人类活动遗迹，东起山东，西到甘肃、青海，北到宁夏、内蒙古，南到河南，整个黄河流域都有远古人类留下的足迹，如山西芮城西侯度人遗址、陕西大荔县甜水沟遗址、山西半坡遗址、甘肃秦安大地湾遗址等。延续到历朝历代留下的都城、宫殿、帝王陵寝、古代官府建筑与民居、宗教建筑、水利农业文化遗产、交通遗迹等相关遗址，如殷墟、汉长安城、汉魏洛阳城、隋唐洛阳城、唐长安城、北宋东京城等城址，秦始皇陵、汉唐帝陵等帝王陵寝，实证了我国5 000多年文明史发展历程和黄河流域社会文化演变。发展到新民主主义革命时期与社会主义革命时期直至国家建设时期保存下的红色革命遗产,承载了自强不息、坚忍不拔的黄河精神。

作为中华文明的重要发源地之一,黄河流域自古人文荟萃。有神话人物、治水功臣、帝王将相、文人雅士,还有抗战英雄、遗产传承人,他们的故事家喻户晓,是黄河文化的代言人。与神话故事相关的燧人氏钻木取火、夸父追日、后羿射日、女娲补天、愚公移山、精卫填海等,与治理黄河相关的大禹治水、汉武帝"瓠子堵口"、潘季驯"束水攻沙"等,与生产有关的神农、墨翟、鲁班、奚仲、马钧、蔡伦、沈括、毕昇等,与哲学思想有关的孔子、老子、庄子、墨子等,与文学诗歌有关的李白、杜甫、韩愈、白居易等,还有井冈山精神、长征精神、延安精神、焦裕禄精神、沂蒙精神等红色精神的代表人物。这些民族英雄、文人墨客,承载着中华民族优秀的精神品质,闪烁着中华民族开拓创新、勇于斗争的精神气质。

传统节日作为社会大众日常生活中亲身参与的活动形式,凝结着中华民族的精神与情感,传承着中华民族思想精华。黄河流域是典型的农耕区,节日大多与节气有关。人们在万家团圆的春节、张灯结彩的元宵节、寄托哀思的清明节、喜庆热闹的中秋节和登高怀远的重阳节等传统节日中感受到节日的仪式感。近年来,伴随着黄河流域文化内涵不断挖掘,一些富有地方特色的节会活动的影响力不断扩大。炎帝祭祀大典、黄帝祭祀大典、孔子文化节等一系列面向海内外的寻根祭祖和中华文明探源活动,打造了黄河流域中华人文始祖发源地的文化品牌。

二、黄河文化载体的发展趋势

黄河文化载体作为历史性的客观存在,必然伴随时空变化而发展创新。立足于黄河流域生态保护和高质量发展的时代要求,黄河文化载体呈现出综合化、科技化、大众化的发展趋势。

黄河文化载体综合化发展,即多种文化载体形式并存、协调、互促、有序的健康状态。传统文化载体、现代文化载体和新兴文化载体,语言文化载体和行动文化载体,物质文化载体和精神文化载体等载体形式共生并存、协同作用,在遵循事物发展规律、内在发展逻辑基础之上相互包容、有机整合。因此,黄河文化传承与保护实施过程中,文化载体选择与使用不能停留在传统的单一、平面化的载体层面,而要依据特定的时代背景、具体的地域特色,针对性地选择文化载体形式组合成为形式多样的载体系统。

黄河文化载体科技化发展,即在科学技术的有力支撑下,在传统的语言、文字载体中加入以网络计算机和移动手机为代表的新兴大众传媒载体,运用仿真技术、3D 成像技术、全息投影技术等,生动地呈现黄河文化全貌。因此,黄河文化传承与保护实施过程中,文化载体选择与使用不能局限于实物展现,而要顺应科技发展趋势,实体开放与网络展示互动、现存状态与历史场景联合,打通时空的阻隔,营造震撼心灵的情感体验。

黄河文化载体大众化发展,即面向全社会,通过大众传媒宣传、推介、展播等方式,采用群众喜闻乐见的形式,在日常生活中注入黄河文化的符号印记,提高全民参与程度。因此,黄河文化传承与保护实施过程中,文化载体选择与使用不能脱离群众,要坚持以人为本的原则,融入百姓日常生活,适应大众生活理念、生活习惯和生活方式,广泛发动社会各个层面参与文化建设,提高公众关注度和参与积极性,满足人民日益增长的美好生活需要。

三、构建黄河文化载体的路径

黄河文化资源丰富、形式多样、个性鲜明、品质卓越,具有强大生命力、感召力与亲和力。随着黄河流域生态保护和高质量发展重大国家战略的实施,黄河文化已经进入了新的发展阶段。实现黄河文化的有效保护和传承,就必须站在国家和民族的角度高度认识黄河文化载体的重要性,认识黄河文化的时代内涵,把握黄河发展的客观规律,对传统的黄河文化载体进行创新改造,增加黄河文化的影响力,为黄河文化赋予新的时代内涵和现代表达。

第一要注重顶层设计。黄河文化是一种文化综合体,覆盖面广、辐射区域大,对黄河周边区域文化以及我国部分地区文化均产生了深厚的影响。构建黄河文化载体是综合性、系统性工程,要结合黄河文化资源优势、空间布局和发展现状,统筹规划。协调社会效益与经济效益、国家形象与区域特色之间、传统经典与现代流行等发展建设中遇到的矛盾关系。坚定党对黄河文化载体建设的领导作用,积极发挥政府的引导作用,不断加大对文化载体建设的投入,实现各载体之间相互配合,加快文化建设的步伐,促进文化事业的繁荣发展。以黄河为主线,深入挖掘文化内涵,将黄河优秀传统文化资源与革命、建设和改革开放各个历史时期形成的红色精神、红色故事、红色基因和民族团结故事结合起来,赋予黄河文化载体新的生命力。借助黄河国家博物馆、黄河国家文化公园、黄河文化旅游带等重大项目,立足黄河流域整体和长远利益,推动整体性、全面性、前瞻性、战略性工作,铸牢中华民族共同体意识。

第二要突出特色优势。黄河流域九省区内自然条件、地势状况、经济发展等影响因素不同，黄河文化产生的环境各有特色。构建黄河文化载体要坚持因地制宜原则，充分利用各流域内具有特色的历史文化资源，保障黄河文化区域协调发展。例如，黄河流域陕西段地处黄河中游，从生态区位看，是黄河水土保持和防沙治沙重点区域；从交通区位看，是古丝绸之路起点和"一带一路"核心区；从发展基础看，既有仰韶文化、龙山文化等新石器时代文化遗存，也有西周、秦汉、西汉、隋、唐等 14 个王朝建都历史，还有革命圣地延安等红色资源。立足于陕西实际，陕西以延安精神为核心，通过延安革命纪念馆、枣园革命旧址、洛川会议旧址、南泥湾旧址等载体，打造红色革命文化品牌。以西安为中心，整合咸阳、渭南、宝鸡、铜川、韩城和杨凌示范区，通过秦始皇陵、长安城遗址、大雁塔、小雁塔等历史遗迹与秦腔、华阴老腔等非物质文化遗产联动，打造关中文化高地。

第三要加大宣传力度。培育以黄河文化为主题的有国际影响力的品牌活动。利用中外人文交流活动、文化和自然遗产日、中国旅游年、传统节日等重要节点集中展示推介黄河文化整体形象，营造全社会共同参与黄河文化保护传承的良好氛围。利用新媒体宣传平台开展多角度、立体式宣传推广，除了运用报纸杂志、广播电视、节目展演等传统方式外，还要善于运用抖音、快手、微博、微信、旅游 App 等互动性、直观性强的社交媒体，通过直播、制作短视频等方式，线上、线下开展广泛、连续、集中、深入的宣传推广，构建起全方位、多渠道的黄河文化传播推广体系。通过电视专题片、影视剧、演艺、文创产品等多种形式和手段，讲好黄河故事，使治水精神、水利文化、民族文化、民族团结、宗教和睦等内涵可视化、亲民化。提炼出体现黄河文化特色的代表元素和标志符号，将其广泛运用于建筑设计、城市地图、道路标识、公园广场等领域，让黄河文化融入生活的方方面面。

第四要健全长效机制。建立健全科学规范的长效机制是确保文化载体各要素整体运行、推动黄河文化载体良性发展的保障。要根据国家发展战略的需要，制定完善的相关政策与法规，并建立对应的监督机制，以确保这些政策能有效发挥作用。要加强人才队伍建设，从坚持党的统一领导、各组织部门共同负责、社会成员共同参与建设等方面着手，增强责任意识，培养优秀的专业人才队伍，鼓励社会大众以志愿者的身份参与到黄河文化的保护传承中来。各省区要建立沟通协作机制，扩大区域间开放程度和交流程度，通过各种层面多措并举促进文化发展。

第四节　传承创新黄河文化经典

在黄河流域生态保护和高质量发展的时代,要实现黄河文化的保护和传承,就必须利用创新思维对黄河文化进行改造升级,将黄河文化的历史价值转变成现实生产力,努力实现黄河文化育民惠民利民,让黄河成为造福人民的幸福河。

一、保护黄河生态绿色廊道,推动黄河文化与生态融合发展

黄河从涓涓细流到奔腾入海,由于生态样貌不同,在上、中、下游呈现出不同景观。九曲黄河、壶口瀑布、鱼跃龙门、中流砥柱等雄伟奇观是黄河文化的重要表现形态,也是中华民族的地理标识。生态条件在黄河文化的形成和发展中扮演着极其重要的角色,为黄河文化的发展提供基础性条件。

针对黄河流域生态环境、抗旱防洪防凌、调水控沙、生物多样性保护、"地上悬河"等多种问题交织的现状,中共中央、国务院印发的《黄河流域生态保护和高质量发展规划纲要》中指出,要统筹生态保护、自然景观和城市风貌建设,塑造以绿色为本底的沿黄城市风貌,建设人河城和谐统一的沿黄生态廊道。生态廊道指具有线状或带状的景观生态系统空间类型,具有保护生物多样性、过滤污染物、防止水土流失、防风固沙、调控洪水等生态服务功能的廊道类型[①]。除了生态效益之外,生态廊道还具有维护城市的完整性、传承文化遗产等作用。

(一)筑牢"中华水塔",保护黄河天然生态廊道

黄河上游穿行青藏高原、内蒙古高原,峡谷多、河道落差大、水力资源丰富,产水量占黄河总水量的六成左右,河水清澈、径流稳定、含沙量小,是黄河的重要水源补给地,拥有森林、草原、湖泊、湿地、峡谷、沙漠等多种生态环境。上游地区生态廊道建设需要遵循自然规律,通过自然恢复和实施重大生态保护修复

---

① 朱强,俞孔坚,李迪华. 景观规划中的生态廊道宽度 [J]. 生态学报,2005,25(9):2406-2407.

工程,加快遏制生态退化趋势,恢复重要生态系统,强化水源涵养功能。

三江源国家公园建设是黄河上游自然生态保护典范。地处青海南部的三江源地区是长江、黄河、澜沧江的发源地,素有"中华水塔"之称。20 世纪 80 年代末至 21 世纪初,受全球气候变化等多种因素影响,三江源冰川雪山萎缩、湿地湖泊减少、草地植被退化、野生动物锐减,当地经济社会发展受阻,群众生活水平下降,给当地发展带来严峻挑战。2021 年,三江源国家公园经 5 年多试点后正式设立。国家从系统工程和全局角度,整体施策、多措并举,全面保护三江源地区山水林田湖草沙生态要素,恢复生物多样性,实现生态良性循环发展。近年来,三江源地区每年水源涵养量年均增幅 6%以上;野生动物种群明显增多,藏羚羊由保护初期不足 2 万只恢复到 7 万多只,雪豹频频亮相,白唇鹿、野牦牛、黑颈鹤等繁衍生息;黄河源头碧波荡漾,再现"千湖美景","中华水塔"日益坚固丰沛。三江源各族人民由生态利用者变成了生态守护人,实现了人与自然和谐共生。

(二)实施林草保护,构建沿黄绿色生态廊道

黄河中游流经沟壑纵横的黄土高原,来水量占黄河总水量的 40%左右,但来沙量却占全黄河沙量的 90%以上,是黄河泥沙主要来源区。增强水土保持能力,减少入河泥沙是黄土地区的工作重点。中游的生态廊道建设要遵循黄土高原地区植被地带分布规律,关注气候变化趋势及其影响,保护天然林的同时坚持退耕还林还草、退牧还草措施,推进森林植被建设和水土保持重点工程,发展高效旱作农业,从而改善中游地区生态面貌。

山西地处黄土高原东部、黄河中游,是全国水土流失最为严重、生态环境最为脆弱的省份之一。在山西境内汇入黄河的支流有 40 多条。这些支流绝大部分流经水土流失严重的黄土丘陵沟壑区,是黄河泥沙特别是粗泥沙的主要来源区。山西沿黄区域是山西乃至华北地区的重要生态安全保护屏障。1978 年,国家实施在西北、华北、东北风沙危害和水土流失重点地区建设大型防护林工程,沿黄区域是山西省三北防护林体系建设的重要区域,建成了以北部风沙区防风固沙林、吕梁山中南部水土保持林、汾河上游水源涵养林、沿黄地区经济林及平原地区农田防护林等为骨架的区域性防护林体系,在晋陕峡谷形成了 600 千米的绿色长廊,使广袤的山区披上了绿装,水土流失逐年减轻,生态效益

逐渐显现,极大促进了文化旅游与生态文明建设和谐共生。①

(三)营造亲水环境,优化城市景观生态廊道

自桃花峪以下,黄河进入华北平原,河道宽浅,泥沙淤积,河床逐年抬高,形成地上悬河,成为淮河、海河的分水岭。上、中、下游洪水皆汇集于此,河道排洪输沙任务繁重,防洪压力大。下游的生态廊道建设要以稳定下游河势、规范黄河流路、保证滩区行洪能力为前提,退塘还河、退耕还湿、退田还滩,连通河口水系,发挥防洪护岸、水源涵养、生物栖息等功能,保护河道自然岸线,从而促进生态保护与人口经济协调发展。

一河清水出中原,千回百转入齐鲁。滔滔黄河滋养了山东大地,孕育了齐鲁文化。作为黄河流域经济最发达的省份,山东被称为"黄河流域的龙头"。为做好黄河流域生态保护工作,山东省沿黄九市一体打造黄河下游绿色生态走廊,因地制宜建设沿黄防护林工程,打造济南—德州、滨州—东营黄河百里风貌带。位于山东东营的黄河三角洲是黄河入海口,曾经因黄河下游干流断流使得河流生态系统濒临崩溃,湿地面积萎缩,百姓生产生活受到影响。东营以保护修复黄河三角洲湿地为牵引,按照"宜林则林、宜草则草、宜湿则湿"的原则,开展退耕还湿、退养还滩,对黄河大堤、南展大堤两侧宜林地和绿化断档实施造林绿化,构建科学合理的生态安全屏障,努力打造岸绿、景美、宜居、宜游的黄河下游绿色生态长廊。如今,黄河三角洲国家级自然保护区内600多种植物构成了我国沿海最大的新生湿地自然植被区,每年有数百万只鸟儿在此迁徙、越冬、繁殖,黄河三角洲生机无限。

二、建设黄河国家文化公园,推动黄河文化多种内涵融合发展

建设国家文化公园,是新时代深入贯彻习近平总书记关于坚定文化自信和大力推进社会主义文化建设的指示批示精神的重要举措,是推动新时代文化繁荣发展的重大系统性工程。2017年1月,中共中央办公厅和国务院办公厅印发的《关于实施中华优秀传统文化传承发展工程的意见》中首次提出:"规划建设一批国家文化公园,成为中华文化重要标识。"目前已经确立了长城、大运河、长

---

① 郭晓东.山西沿黄区域生态保护和旅游高质量发展路径研究——基于山西沿黄19个县(市)的分析[J].山西水利,2022(5):57-62.

征、黄河、长江五个国家文化公园的建设名单,共同列入"十四五"期间我国文化领域相关工作的重点任务清单。

"国家文化公园"是我国的原创概念,是世界首创的一种建设模式。[①] 国家文化公园是国家、文化、公园三个具有深刻内涵词语的有机整合,国家是权属关系,文化是内涵主题,公园是平台载体。五个国家文化公园是汇聚国家力量打造的中华文化重要标识。建设国家文化公园,需要从国家意志出发,用文化标志物来塑造国家文化形象,用典型文化符号来表达国家文化形象。[②]

黄河孕育了灿烂中华文明,它串起多地区、多民族、多时期的文化资源。建设黄河国家文化公园,需要紧扣黄河文化特征,挖掘黄河文化内涵,做好统筹规划,将其打造成传承中华文明的历史讲堂、弘扬中华治水思想的展示平台、坚定爱国主义情怀的红色高地。

(一)探寻中华文明根源的历史讲堂

沿着黄河文化的发展脉络探寻中华文明的根源,是黄河国家文化公园的重要主题。中华民族文化的"根"与"魂"形成于黄河中游的中原地区,这里保存着中国境内最为重要、最具"中国历史文化特色"、最有代表性的中国"国家文化"的文化遗产。[③] 依托黄河流域重要文物资源建设遗址博物馆等主题公园,梳理中华文明发展的主线,在历史、现代与未来之间发挥历史文化传递与沟通桥梁的作用。

双槐树遗址位于河南巩义黄河南岸以南2千米、伊洛河东4千米处。它地处河洛文化的中心区域,是迄今为止在黄河流域发现的中华文明形成初期规格最高的具有都邑性质的中心聚落[④]。经考古勘探发掘和科学测年确认,该遗址是距今5 300年前后,经过精心选址的都邑性聚落,填补了中华文明起源的关键时期、关键地区的关键材料。遗址的所有结构设计都是围绕中心区域内的活动能够受到妥善保护而展开的。遗址被三重环壕围绕,形成严密的防御体系。中心区域拥有大型建筑、重要墓葬与祭坛,专门设立了一道围墙把生活区与大型建

---

① 张祝平. 黄河国家文化公园建设:时代价值、基本原则与实现路径[J]. 南京社会科学,2022(3):154.
② 程遂营,张野. 国家文化公园高质量发展的关键[J]. 旅游学刊,2022,37(2):9.
③ 刘庆柱. 黄河文化是中华民族文化的根和魂[J]. 中国民族博览,2021(9):20.
④ 范毓周. 河南巩义双槐树"河洛古国"遗址浅论[J]. 中原文化研究,2020(4):15.

筑、祭台和墓葬隔离开来,生活区有池苑、宫室可以生活休憩,门前以陶罐组成九星,还出土了国宝级文物——中国最早的骨质蚕雕艺术品。遗址的布局明显地表现出该聚落已经产生了一整套基于社会阶层分化的政治与宗教制度,呈现出古国时代的王都气象。该遗址在中华文明探源研究中具有非常重要的地位。

陶寺遗址位于山西省襄汾县陶寺村南,是迄今为止国内发现的集城墙、宫殿、墓地、乐器、观象台、大型仓储区等各项功能要素齐备的早期都城遗址,距今约4 300～3 900年。陶寺遗址是中国史前功能区划最完备的都城,由王宫、外郭城、下层贵族居住区等构成,堪称当时东亚第一大都城。出土的土鼓、石磬、铜铃等礼乐器,表明史上最早的礼乐制度已形成;出土的彩绘龙盘、陶鼓、玉钺、玉戚等则可能是代表王者地位的礼器;发现的一处大型圆体夯土建筑被确定为观象祭祀台,为世界考古发现最早的观象台;出土的扁形陶壶残片上有两个红色字符被认为是目前考古发现最早的汉字;出土的圭尺是最早的测日影天文观测系统,是古代帝王在建国之前确立"天下之中"的工具。大量考古成果表明,陶寺遗址全面拥有文明起源形成的要素和标志,是黄河流域中游的中原地区最早出现的一个科学意义上的国家都城所在地,在中国古代文明演进中占有重要地位。[①]

二里头遗址位于河南省洛阳市偃师境内,南临古洛河、北依邙山、背靠黄河,其年代约为距今3 800～3 500年,是经考古学与历史文献学考证的最早王朝——夏朝的都城遗存,是同时期规模最大的都城遗址。遗址中心区分布着宫城和大型宫殿建筑群,其外围有主干道网连接交通,同时分割出不同的功能区。制造贵族奢侈品的官营手工业作坊区位于宫殿区的近旁;祭祀区、贵族聚居区都拱卫在其周围。遗址拥有中国最早的宫城——最早的"紫禁城"、中国最早的"井"字形大道即城市主干道网、中国最早的中轴线布局的宫室建筑群、中国最早的车辙、中国最早的官营手工作坊区、中国最早的铸铜作坊和绿松石器制造作坊、中国最早的青铜礼器群等,向世界展示中国源远流长、绵延不断历史。

(二)展示中华治水智慧的综合平台

习近平总书记特别指出:"'黄河宁,天下平。'中华民族治理黄河的历史也是一部治国史。"[②]黄河防治洪水灾害、开发水利的问题多、难度大,历史上国家

---

①　王震中. 陶寺与尧都:中国早期国家的典型 [J]. 南方文物,2015(3):87-93.

②　习近平. 在黄河流域生态保护和高质量发展座谈会上的讲话 [J]. 求是,2019(20):7.

在治理黄河上的投入远远高于其他江河,中华民族为了生存和发展,治理黄河、兴利除害、治国安邦,创造丰富物质财富的同时,也创造了宝贵的精神财富,形成了独特的黄河水文化。黄河水文化是黄河文化中最能表征黄河不同于其他大河及流域自然及文化特点的部分。

从大禹治水的传说到现代高质量发展的国家战略,黄河流域内的劳动人民在治理黄河、保护黄河、利用黄河的过程中,体现出来的积极向上、吃苦耐劳、团结奋进的精神风貌的一种表现形式,并通过各种载体表现出来,进行弘扬发展。

黄河壶口瀑布是中国第二大瀑布。它位于山西吉县和陕西宜川交界的晋陕大峡谷中。黄河奔流至此,两岸石壁峭立,由河宽300米收缩为30米,河口收束狭如壶口,故名壶口瀑布,素有千里黄河"一壶收"之说。因水中携带有大量泥沙,使得瀑布颜色呈现黄色,也成为世界上最大的黄色瀑布。壶口瀑布不仅是国家地质公园、国家AAAAA级景区,还是国家水利风景区。游人在欣赏瀑布壮丽气概的同时也能看到古人在航道通行上体现出的非凡智慧。壶口至孟门间有一段400多米宽的箱形峡谷,黄河水流下切,形成一条30～50米宽,10～20米的深槽,有"十里龙槽"之说。河岸宽平,全由坚硬的砂岩构成。近水处,几乎没有一点沙石,平坦的可以在上面行车。故古人利用这种地质地貌条件,采用旱地行船之策,靠人力将空船拉出水面,船下铺设圆形木杠,托着空船在河岸上滚动前进,到壶口下游水流较缓处,再将船放入水中,解决了水上船只通行困难。虽然现代公路、铁路带来的交通便利已经无需旱地行船,但石质河岸上被船底的铁钉擦划留下的痕迹和县志上的记载见证了古人的辛劳与智慧。

小浪底水利枢纽位于河南孟津与济源之间,是黄河干流上的一座集减淤、防洪、防凌、供水灌溉、发电等为一体的大型综合性水利工程,是治理开发黄河的关键性工程。它不仅是中华民族治黄史上的丰碑,也是世界水利工程史上最具标志性的杰作之一。1953年,小浪底坝址开展勘探和测量。历经30多年的勘探设计和论证研究,1991年,小浪底水利枢纽开始前期工程建设。经过数十年的奋斗,2009年,小浪底水利枢纽工程顺利通过竣工验收。小浪底水利枢纽位于黄河中游最后一段峡谷出口处,战略地位重要,工程规模宏大,地质条件复杂,水沙条件特殊,运用要求严格,被中外水利专家公认为世界上最具挑战性的工程。[①] 小浪底水利枢纽的成功建设,既是新中国成立60年的经典之作,又是改革开放30年的重要成果,更是新中国几代水利人集体智慧的结晶。

---

① 殷保合. 小浪底文化体系初探 [J]. 中国水利,2009(22):25.

黄河号子是一种古老的名歌,是黄河流域的人民在与黄河水的抗争中,逐渐形成的有一定节奏、一定规律、一定起伏的声音,具有协调与指挥劳动的实际功用;是人们参与集体协作性较强的劳动时,为了统一劳动节奏、协调劳动动作、调节劳动情绪而唱。它是黄河文化中璀璨明珠。2008年,黄河号子入选国家级非物质文化遗产名录,标志着黄河号子在经过长期的积淀发展变化之后成为国家级文化瑰宝。黄河号子是热爱劳动、热爱生活、热爱艺术的美好象征,是气势磅礴而又婉约多姿的黄河文化的突出代表,在《黄河大合唱》的第一乐章《黄河船夫曲》中就采用了黄河号子的形式,在民族危难时刻,奏响时代最强音。

黄河流域兴水利、除水害过程中逐渐凝练出了黄河特有的水文化,既包含黄河流域治水哲学理念及治河策略,也有黄河流域水利工程与特色水利科学技术,还体现了黄河治理所体现或衍生出的不屈不挠、探索创新、无私奉献等民族精神。以黄河水文化为主线,深入挖掘、准确把握黄河文化中尊重规律、人水和谐的绿色基因,让幸福河文化造福人民。

(三)宣传红色革命精神的实践基地

习近平总书记在庆祝中国共产党成立95周年大会上的讲话中指出:"在5 000多年文明发展中孕育的中华优秀传统文化,在党和人民伟大斗争中孕育的革命文化和社会主义先进文化,积淀着中华民族最深层的精神追求,代表着中华民族独特的精神标识。"[①]

从卫青、霍去病驱逐匈奴,到岳飞抗金,几千年来人民反抗腐朽统治和外族入侵的斗争不断在黄河两岸上演,推动了历史的发展。革命战争时期,陕甘宁边区和晋冀鲁豫等革命根据地的人民,在抵抗侵略、争取民族独立和人民解放的过程中,以马克思主义为指导,形成了以人民为中心、以民族复兴为目标,艰苦奋斗、不怕牺牲的革命文化,伟大的延安精神、西柏坡精神、沂蒙精神为黄河文化注入了新的内涵。

延安地处黄土高原腹地,是中国革命圣地,中共中央和毛泽东在这里领导、指挥了抗日战争和解放战争,实现了马克思列宁主义同中国实际相结合的第一次历史性飞跃,诞生了毛泽东思想。延安孕育的"延安精神",是中国共产党的传家宝,是中华民族宝贵的精神财富。革命战争中形成的一些革命文物、文献

---

① 习近平. 在庆祝中国共产党成立95周年大会上的讲话[J]. 党建,2016(7):7.

资料、文艺作品、经典革命歌曲和革命战争遗址遗迹、纪念地、革命根据地、领导人的故居以及蕴含在其中的革命精神和文化底蕴展现了中国共产党人的思想境界和精神面貌,众多革命前辈在延安时期形成的全心全意为人民服务、实事求是、艰苦奋斗、自强不息的革命精神至今仍然激励着人们坚持正确方向、坚定理想信念,把个人价值的实现融入报效祖国、服务人民实践中去。

以沂水和蒙山为地域标志的沂蒙老区,诞生了无数可歌可泣的英雄儿女。革命战争年代,英雄的沂蒙儿女以"最后一口粮,做军粮;最后一块布,做军装;最后一个儿子,送战场"的无私奉献,书写了军民血肉相连、共同奋战的壮阔篇章。习近平总书记指出:"山东是革命老区,有着光荣传统,军民水乳交融、生死与共铸就的沂蒙精神,对我们今天抓党的建设仍然具有十分重要的启示作用。"社会主义建设时期,沂蒙人民紧紧跟党坚定前行,用攻坚克难的拼劲、勇往直前的闯劲,整山治水、修筑梯田,响应号召为实现全面小康、共同富裕而共同奋斗,用自己的双手创造幸福生活。红色土地上不断上演着军民同心、鱼水情深的故事。

九曲黄河,在河南兰考拐了最后一道弯。风沙、内涝、盐碱成了兰考数百年不绝的"三害"。1962 年,焦裕禄来到兰考,带领群众育草封沙、造林固沙,奋力改变兰考贫困面貌。用自己的实际行动,塑造了一个优秀共产党员和优秀县委书记的光辉形象,表现出来的"亲民爱民、艰苦奋斗、科学求实、迎难而上、无私奉献"的精神,被后人称之为"焦裕禄精神"。习近平总书记指出,焦裕禄精神同井冈山精神、延安精神、雷锋精神等革命传统和伟大精神一样,过去是、现在是、将来仍然是我们党的宝贵精神财富,我们要永远向他学习。

滚滚黄河奔腾不息,中华文明绵延不绝。以黄河流域革命文化为线,保护陕甘(宁)、晋察冀、冀鲁豫等黄河沿线革命文物,大力弘扬延安精神、焦裕禄精神、沂蒙精神、长征精神,以黄河为背景,歌颂中华儿女在拼搏奋斗的光荣历史和中国人民坚强不屈的斗争精神,宣传黄河精神新的内涵。

从国家公园到国家文化公园,我国对生态环境保护和文化传承不断进行着道路探索与创新。建设黄河国家文化公园,是党的十九届五中全会作出的重大部署。沿黄各省区以创新的方式合力打造"黄河国家文化公园"这一国家品牌,拓宽黄河文化继承与宣传阵地,构筑中华民族共有精神家园。

三、打造黄河文化旅游带,推动黄河文化与旅游融合发展

《中华人民共和国国民经济和社会发展第十四个五年规划和2035年远景目标纲要》第九篇第三十一章第五节《扎实推进黄河流域生态保护和高质量发展》中明确提出:"实施黄河文化遗产系统保护工程,打造具有国际影响力的黄河文化旅游带。"《黄河流域生态保护和高质量发展规划纲要》第十二章中,对打造具有国际影响力的黄河文化旅游带提出了明确规划,要求"推动文化和旅游融合发展,把文化旅游产业打造成为支柱产业"。

文化是旅游的灵魂,旅游是文化的载体,文旅融合是推动社会和经济发展的重要路径。随着黄河流域生态保护和高质量发展战略的实施,给黄河沿岸地区经济社会发展带来了宝贵的历史机遇、提供了多重政策支持。在文旅融合背景下,需要将黄河文化资源转化为产业发展优势,推进全域旅游发展,建设一批展现黄河文化的标志性旅游目的地,实现黄河文化的历史价值向现实生产力的转换。

(一)规划文化旅游线路

文化旅游线路规划需要全域统筹,以具有突出意义、重要影响、重大主题的黄河文化旅游资源为节点,串点成线,连线成廊。同时各省区也要依托黄河沿岸丰富的文化资源,深挖文化底蕴,因地制宜打造黄河旅游区文化品牌。

为贯彻落实《中华人民共和国国民经济和社会发展第十四个五年规划和2035年远景目标纲要》关于"打造具有国际影响力的黄河文化旅游带"的部署安排,2021年,文化和旅游部全力打造了10条黄河主题国家级旅游线路,包括中华文明探源之旅、黄河寻根问祖之旅、黄河世界遗产之旅、黄河生态文化之旅、黄河安澜文化之旅、中国石窟文化之旅、黄河非遗之旅、红色基因传承之旅、黄河古都新城之旅、黄河乡村振兴之旅等主题线路,塑造"中国黄河"整体形象,打造独具魅力的中华文化旅游体验。同时,在主题线路框架下,文化和旅游部资源开发司、国家发展改革委社会发展司策划编撰了《黄河文化旅游带精品线路路书》,精心设计了40条黄河文化旅游带精品线路,为旅客们提供详细的旅游信息,让更多的人走近黄河、了解黄河、爱上黄河。

(二)打通文化旅游通道

交通是旅游业发展重要的支撑条件,对文化旅游目的地形象的提升起着重

要作用。交通设施的修建在一定程度上影响着旅游资源的可持续性发展。根据《交通强国建设纲要》《国家综合立体交通网规划纲要》关于"深化交通运输与旅游融合发展"的要求，依托航空、铁路、公路等交通方式建设现代化综合交通体系，打通游客与旅游目的地之间的通道，引领交旅融合发展。

陕西省沿黄河西岸修建了一条828千米的公路，与9条高速公路、13条国省干线公路和80条县乡公路相连接，连通了壶口瀑布、洽川湿地、司马迁祠、党家村、韩城古城、华山等50余处旅游景点，绝大部分路段都穿行于被誉为"中国十大最美峡谷"之一的晋陕大峡谷和四大高原之一的黄土高原，是一条兼具生态、观光、旅游、文化、城镇发展诸多功能的交通动脉。公路被誉为陕西乃至中国的"1号公路"[①]。游客们一路领略塞外风光、黄土风情、湿地风景和众多红色景点，观赏黄河晋陕大峡谷的奇特美景，品尝各地特色美食，体验不同文化民俗，"快旅慢游"的旅游体验提升了旅游含金量，正成为新主流。

不仅仅是陕西，沿黄各省区都将沿黄道路建设纳入重点交通建设项目。便利的交通缩短城市间的距离，解决了乡村旅游发展的交通瓶颈，将黄河文化元素串联在一起，为文化旅游产业繁荣创造了条件，也为国家乡村振兴计划注入了动力。

（三）完善文化旅游公共服务设施体系

旅游公共服务设施是旅游活动的重要组成部分，其质量优劣决定了旅游发展的速度。《中国旅游公共服务"十二五"专项规划》中，明确旅游公共服务由五大体系构成：旅旅游信息咨询服务体系、旅游安全保障服务体系、旅游交通便捷服务体系、旅游便民惠民服务体系、旅游行政服务体系[②]。在文旅融合的大背景下，伴随着新时代旅游形式及消费模式的不断创新，建设"以人为本"文化旅游公共服务设施体系，是打造文化旅游品牌、满足游客多样化需求、提升旅游服务质量的必然选择。

文化旅游服务中心作为旅游公共服务设施中必不可少的组成部分，它既负

① 沈虹冰，石志勇，张斌．"高颜值沿黄公路"串起散落的50多颗"明珠"[EB/OL]．[2017-8-28]．http://www.gov.cn/xinwen/2017-08/28/content_5221064.htm.
② 陈小英，曾志兰．文化和旅游公共服务融合的理论与实践[J]．福建论坛（人文社会科学版），2020（12）：109-117.

责提供旅游信息咨询服务,又承担文化形象宣传推广工作。文化旅游服务中心的建设要从选址设计、服务内容、人才配置等方面入手,从结合各旅游目的地自身特色入手,将文化旅游中心打造成游客与景区的对接处;还要将其打造成游客、景区和景区内文化企业的联络点,在营销旅游产品的同时,传播文化,吸引更多游客到来。

文化旅游交通服务设施是保证各类设施相互配合、高效运行的纽带,由停车场、加油站、道路导引标识、景区旅游道路等一系列元素构成。在文旅结合的时代背景下,旅游交通不仅要承担"运输 + 观光"的功能;还需要注入文化元素,在设施中增加文化宣传功能。在配套建设景区旅游步道、骑行绿道兼顾沿途自然风光景点和文化景点,在城市地图、街道路标等系统中注入文化元素,增加文化背景介绍内容,让文化传播更为便利。

文化旅游的配套服务体系还包括旅游接待、医疗环卫、商业金融、安全保卫等具体设施。建设高质量的文化旅游带,高质量住宿、餐饮、金融服务、环境卫生服务、安全保卫服务等缺一不可。根据有关研究的调查显示,游客们普遍对于景区卫生、餐饮环境等关注度较高。我国正在逐步建立文化和旅游公共服务标准体系,修订了《旅游厕所质量要求与评定》(GB/T 18973—2002)等一系列标准规范。以旅游"厕所革命"为突破口,加大与有关部门的协调配合,增加旅游厕所数量,进行合理规划和布局,推广旅游厕所电子地图,使旅游厕所体现出美观性、人性化、环保适用等特点,提升旅游公共服务品质。从各方面入手,科学谋划、加强管理,将标准化建设与个性化服务结合起来,升级公共文旅设施配套,打造美丽宜居环境,扎实做好文旅融合工作。

利用文旅融合将文化资源与当地旅游资源相结合,打造文化旅游品牌,是新时代保护、传承和弘扬黄河文化的使命与责任。加强顶层设计和协同开发,推动沿黄区域文化旅游高质量发展,必然能够有效推进黄河文化传承创新。

四、搭建黄河文化数字共享平台,推动黄河文化与科技融合发展

现代科学技术,尤其是信息技术已经渗透到生活中的每一个角落。互联网快速发展给文化建设带来的机遇和挑战。2019 年,科技部等六部门印发《关于促进文化和科技深度融合的指导意见》,对全媒体时代文化和科技融合的目标、任务做出了明确指示:"到 2025 年,基本形成覆盖重点领域和关键环节的文化

和科技融合创新体系,实现文化和科技深度融合。"① 以数字化、网络化、智能化为技术基点,打造黄河文化数字工程,是保护、传承、弘扬黄河文化的新模式。

(一)大数据技术提高黄河文化的可视度

大数据也被称为"巨量数据"或"海量数据",其特点是数据体量巨大,数据格式多样,数据时效明显,处理结果准确和数据价值丰厚。黄河文化具有丰富的表现形式,收集黄河文化文字、图片、音频、视频、民俗工艺等信息,利用数字化方式整合处理,构建黄河文化数字资源大数据库是保护和传承黄河文化的基础工作。

建立黄河文化数字资源数据库,要以黄河文化遗产调查成果为基础,将其转化为数字形式,录入数据库,以数字化的方式存储黄河文化遗产;整合流域内文化数字资源,并进行数据挖掘与分析,用柱形图、饼图和折线图等图表将有价值的信息向大众进行可视化展示;借助计算机图形学、多媒体、传感器、人机交互等多重技术手段将黄河水文化资源的结构、形态、故事等进行细致的整合并恢复原貌,通过虚拟现实技术的虚拟融合展示,为黄河文化爱好者提供沉浸式体验,实现黄河文化近距离接触。

(二)移动互联网技术扩展黄河文化的辐射度

移动互联网技术是移动和互联网融合的产物,继承了移动随时、随地、随身和互联网开放、分享、互动的优势,正逐渐渗透到人们生活、工作的各个领域。黄河文化借助移动互联网的便捷性、时效性和成本节约性优势,传播的人群范围可以无限地向外扩展。

搭建黄河文化资源的数字化共享平台,联通文化机构、高等院校、科研院所等各方力量,增加成果展示、数据共享、交流传播等功能,增加黄河文化的整体影响力和吸引力。加快传统媒体的网络化改造和技术升级,开展文化产品多渠道发布、多网络分发、多终端呈现等文化传播体系,实现各种媒介资源、生产要素有效整合,促进新闻信息、技术应用、平台终端、管理手段共融互通,推动媒体深度融合。利用"一带一路"等跨国合作契机,制作推广和放映黄河文化主题

---

① 科技部,中央宣传部,中央网信办,等. 科技部 中央宣传部 中央网信办 财政部 文化和旅游部 广电总局印发《关于促进文化和科技深度融合的指导意见》的通知(国科发高〔2019〕280 号)[J]. 中华人民共和国国务院公报. 2019(33):59-63.

的数字节目,利用在线课堂、微信、短视频等融媒体让数字黄河文化走向世界。

（三）人工智能技术推进黄河文化的有效度

人工智能技术可以开展人机交互,实现语言及视听认知表达、跨媒体内容识别与分析、情感分析等智能研究。在出版发行、广播影视、演艺娱乐、印刷复制、广告服务、会展服务等场合运用人工智能技术,可以让社会各层面享受到个性化定制、精准化生产、智能化体验带来的便利。

智能化服务可以帮助文化创作者更精准地将文化内容与受众群体进行有效匹配,预测并判断出特定场景下受众个体的内在需求。人工智能技术可以结合全球定位技术和移动通信技术,为处于特定地理位置的大众精准推送所在区域的黄河文化信息。将人工智能运用于信息采集、生产、分发、接收、反馈中,可以全面提高舆论引导能力,宣传黄河文化正能量。

全面提升文化科技创新能力,转变文化发展方式,将推动黄河文化事业和文化产业更好更快发展,更好满足人民精神文化生活新期待,增强人民群众的获得感和幸福感。

黄河被誉为中华民族的母亲河,在漫长岁月中养育了无数中华儿女,也孕育了华夏文明的精神特质,它是中华民族最具代表性和影响力的文化,是中华民族的根和魂。党的十九大报告中强调:"世界正处于大发展大变革大调整时期,和平与发展仍然是时代主题。世界多极化、经济全球化、社会信息化、文化多样化深入发展,全球治理体系和国际秩序变革加速推进,各国相互联系和依存日益加深,国际力量对比更趋平衡,和平发展大势不可逆转。"黄河迎来了生态保护和高质发展新时代。面对发展机遇,我们要延续历史文脉,坚定文化自信,深入挖掘黄河文化内涵,保护传承弘扬黄河文化,讲好"黄河故事",让黄河文化在新时代大放异彩,为实现中华民族伟大复兴的中国梦凝聚精神力量。